NLP
メタファーの技法

デイヴィッド・ゴードン
David Gordon

浅田仁子 訳

THERAPEUTIC
METAPHORS
Helping Others Through the Looking Glass

実務教育出版

NLP メタファーの技法

THERAPEUTIC METAPHORS
Helping Others
Through the Looking Glass

by

David Gordon

Copyright © 1978 by David Gordon
Japanese translation rights arranged with
META PUBLICATIONS, INC.
through Japan UNI Agency, Inc., Tokyo

リチャード・バンドラーとジョン・グリンダーに捧ぐ
わたしはおふたりを心より敬愛している……

……そして，こう記すのは，
おふたりについて語る以上のことを目ざしているからである

NLP メタファーの技法◎目次

はじめに　　リチャード・バンドラー …… 9

第Ⅰ章　イントロダクション

PROLOGUE …… 14
SECTION 1　メタファーとは何か …… 16
SECTION 2　「メタファー」というメタファー …… 19
SECTION 3　メタファーを使って人を助ける …… 23
　　　　　　トランスデリベーショナル・サーチ …… 28
　　　　　　メタファーの基本パターン …… 31
　　　　　　効果的なメタファー …… 33
　　　　　　自然なメタファー …… 37
SECTION 4　本書の概要 …… 39
　　　　　　ヴィヴァーチェのメタファー …… 40

第Ⅱ章　メタファーを構築する

PROLOGUE …… 50
SECTION 1　適格性 …… 51
SECTION 2　同型性 …… 52
SECTION 3　目標 …… 57
SECTION 4　橋を架ける戦略 …… 58

　　　　　　　キャリブレーション …… 58
　　　　　　　リキャリブレーション …… 59
　　　　　　　戦略 …… 60
　　SECTION 5　リフレーミング …… 62
　　SECTION 6　メタファーのシンタックス …… 65
　　　　　　　トランスデリベーショナル・サーチを利用する …… 65
　　　　　　　不特定指示指標 …… 66
　　　　　　　不特定動詞 …… 67
　　　　　　　名詞化 …… 67
　　　　　　　命令の埋め込みとマーキング …… 69
　　SECTION 7　サミュエルのメタファー …… 70

第Ⅲ章　サティア・カテゴリーを追加する

　　PROLOGUE …… 78
　　SECTION 1　コミュニケーションのスタイル …… 80
　　SECTION 2　サティア・カテゴリー …… 81
　　SECTION 3　サティア・カテゴリーとセラピー …… 87
　　SECTION 4　メタファーの中のサティア・カテゴリー …… 94
　　SECTION 5　サミュエルのメタファー …… 96

第Ⅳ章　表象システムを追加する

　　PROLOGUE …… 104
　　SECTION 1　表象システム …… 106
　　SECTION 2　表象システムとセラピー …… 112

SECTION 3　メタファーの中の表象システム …… 113
SECTION 4　サミュエルのメタファー …… 116

第 V 章　サブモダリティを追加する

PROLOGUE …… 126
SECTION 1　基本原理 …… 130
SECTION 2　サブモダリティと体験 …… 135
SECTION 3　サブモダリティに見られる等価性
　　　　　　──共感覚 …… 139
SECTION 4　サブモダリティ，共感覚，変化 …… 144
　　　　　　次元内のシフト …… 148
　　　　　　共感覚によるシフト …… 151
　　　　　　どういう場合に共感覚を利用できるのか？ …… 158
SECTION 5　サミュエルのメタファー …… 166
　　　　　　サミュエルのメタファー …… 171

第 VI 章　メタファーを利用する

PROLOGUE …… 180
SECTION 1　語り方 …… 182
　　　　　　メタファーの趣旨は隠すのか，隠さないのか？ …… 182
　　　　　　おとぎ話か，逸話か？ …… 184
　　　　　　引用 …… 188
　　　　　　催眠 …… 189
　　　　　　キャリブレーション …… 190

誘導ファンタジー …… 192
        SECTION 2   アンカーとトリガー …… 193
                アンカー …… 193
                トリガー …… 197
        SECTION 3   スタッキング・リアリティ …… 199

第Ⅶ章 何もかもいっぺんに
        PROLOGUE …… 208
        SECTION 1   ふたつのしゃっくりの話 …… 211
                ふたつのしゃっくりの話 …… 211
        SECTION 2   ヴィヴァーチェのメタファー …… 221
                第一の役割 …… 222
                第二の役割 …… 224
                第三の役割 …… 224
                第四の役割 …… 225
                ヴィヴァーチェのメタファー …… 225

おわりに   ミルトン・H・エリクソン …… 239
解説   松尾 浩 …… 241
原注 …… 247
参考文献 …… 251
付録——サブモダリティの研究 …… 253
文献目録 …… 285

＊原注は番号を付し巻末にまとめ，訳注は〔　〕でくくり本文内に記してある。

はじめに

　メタファーは有史以来，記録されたその歴史の中で，また，人間がおぼろに記憶していたはるか昔の神話の中で，物事を教える方法，考えを変化させる方法として利用されてきました。シャーマンや哲学者，預言者もまた，メタファーの力を直観的に理解し利用してきました。プラトンの洞窟の比喩からヴォルテールの「ザディーグ」に到るまで，イエスやブッダの教えからドン・ジュアンの教えに到るまで，メタファーは，考えを変化させ，行動に影響を与えるための道具として常に存在しています。となれば，直観力に恵まれた臨床医が「現代の」心理療法家としてメタファーを利用していることがわかったとしても，わたしはまったく驚きません。

　デイヴィッド・ゴードンによる本書は，メタファーがどのように直観的に用いられているかを明らかにしようとして，その第一歩を踏み出したものであり，したがって，コミュニケーションを専門とする数多くの人びとがツールとして利用できるものになっています。わたしたちは皆，コミュニケーター（コミュニケーション）に関わる者として自らの理解と効率性を高めることに関心を抱いています。ゴードンのこの試みはそうしたわたしたちに，教育のツール，行動変化のツールとなるメタファーを，これまで以上に熟練したやり方で創造的に利用する機会を提示しているとわたしは信じています。

　今でもよく憶えていますが，わたしが心理療法の理論モデル作成者として歩きはじめたばかりのころ，大勢の「専門家」がしばしばわたしを訪ねてきました。その道の卓越したコミュニケーターから取り出したコミュニケーション・パターンを学ぼうというのです。そして……驚いたことに，彼らはいまだ自分で試したこともないテクニックの効果と有用性について延々と討論するのです。最初はわたしも討論に応じましたが，それが無意味であることに気づき，これらのパターンを実際に使ってみてから議論をしていただきたいとお願いするようになりました。もちろんこれはさらに議論を呼びました。

　ついにわたしは，自分の努力が役立たないのは自分自身の行動に原因がある

と結論し，大学時代にお世話になった教授のひとり，メルヴィン・スチュワートの話をすることにしました。

スチュワート教授はきわめてすぐれた生物学者であり，わたしが教わっていたころ，教授の主たる生物学的関心は，砂漠の地形研究にありました。教授は徹底した研究を行なうために，意気盛んな若い生物学者たちのさまざまな小集団を率いて砂漠の奥に入っていったものです。こうした旅はたいていの場合，これといった出来事もなく終わりましたが，教育的ニーズには充分に役立っていました。

しかし，ある夏，文明から何マイルも離れたところでランドローヴァーが立ち往生してしまいました。そのため，メルヴィンと若者チームは，復路を見つけて助けを得るために，徒歩で出発しなくてはならなくなりました。携行したのは，生き延びるために不可欠なものだけ，すなわち，食糧と水と地図のみです。地図によれば，3日間ほど歩きつづけてやっと，文明を示す直近の標識にたどりつきます。

さあ，苦難の旅が始まりました。歩いては休み，また歩きながら，謹厳にして断固たるこの集団は灼熱の不毛地帯を進みました。3日目の朝，疲れ切った一団は巨大な砂丘のてっぺんにたどり着きました。喉はからからに乾き，肌はひどく日に焼けています。周囲の地形を眺めてみると，右手のはるかかなたに小さな湖らしきものがあり，低い木々がその周りを囲んでいるようです。学生たちは飛び上がって歓声をあげましたが，メルヴィンはそうはしませんでした。それが蜃気楼にすぎないとわかっていたからです。わたしは以前ここに来たことがある，と教授は心の中でいいました。

教授は受け入れるべき事実として，悪い情報を提示しました（教授なら誰もがそうするでしょう）。しかし，学生たちは反発し，自分たちが何を見ているのか，ちゃんとわかっていると主張しました。議論はいつまでも続き，教授は疲れ果ててしまいました。ついに教授は折れ，学生たちが蜃気楼まで出かけていくことを認めましたが，出発前に彼らから約束をひとつ取りつけました。それが蜃気楼だとわかったら，自分が援助隊といっしょに戻るまで，けっしてそこから動かないでいる，という約束でした。学生たちは皆，必ずそこで待ち，それ以上歩き回らないことを誓いました。

教授は自分の道を行き……学生たちは学生たちの道を行きました。3時間後学生たちは，新たに砂漠に開発された豪華なリゾート地に到着しました。プールが4つ，レストランは6軒もありました。2時間後彼らは警備隊員とランドローヴァーに乗り込み，教授の捜索に出発しましたが，教授はとうとう見つかりませんでした。わたしの生物学の成績は保留（インコンプリート）となりました。

　わたしはその後，論じることより試行することに価値があるという点について，トレーニング・セミナーで論争を強いられることは二度とありませんでした。

　本書の読者の皆さんは今，考え抜かれた上によく練られた文章で書かれた本を読むという喜ばしい機会を与えられていると同時に，ある岐路に立ってもいます。ほかの本を読むのと同じように本書を読むこともできますし，これをまさに前例のない好機と捉え，考えに影響を与えて行動を変化させるコミュニケーターとして，既得の領域とスキルをさらに広げようとすることもできます。

　いかなる岐路——新たな方向へのいかなる出発点——に立った場合もそうですが，目的地での約束は時間の翼に乗って漂う蜃気楼にすぎない可能性があります。……しかし，皆さんの中にどなたか，ならばこのチャンスを活かしてみようじゃないかと思われるかたはいないでしょうか？　本書で手に入る実際的な知識は，楽しく読める読み物という仮面を被っています。が，その知識は，見て，聞いて，感じることができるものかもしれません。そして，何より重要なのは，それが使えるものかもしれないということです。

誠心より
リチャード・バンドラー

第 I 章
イントロダクション

PROLOGUE

ルイス・キャロル『不思議の国のアリス』より

　家の前の木かげにテーブルが用意されて，三月ウサギと帽子屋がそこでお茶をしていました。ヤマネがふたりのあいだにすわってぐっすり眠っており，ふたりはヤマネをクッション代わりに使っています。ヤマネの上にひじをついて，その頭ごしに話しているのです。「ヤマネさん，苦しいでしょうに」とアリスは思いました。「でも，眠っているから，気にならないのかしら。」

　テーブルは大きかったのですが，三人はそのはじっこにひとかたまりになっていました。アリスがやってくるのを見ると，ふたりは「席はあいてないよぉ！　あいてないよぉ！」と，さけびだしました。アリスはむっとして，「たっぷりあいているじゃないの！」と言い，長テーブルのはしにある大きなひじかけイスにすわりました。
「ワインをどうぞ」と三月ウサギが元気づけるように言いました。

　アリスはテーブルを見わたしましたが，お茶しかありません。「ワインなんて見当たらないけど」とアリスは言いました。
「ないからね」と三月ウサギが言いました。
「じゃあ，どうぞって勧めるのは失礼だわ。」アリスはぷんぷんして言いました。
「招かれもしないのにすわるほうが失礼だ。」三月ウサギが言いました。
「あなたがたのテーブルとは知りませんでした」とアリス。「三人分よりずっとたくさんのカップが並んでいるじゃない？」
「あんた，髪，切らなきゃね」と帽子屋が言いました。さっきからだまったままアリスをものめずらしそうに見つめていて，いきなりこう言ったのです。
「ひとのことをとやかく言うものではないわ」と，アリスは厳しく言いました。「とっても失礼よ。」

　帽子屋はこれを聞いて目をまんまるに見開きましたが，口にしたのは「大ガラスとかけて書きもの机と解く，その心は？」というなぞかけだけでした。
「さあ，おもしろくなってきたわ！　なぞなぞを始めてくれてうれしいな」とアリスは思い，「それ，解けそうな気がするわ」と声に出してつけ加えました。
「つまり，答えがわかると思ったってことかい？」と三月ウサギが言いました。

「そうよ」とアリス。

「じゃあ，思ったことを言ってくれなきゃ」と三月ウサギ。

「言ってるわよ」と，アリスは急いで答えました。「少なくとも——少なくとも，わたしは言ったことを思ったんだもの——それって同じことでしょ」

「ちっとも同じじゃないさ！」 帽子屋が言いました。「それじゃあ，『食べるものが見える』は『見えるものを食べる』と同じと言うようなものだね！」

「それじゃあ，『手に入れたものが好き』は『好きなものを手に入れる』と同じと言うようなものだね！」 三月ウサギも言いました。

「それじゃあ」と，ヤマネも言いましたが，どうもそれは寝言のようでした。「『眠るとき息をする』は『息をするとき眠る』と同じと言うようなものだね！」

「そいつは，おまえにとっちゃ同じだろ！」と帽子屋が言い，そこで会話が終わってしまい，みんなは一分ほどだまってすわっていました。そのあいだアリスは大ガラスと机について思いつくかぎりのことを考えていましたが，たいしたことは思いつきませんでした。

　　　　　ルイス・キャロル『不思議の国のアリス』（河合祥一郎訳，角川文庫）pp. 91-94

SECTION 1
メタファーとは何か

　遠い昔，あるとき，ある場所で，ひとりの男が同時代の熱心な集団の前に座り，さまざまな話を語って聞かせた。聞き手は乞食たちだったかもしれないし，諸侯たちだったかもしれない。それはどうでもいいことだった。というのも，男が織りなした数々の物語は，人生という衣が穴だらけになり，ずたずたに裂け，薄く擦りきれていたような人びとに向けられたものだったからだ。聞き手の中には，こちらで寒さに晒されてきた者もいれば，あちらで悪意に満ちた目に晒されてきた者もいた。さらには，冴えない色の衣や少しも似合わない衣ばかりまとってきた者もいた。

　物語の語り手が，芝居がかった身ぶり手ぶりと思わせぶりな間（もちろんその間，聴衆の顔を見回す），即興の演技から成る織機で織り出したのは，善人・悪人を適切に配したつづれ織りで，登場人物たちは目を見開いてまっしぐらに——あるいは，闇雲に走ってあちこちぶつかりながら——駆け込んでいく。……どこへ？　それはもちろん冒険の中へ，だ。航海かもしれないし，大岩との遭遇かもしれない。うっとりするような乙女がいたり，野卑な大酒飲みがいたりするかもしれない。男神がいることもあろう。創造主がいることすらあろう。いずれにせよ，それは常に必ず冒険である。ふたつの大洋に挟まれた，あるいは，ふたつの耳の間の，以前は地図もなかったような土地を旅するのだ。そうした場所に寄留する見返りは，いちかばちかの賭けの興奮であり，そうした賭けの結果として得られる総体的なものの見方である。

　次に語り手は，延々と続く壁に囲まれた街の話をする。こうした壁の内外では，男たちが勇ましさや卑劣さ，友愛や裏切り，信心や冒瀆を演じる。互いに殺し合おうとするのは，ときに復讐心からであり，ときに憐憫からである。自分でも説明がつかないほどの叡智と忍耐で語ることもある。愚かで狭量なこともある。そして常に，それぞれに備わった感性と感受性を働かせて最善を尽くす。

　やがて戦いが終わると，こうした男たちのひとりが船で故郷に向かう。語り

手は，戦いに疲れたこの船乗りと祖国との間に介入してくる誘惑や罠について，恐ろしくも延々と説明する。もちろん，我らが船乗りは危険をひとつずつ乗り越え，勝つたびにその臨機の才や勇気，誠実は成長していく。

　ここで異議が出る。こうした冒険はなるほど非常にわくわくする上に，この苦しんでいる旅人にとっては「癒しの効果がある」だろう。しかし，この自分にとって，彼の手柄はなんの役に立つのか？

　やれやれ！　語り手は目を落とし，あご髭をさすりながら微笑みを浮かべる。やれやれ！　語り手は繰り返し，喉のあたりをぽりぽりかきながら説明を始める。物語の最中，聞き手は実際に自分自身の内面で<u>さっきの冒険をしている</u>んですよ。わたし自身，放浪しながら，このことに気づいたんですよ，と――。しかし，はっきりいえば，と語り手は言葉を継ぐ。そして，ここで顔を上げ，いたずらっぽい目で一同を見つめる。

　実のところ，人は誰でも常に驚くべき冒険を生きているんですよ。

＊　＊　＊

　人間はいつとも知れない時代から，さまざまな形の物語を利用して，重要な文化的情報，社会学的情報，道徳的情報を，世代から世代へと伝えてきた。ホメロスの物語には，同時代の人びとに向けた「適切な」考え方や行動の仕方に関する重要な教訓が織り込まれている。ホメロスは人びとに，よそ者や親戚を適切に処遇する方法，危険や困難に立ち向かう方法，礼拝の方法などを教え――あるいは思い出させ――た。同様に，イソップやダ・ヴィンチの寓話も，人間の気まぐれな本質を評したものから，存在の意味を考えるものまで，主題は広範囲に及んでいる。

　こうした物語において，内容は種々に変化するかもしれないが，たとえば，『オデュッセイア』，『不思議の国のアリス』，カルロス・カスタネダのドン・ファンとの体験の間に，構造に関する本質的な違いはない。３者とも，実在の人物か架空の人物かの違いはあれ，問題に直面した個人を描いており，オデュッセウスもアリスもカルロスも，それぞれ自分のリソースを利用してそうした問題を乗り越えている。

　彼らの冒険と，彼らと同じ人間であるわたしたちが直面する無数の問題との類似は，たいてい明白である。オデュッセウスが自分のために採った方法は受

け入れられないという者もいるかもしれないが，彼が格闘している状況がわたしたちの大半に馴染み深いものであることは，否定できない。ある決定について考えながら，スキラの岩とカリブディスの渦巻の間にいるような気分になったことはないだろうか？　あるいは，自分を破滅に導くとわかっている美しい歌声のセイレーンに惹かれたことはないだろうか？　はたまた，過去のある体験が自分のアキレス腱になっていたりはしないだろうか？

　寓話と人間の体験とのこうした類似はしばしば一貫性が高く，また，広範囲にも及んでいるため，慣用句として言語の中に吸収されている。誰しも日々，どのような形にせよ，パンドラの箱やリンゴを差し出す蛇，眠り姫，白馬の王子さまと取り組んでいる。

　こうした物語や逸話，慣用句はすべて，ひとつの構成要素として，ある特定の問題に関するメッセージや学びを伝える力をもっている。**ある人**が**ある問題**に直面し，**あるやり方**でそれに打ち勝つ（もしくは，屈服する）。物語の主人公が使ったある問題の解決法が，似たような苦境に陥っている他者の問題解決法になるかもしれない。物語の中の対立が，それを聴いていたあなたがたまたま取り組んでいるものに似ていたら，その物語のもつ意味はたちまち深まるだろう。逸話や物語を聴いていたときに，その中に登場するさまざまな人物が，実際によく知っている人や物と一致したという経験があるかもしれない。そうした関連性がある場合，物語の解決にはとりわけ好奇心をそそられたことだろう。そのような「物語」の原型は，たとえば叙事詩であり，小説，詩，おとぎ話，寓話，たとえ話であり，歌，映画，ジョーク，ゴシップである。

　このような物語の原型のいずれかが，聞き手に指導や助言を与えようとして提示される場合，あるいは，聞き手が自ら助言を受ける立場になろうとしている場合，その物語はその人物にとって《メタファー》となる。シェルドン・コップはその著書『*Guru: Metaphors from a Psychotherapist*（グル──あるサイコセラピストのメタファー）』の中で，「メタファー」を次のように定義している。

　　一般的に，メタファーとは，ある事柄を別の言葉を使って表現することで，描写中のその事柄の性格特性に新たな光が当たるようにする話し方，と定

義されている（p.17）。

つまり，メタファーとは，ある事柄の**新奇な表現**である（「猫の皮を剝ぐ方法〔物事の解決法〕はひとつではない」という古い格言が心に浮かんでくる）。コップは，神話や宗教，文学，サイエンス・フィクション，メディア，ポップ・カルチャーといった物語の原型のもつメタフォリカルな含意の探求を続けている。メタファーは懸案事項に当てる広範囲の「新たな光」の源であるとするコップの考え方は，治療効果をもつメタファーについて述べようとしている本書で有効に利用できるものである。

同様の探求をしてきたのが，哲学者であり心理療法士であるエーリッヒ・フロムやジョセフ・キャンベル，ブルーノ・ベッテルハイムなどで，フロムは『夢の精神分析──忘れられた言語』（外林大作訳，東京創元社）の中で，ジョセフ・キャンベルは『千の顔をもつ英雄』（平田武靖，浅輪幸夫監訳，人文書院）の中で，ベッテルハイムは『昔話の魔力』（波多野完治，乾侑美子訳，評論社）の中で，それを行なっている。また，夢の解釈についてこれまでに書かれた数多くの書物の中でも，それが行なわれている。これらの論文はすべて，昔からある「ごく普通の」メタファーの文学的かつ審美的かつ治療的な意味の理解を助けるという点で有用である。しかし，複雑なメタファーをいかにして**形成するか**を説明するようなものは，今日までまったく出ていない。

本書の目的は，治療効果をもつメタファーを形成し，それを効果的に利用できるようになるためのスキルを提供することである。

SECTION 2
「メタノアー」というメタファー

治療法や治療システムというものはすべて，明示的にも暗示的にもメタファーを利用している。たとえば，フロイトは性的な象徴性を利用して，夢や空想，「無意識の」連想を解読した。ユングは「アニムス」と「アニマ」というメタファーを創り出し，ライヒは宇宙に充満する生命力「オルゴン」を創り出した。人間中心主義者は「至高体験」について語り，唯物論者は「小さなブラック・

ボックス」について語る。交流分析のエリック・バーンには「ゲーム」があり，ゲシュタルト療法のフリッツ・パールズには「トップ・ドッグ（勝ち犬）」と「アンダー・ドッグ（負け犬）」がある。ヤノフには「原初」の体験があり，エアハード・セミナー・トレーニング（EST）の卒業生はどうやら「それ」をつかむらしい。

　したがって，いずれのセラピーも，あるいは，いずれの心理学のシステムも，その基本的な構成要素のひとつとしてメタファー一式を——ひとつの語彙という形で——もっていて，そうしたメタファーはある一部の人にとっては，この世界における自分の体験がどういうものであるかを測るなんらかの尺度を伝えるられるものである。しかし，きちんと区別しておかなくてはならない大切な点は，こうしたメタファーは体験そのものでは**ない**ということだ。人は自分の心身内に，小さな勝ち犬も，格闘相手の《それ》を探して走り回る原初の存在も，備えてはいない。**メタファーは，体験について語るひとつの方法である。**

　たとえば，あなたがわたしに，「わたしの右腕は，鉛が詰まっているみたいな感じです」といったとしよう。これを聞いて，もしわたしがハンマーであなたの右腕を叩きはじめ，それが出す金属的な音を聞こうとしたとしたら，わたしは間違いなく肝心な点を理解していないことになる。腕に「鉛が詰まっている」というのは，**ある体験を言葉で表現したもの**，すなわち，メタファーである。しかし，その体験自体は，それを体験している人物以外は体験することができない。例をひとつ挙げるだけでも，ああ，あの人は腕が「重い」んだなと思う人もいれば，腕が「動かない」んだなと思う人，腕の「感覚が鈍っている」んだなと思う人もいるだろう。3者それぞれの体験は独自のものだが，いずれもが「わたしの腕は，鉛が詰まっているみたいな感じです」というメタファー表現を使って，自分の知覚を同じように正確に言葉で表現できるのである。

　この例から得られるポイントは，英語を母語とする話し手が言葉を使ってコミュニケーションを行なう場合，そのコミュニケーションは常に，その人物の実際の体験をメタフォリカルに——そして，それゆえ不完全に——表現したものであるということだ。上記の例から引き出せるポイントは，セラピストや話し上手であるあなたが「メタファー」を作って聞き手にそれを語ると，その聞き手は自分が何を聞くかを選択し，**それを自分自身の体験から来る言葉で表現**

するということである。なんらかの感覚的／知覚的／認知的な情報を提示された場合、わたしたちは人間として、意識的であれ無意識的であれ、必ずその情報から意味を取ろうとする。すなわち、機能し利用する存在である自分にとって有意なやり方で、その情報を表現しようとする。もしドラッグでこの世界の知覚が変わる体験をしたことがあったり、自分が話すことのできない言語を使う集団の中にいたことがあったりする読者なら、自分のいる世界の「意味を取る」ことがいかに重要か、たぶんよくおわかりだろう。

　人を助けることを生業として活動する者にとって、上記の論考は非常に重要である。あなたが人を助ける立場にいて、状況を語るクライエントの言葉に耳を傾けているとき、クライエントはあなたに一連のメタファーを提示しているのであり、あなたは精一杯それらの意味を取っているのである。このことをしっかり理解しなくてはならない。

　しかし、そうしたメタファーからあなたが取り出す「意味」は、クライエントの実際の体験と一致することはけっしてない。クライエントに対するあなたの対応も同様に、ある程度はクライエントによって「誤解される」ことになる。メタファーによるコミュニケーションのこうしたシステムは、多大なミス・コミュニケーションと混乱につながりかねないし、また実際、しばしばそうした事態を招いてもいる。少なくともこの一点に関しては、わたしたちは皆、『不思議の国のアリス』における帽子屋のおかしなお茶会の常連客である。

　こうした基本的な差異はどこから生じるのだろう？　人はそれぞれ、遺伝的な決定要因の組み合わせと体験とに基づいた**世界モデル**を自らのために発達させていく。ひとつの「モデル」には、その人の体験のすべてと、そうした体験に関して一般化されたことすべて、そうした一般化の内容の適用を支配する規則すべてが含まれている。

　たとえば、インディアナ州のテレホートにドライブすることにしたとしよう。そして、テレホートの市境を示す標識を見たとたん、道をはずれてその標識に突っ込んだと想像してみよう。当然ながら、それはひとつの体験である。自分の体をはたき、警察に事情を話し、状況を慎重に分析したのち、あなたは、「標識は、それが示している事柄そのものではない」という一般化に進む。やがて、自分の体験と一般化とから、《市境を示す標識に車で突っ込んではなら

ない》という規則を形成する。

　あなたはこれと同じプロセスを——たぶん誕生前から——使い，自分の体験とそうした体験から生み出した教訓の総計から成る，驚くほど複雑な世界モデルを構築する。このモデルには，生理的発達とともに，新たな体験に反応して変化していく部分がある一方で，融通の利かない不変な部分もあるようだ。

　また，世界モデルにはひとつとして同じものはない。知覚と個人差に関する何千という実験のデータが，いかなる個々人の間にも，神経生理学的レベルでの重要な差異があるという事実を立証している。たとえばもし，ある集団に1本の直線を示し，さまざまな長さの20本の直線の中から，それと同じ長さのものを選ぶようにいうと，かなり長めの直線を選ぶ者が**必ず**いる。色や距離，音調などの特定にも同じことがいえる。

　もちろんこうした判断は充分に近いものであり，したがってわたしたちの大半は，青空に浮かぶ雲が日没時には「赤みがかったオレンジ色」になることに合意する。しかし，それぞれがわずかに異なる色合いを知覚しているという事実は変わらない。

　微細な神経生理学的差異以上に，個々の体験の多様性形成に深い影響を与えると思われるものがある。常に並んで育った一卵性双生児ですら，ごくたまには偶然の取り計らいで異なる体験をすることもあろう。そして，わたしたちはこうした個々の体験に基づいて自分だけの世界モデルを進化させていく。これは明確に区別すべき重要な点である。というのも，正確な情報収集はあらゆる効果的な治療状況の基本を成すからだ。コミュニケーションはすべてメタフォリカルであり，独自の体験を基盤にしたものであることを理解することによって，それゆえにコミュニケーションは不完全なものにもなるという事実，また，その穴を埋めるのは**聞き手**であるという事実に，注意を喚起するのである。

　いうまでもなく，さまざまなモデルの間には，差異だけではなく，多くの類似点もある。こうした類似点の一部は，似たような社会的環境での生育の結果発生している。数ある類似点の中で，治療効果のあるメタファーを創って利用する上でもっとも役立つのは，体験の伝達**方法**を示すパターンを説明するものである。本書はこれらのパターンを取り上げていく。

SECTION 3
メタファーを使って人を助ける

　人を助けようとする者は，既に述べたように無意識に，かつ，きわめて基本的なレベルで，セラピーのプロセスの重要な要素として，常にメタファーを使ってきた。なんらかの「問題」を抱えて助けを求めにくるクライエントは，独自の世界モデルをも携えてやってくる。すなわち，そのクライエントは，愛や憎しみ，寛容，幸福，関心，市境標識などに関する体験を構成するものについて，自ら特有の考えを発達させているということだ。わたしたちの文化に属する人びとは，こうした各体験の一般的な性格特性については通常合意に達しているが，現実に**どう体験しているか**は，各自に固有である。

　セラピーが始まると，セラピストは必ず最初にクライエントの世界モデルを理解しようとする。そのため，今話し合っている問題に関する体験を詳細に説明するよう，クライエントにいう。その基本前提は，クライエントの変化を手助けしようとするなら，セラピストはまず，クライエントがこの世界を今どのように見，聞き，把握しているかを理解しなくてはならないということである。

　メタファーはこの情報収集プロセスの重要な要素である。セラピストはクライエントが提示するメタフォリカルな情報のかけらをひとつひとつ，セラピスト自身の世界モデルを通して理解し，解釈していく。互いが同じ事柄について話しているかを確認するために，セラピストが自分の解釈とクライエントの解釈とを比較検討することもよくある。例を挙げよう。

> **ジョー**：　そういうわけで，妻はずっとふさぎ込んでいるんです。
> **セラピスト**：　元気がなくて，だるそうにしているということですか？
> **ジョー**：　あ，いや，調子は良さそうなんです。ただ，口にすることがすべて，ひどく悲観的なんです。

　このセラピストは，もし自分のモデルとクライエントのモデルとを比較検討しなかったら，ジョーの妻について，もっともらしくはあるけれども，まった

く不正確な結論を出していただろう。ジョーの妻は「元気がなかった」のではなく，「悲観的」だったのであり，ふたつは非常に異なる状態である。この抽出プロセスが順調に運べば，セラピストは最終的に，クライエントの状況とその状況の体験について，充分に完全かつ**正確**な「地図」を見渡せるようになるだろう。

モデルを抽出するこのプロセスには，治療効果をもつ変化の萌芽が含まれていることがよくある。クライエントは自分の体験を説明しながら，「表現する言葉が見つからない」状況に遭遇することもある。例を挙げよう。

> ジョー： で，妻がそんなふうだと，わたしはとにかく，んー，いやな気分になるんです。
> セラピスト： 「いやな」というのは，どのようにいやなんですか？
> ジョー： え？ どのようにだろう？ とにかく，ほら，いやな気分なんですよ。
> セラピスト： 落ち込むとか，淋しいとか，腹が立つとか……？
> ジョー： 淋しい，それです。淋しいんです。

この例では，セラピストがジョーに手を貸し，ある出来事をどう体験しているのかを説明する**メタフォリカル**な一語を，ジョーが自分自身で再確認できるようにしている。すなわち，ジョーは妻が「そんなふう」だと，「淋しさ」を感じるのである。ただ，ジョーの「淋しさ」はまだほとんど特定されていない。というのも，「淋しさ」が彼にとって何を意味しているか——つまり，どんなふうに，どれくらいの期間，誰といっしょに**いない**ことが「淋しさ」になるのか——を，彼はまだ説明していないからだ。しかし，「淋しさ」は，ジョーが《いやな》ものだと考える感情に**分類される**ものであることから，「いやな」よりは**確実**に具体的で，ジョーの実体験に近く，したがって，ジョーの世界モデルを理解する上での有用性も勝っている。

もうひとつ考えられるのは，ジョーは自分の体験のある**領域**を充分に描写するのが困難なのかもしれないという点である。

セラピスト：	奥さんがそんなふうだと，あなたはどのように「淋しい」のですか？
ジョー：	そうですね，なんだか妻が……んー，どういったらいいんだろう？　参加していないような気がする，といったらいいのかなぁ……（ジョーは頭を振り，見るからに混乱している様子）。
セラピスト：	ゲームに加わりながら，プレイするのをいやがっているといった感じですか？
ジョー：	んー，いや，ちょっと違いますね……
セラピスト：	ひょっとして，あるプロジェクトにいっしょに取り組んでいるのに，あなたに全部やってもらいたがる，みたいな？
ジョー：	それです。それのほうが近いです。妻は，物事が順調に進んでいくことに関心はあるんですが，何もかもわたしにやってほしいと思っているんです。

　ここでもまたセラピストは助け舟を出し，ジョーが現実の体験を具体化できるようにしているが，今度は，先ほどより包括的で，かつ，ジョーが満足できるようなメタファーの観点から，それを行なっている。**ことに重要なのは，より完全なこの新しいメタファーを使えば，ジョーもセラピストも，互いによくわかる形でジョーの問題を話し合えるようになる，という点である**。すなわち，ふたりはこのあと，「あるプロジェクトにいっしょに取り組んでいる」というメタファーの含意内で同一の体験について話し合っていることを，互いに確信してセッションを進められるのである。
　では，仮にセラピストが，異なる世界モデルやそれらをつなぐメタファーについて，まったく知らなかったとしたら，どうだろう。
　ここまでかいつまんで説明してきた方法はすべて，わたしたちが言語の使い手として他者とコミュニケーションを取るときに必ず使うツールである。そして，いかなるツールもそうだが，適切に使わなければ——たとえそう意図しなかったとしても——凶器になることさえある。この意図的でない誤用は，コミュニケーションのもっとも基本的なレベルで発生する可能性がある。たとえば，

セラピストとジョーは，同一の言葉を使いながらも，その言葉によって同じ体験を表現していないことを認識していなかったり，考慮していなかったりするかもしれない。その場合，セラピストはジョーとのコミュニケーション——すなわちジョーの世界モデルの理解——という点で，自らに限界を課すばかりか，自分の不的確なモデルを手引きとして，ジョーを「助け」ようとすることになる。セラピストは——ジョーに関するかぎり——欠陥のある世界モデルから動くことになるため，ジョーの特定の状況について，おそらく不適切な治療上の解釈や提案をし，不適切な戦略を立てるだろう。こうした「治療的介入」は有害にすらなりうる。

　上で引用したトランスクリプトで，ジョーのセラピストが，世界モデルにはひとつとして同じものはないということを知らなかったり，正しく認識していなかったりした場合を考えてみよう。ふたりのやり取りはまったく異なったものになっただろう。

　　　　ジョー：　そういうわけで，妻はとにかくふさぎ込んでいるんです。
　　セラピスト：　理由はご存じですか？
　　　　ジョー：　いえ，わかりません。なんとかして理由を見つけようとしたんですが，できませんでした。
　　セラピスト：　何かあって，あなたに腹を立てているとか？
　　　　ジョー：　わたしの知るかぎり，そういうことはありません。
　　セラピスト：　訊いてみましたか？
　　　　ジョー：　もちろんです。それに妻はいつもいっています，わたしは模範的な夫で，本当によく自分のことを気づかってくれるって。
　　セラピスト：　つまり，奥さんのために何か特別なことをしようとしてきたということですか？　奥さんが外出できるように，あなたがお子さんの面倒を見たりとか。
　　　　ジョー：　いえ，そういうことはしたことがありません。……やってやれたとは思いますが。

このトランスクリプトにあるコミュニケーション・パターンは人助けの分野でありがちなものだということが，あなたにはきっとおわかりだろう。前の部分からわかるように，妻が「ふさぎ込んでいる」というジョーの体験に関係あるのは，家族のケアに関する大半の責任をジョーが負っている（負わされている？）ことに対して妻が示す反応であり，妻のその反応とは，家族のさまざまな側面について悲観的なことである。
　ところが，セラピストが《ふさぎ込む》というメタファーに関する自分自身の世界モデルから引き出した体験は，何かについて「表には出していないが，怒っている」状態であり，「さまざまな責任からもっと解放される」必要があるということだ。セラピストはこの——ジョーにとって——不正確な表現から動いているため，自分の世界モデルから捉えた体験をジョーに理解させようとする。結局セラピストは，ある点で変わってみてはどうかとジョーに提案するが，それはまさに妻が望んでいなかった状況を促進することになるのは，おわかりのとおりである。
　最悪の場合，セラピストの意図しない見落としによってジョーの問題は悪化する。最善の場合でも，貴重なセラピーの時間がミス・コミュニケーションに費やされる。ジョーに提案したとき，このセラピストの心には間違いなく良い意図しかなかった。しかし，実際には，セラピストはそのとき自分の意図に沿って適切に行動する体勢が整っていなかったのである——たとえその意図がどんなに良いものであったとしても。
　ふたりの間にある同一の言葉についての世界モデルの差異を見落とすことで，これほど多くのミス・コミュニケーションが生じるのであれば，複数の文や長い文章に描写された世界モデルにこの見落としが生じたら，ミス・コミュニケーションの数は幾何級数的に増大するのは容易に察せられる。
　相手が発したメッセージを**完全**に理解するという問題は，どうやら克服できそうにない。実際，できない相談である。というのも，そうするためには，相手が自分とコミュニケーションを取っているとき，同時にその相手にならなくてはならないからだ。
　幸いなことに，そこまでのレベルのコミュニケーションは，相手の変化を手助けする際には必要ない（しかし，**自分の世界モデルは，いかなる他者の世界モ**

デルとも必ず異なっているということを理解するだけで，そのレベルのコミュニケーションへの到達を目ざすためにできることは多々ある）。

❖トランスデリベーショナル・サーチ

　メタファーの使い手が個々に理解しておくべきもっとも重要な概念は，**トランスデリベーショナル・サーチ**である。SECTION 2 で，わたしたちは誰しも独自の世界モデル——各自の個人的な体験が時を経て唯一自分のみに合うよう仕立てられたモデル——をもっているということを理解した。あなたがもつこのモデルは，あなたが蓄えた体験とそれらの体験について一般化したものすべてから成っている。このモデルが働いて，入ってくるあらゆる感覚的情報が比較され，関連づけられる。このモデルに「適合する」感覚的情報は——文字どおり——「意味を成す」一方，まったく新しい感覚的情報や矛盾する感覚的情報は「意味を成さない」。

　例を挙げよう。わたしの車は外車（フランス製のプジョー）で，ドアのロックボタンは，引き**上げる**と鍵がかかり，押し**下げる**と鍵が開くようになっている（いうまでもなく，アメリカ製の車に装備されているシステムの逆である）。わたしの友人がこの車に乗るつもりで近づいていき，ロックボタンが上がっているのを見て，車のドアを開け閉めした何千回という経験から来る自信に支えられてドアを開けようとしたが，失敗した。友人はとうとうあきらめ，ドアが「壊れている」という「悪い知らせ」をわたしにもってきた。実は，彼は車のドアに関する自分の世界モデルに絶対的な確信があったため，窓はこの間ずっと開けっぱなしだったにもかかわらず，一度もロックボタンを下に押そうとはしなかったのだ。

　この例は，いくつかのレベルで教訓的である。まず，**所定**の世界モデルをもつことは助けになると同時に妨げにもなりうることを明示している。比較的安定した世界モデルの利点は，自分の環境を幾度となく検査し，さらに再検査しなくて済む——つまり，車に乗ろうとするたびにドアの開閉方法を見つけなくて済む——ことである。不利な点は，**所定**の世界モデルはどちらかというと柔軟性を欠き，したがって，限界がある——例にあるとおり，もしわたしが口を

挟まなかったら，彼は最後まで車に乗り込むことはできなかったかもしれない——ことである。

　次に，この例は，個人のモデルがその人の行動に対して発揮しうるとてつもない力を明示している。ある体験が何度も繰り返され，その効果が大きなものになってくると，この世界について強い強制力をもちうる規則が生成される。それはきわめて大きな効果を頻繁に発揮するため，それに矛盾する体験に直面しても，その体験はその人の気づきから完全に，または一部，削除されてしまう。その人の観点からすれば，矛盾する体験が見えなくなったり，感じられなくなったり，聞こえなくなったりすれば，矛盾していたことは問題ではなくなる。先ほどのエピソードにあるように，矛盾する体験がしばしば別の観点から見られるのは，その人が自分の世界モデルに合ったやり方で矛盾を解決しようとするためである（友人は，ドアロックの種類が異なる可能性や自分の現在や過去の認識が誤っている可能性を考えず，「壊れている」のは**わたしの**ドアだと考えた）。

　この例が示す３つめの重要なポイントは，友人が直面したパラドックスの意味を取ろうとして使ったプロセスにある。友人は車のドアに関する体験を遡りながら，ボタンが「上がっている」のはドアがロックされていないということだという情報を回収した。しかし，ドアは開かなかったので，今起きていることをどうにかして理解せざるをえなくなり，そのために友人は再び自分の世界モデルを**遡り**，やっと自分の体験の「意味を成す」部分——ドアが「壊れている」ということ——を特定できたのである。

　体験の「意味を取る」ために世界モデルを遡るこのプロセスは，「トランスデリベーショナル・サーチ」と呼ばれている。あなたはここで今読んでいる言葉を理解するために，それらの言葉を——トランスデリベーショナル・サーチを使って——自分のモデルの適切な部分に結びつけている。《犬》という単語を見れば，トランスデリベーショナル・サーチを開始し，《犬》という単語と関係づけられる過去の体験を探す。こうすることによって，《犬》が何を「意味する」のかを知る。そして，前述した論考で既にご存じのとおり，《犬》に反応して各自の世界モデルの中から呼び出されたイメージや感触，音，においは，数多くの点でその人独自のものである。

　感覚的なインプットと世界モデルを関連づけるまさにこのプロセスが，変化

を媒介するものとしてのメタファーの力を著しく強化する。あなたやわたしがセラピストとしてクライエントに何らかのストーリーを語ると，クライエントは語られていることの意味を取るために，トランスデリベーショナル・サーチを開始する。さらに，そのストーリーは「セラピーのセッション」というコンテクストで語られているため，クライエントはたぶん，語られていることと自分の問題状況とをできるかぎり関連づけようとするだろう（クライエントはなんらかの「痛み」の軽減を**求めている**ことを忘れてはならない）。

　　昔話が治療に役立つのは，患者が，自分と自分が今直面している内的な葛藤について物語が示唆するように見えることを，思いめぐらすうちに，・自・分・自・身・の解決を見つけるからこそなのだ。ある患者のために選ばれる物語の内容は，普通，その患者の外面的な生活とは全く関係がない。しかし，理解も解決も不可能に見える内面的な問題に対しては，深いかかわりを持っている。昔話はたしかに，現実的な場面から始まるし，毎日の生活がおりこまれてはいるが，外面的な世界を扱っているのではないことは，はっきりしている。昔話では，その非現実的な性質（これが，心の狭い合理主義者の攻撃のまとになるのだが）こそが，大切な眼目なのだ。なぜならこれによって，昔話が扱っているのは，外面的な世界についての役に立つ知識ではなく，個人の心の中に起こる内的な過程なのだということが，はっきりするからである。
　　　　　　ブルーノ・ベッテルハイム『昔話の魔力』（波多野完治，乾侑美子訳，評論社）p.46

　後続部分で学ぶことになるが，治療用のメタファーの目的は，意識的にであれ無意識的にであれ，トランスデリベーショナル・サーチを開始させること，それによって相手が，必要な個人的リソースや強化された世界モデルを自分で手に入れ，格闘中の問題を処理できるよう手助けすることである。では，こうした目的を達成できるようにしてくれるメタファーの本質とは，どういうものだろう。

❖ メタファーの基本パターン

　セラピストは，クライエントが自らの望むとおりに変わることができるよう手助けするために，おとぎ話や寓話，逸話という形のメタファーを意識的，無意識的に利用する。クライエントは，使えそうな選択肢が限定されていると感じている体験や，代わりになるものをまったく見つけられないといった体験を語ることがあるかもしれない。そういうとき，セラピストは自分自身の体験や他のクライエントの体験をもとにした逸話や，まったくの作り話をすることがある。そういう話をするのは，クライエントの問題に似た問題を克服した他者の体験が，目の前の問題の対処法となりうるものを直接的あるいは間接的に暗示してくれるだろうという期待が根底にあるからだ。

　ジョーとセラピストに話を戻そう。セラピストは，ジョーの問題に似た問題を抱えていた以前のクライエントの話を始めることができた。セラピストは話をしながら，ジョーの問題がどういう点でこの「他者の問題」に似ているかを明らかにしていく。しかし，明らかに異なっている点がある。この「他者の問題」にはなんらかの**解答**が出ているという点である。

　ジョーは話を聞きながら，その話が自分の世界モデルに合う場合は，自分自身の状況にその解答を組み入れることができる。その話の解答が自分に合っていない場合も，少なくともなんらかの解答がありうることはわかるので，たぶんそれを探しはじめるだろう（多くのセラピストの場合，しばしばこれが，そうした逸話をする第一の「理由」である）。

　メタファーが効果的に働くための必要条件としてもっとも重要なのは，それが**クライエントの世界モデルに適合している**ということである。これは，メタファーの内容がクライエントの問題状況の内容と必ず一致していなくてはならないという意味では**ない**。「クライエントの世界モデルに適合している」というのは，そのメタファーがクライエントの問題状況の**構造**をもっているということである。すなわち，メタファーにとって重要な要素は，問題のコンテクスト内におけるクライエントの対人**関係**と対処の**パターン**である。コンテクストそのものは重要ではない。

たとえば，ジョーには以下の逸話を語ることもできた。

　ところで，ジョー，わたしの大学時代の友人に，実験レポートを実にうまく書く男がいましてね。彼には美しい恋人がいて，彼女も同じく自然科学を専攻していました。したがって，多くの授業でふたりは一緒になり，当然ながら，実験ではレポートを書くためにペアを組みました。……彼はこの状況を楽しんだのですが，一点だけは例外でした。どういうわけか彼の恋人は，自分には実験レポートを書くだけの力がないと感じていて，そのために，一歩引いているようなところがあり，彼にレポートを書かせて，自分は見ているだけなのです。最初は彼も別にかまわないと思っていましたが，すぐに何もかも自分がすることにうんざりするようになりました。それに，もっと重要なことですが，彼女が視野を広げる機会を──新しいスキルを学ぶ機会という意味で──逃していることに気づいたのです。
　彼はある日，いいアイディアを思いつきました。実に効果的な方法でした。ふたりで実験レポートに取り組んでいる最中，彼は設定を説明する言葉がわからなくて困っているふりをしたのです。彼が完全に手を止めたため，彼女はすぐさま，文を完成させるのに必要なわかりきった言葉を彼にいいました。彼は彼女にありがとうといい，優しくキスしました。
　けれども，またすぐ彼は「立ち往生」しました。彼女は再び彼を助け，その後もずっとこれを繰り返し，結局彼は，彼女が自分で書くべき部分をすべて彼女に任せることができました。次に実験があったとき，実に彼女は，自分の部分は自分にさせてほしいといったのでした。ジョー，もちろん彼は喜んでそうしましたよ。

これと等価の意味と効果をもつメタファーは，無限に創ることができるだろうし，この逸話はそのひとつにすぎない。少し時間を取り，ジョーと妻との関係についてこれまでに紹介したいくつかの短い会話を振り返ってみれば，ふたりの関係に生じていることと，逸話のふたりの「仲良し」の関係に生じたこととの間に，似たようなものがあることがわかるだろう。このふたりの「仲良し」はいとも簡単に，王と，王の統治を手伝おうとしない后（きさき），牡馬と，馬車を

引くのを手伝おうとしないつがいの牝馬，片側が凱旋門で，その反対側が崩れかけている門になっていたかもしれない。

　このメタファーとジョーの問題が構造的に似ているのであれば，ジョーは無意識的に，また，たぶん意識的に両者を関連づけるだろう。ジョーのメタファーに関して重要なことは，**「実際の」問題で機能している関係と対処のパターンがその中にあること，および，それが問題の解答を提供している**ことである。ジョーは，自分の問題を特徴づけているパターンが逸話の構造内にあるため，自分の問題状況という観点で逸話の出来事を捉え，トランスデリベーショナル・サーチを使ってその意味を取ろうとするだろう。いったん話の筋を——意識的にであれ無意識的にであれ——見きわめれば，ジョーはそこに提示されている解答を，好きなように取り込んで利用——あるいは拒否——することができる。

　後続の章では，治療用メタファーの形成にとって重要なパターンを明示的にモデル化して紹介していくので，他者の世界モデルの拡大——思いどおりの変化の達成——を手助けしたいと思っている読者は，治療効果のあるメタファーを形成して効果的に利用できるようになるためのスキルを自分で身につけられるようになる。実際の出来事に合わせて逸話を仕立てるにせよ，適切なおとぎ話を任意に創るにせよ，後続の章で説明するパターンをそうしたメタファーの構築と提示に適用すれば，それらは変化を媒介するものとして実際的な価値が増し，効果が高まり，いっそう理解しやすいものになるはずである。

✤効果的なメタファー

　効果的なメタファーの構築は，**必ずしも**これから説明するメタファー構築ツールをすべて使いこなす能力がなければできないというわけでは**ない**。問題状況と構造的に等価であるという基本パターンの必要条件を満たし，かつ，使える解決法を提供するメタファーは，治療に効果を発揮しうるどころか，**それだけで充分なのかもしれない**。読者はこれからここで，コミュニケーションと体験のパターンを数多く学んでいくことになるが，逸話に含める「メッセージ」を相手に伝えるのに，それらのパターンすべてが必要なわけではない。しかし，

実際に追加したパターンは必ずそれぞれに働いて，メタファーを使った介入の意義や徹底性，解答の質を高めるはずである。

ここでいう介入の**意義**とは，クライエントが意識的あるいは無意識的に，自分自身の状況とメタファーに描かれた状況との類似性を体験することをいっている。構造的な等価性のみでも，ある程度の類似性は確実に伝わるが，メタファーは──クライエントにとって──あまりに見え透いたものだと，クライエントの「抵抗」に遭って脆弱になる可能性もある（この点については第Ⅳ章で論考を深めていく）。しかし，第Ⅲ章，Ⅳ章，Ⅴ章で説明しているコミュニケーション・パターンは，たいていの人の場合，意識の気づきの範囲外にあるため，介入の意義に関しては，クライエントは抵抗のしようがない。

次の例を検討してみよう。

ある女性クライエントはいわゆる「近所のお節介おばさん」で，その行動を抑えるのに役立つようなストーリーを聞かされている。彼女は自分がお節介であることには気づいているが，しばしば他者を**責め**てもいることや，自分の体験を**視覚的**に表現していることには気づいていない。彼女に向けて語られたストーリーの一部は，たとえばこんなふうである（追加されたコミュニケーション・レベルは書体を変えて示している）。

セラピスト： そして，この森の共同体にはデシャバリーという名前のアリクイがいました。もちろんデシャバリーは長い鼻をしていて，その鼻で獲物のいそうなところを嗅ぎまわります。デシャバリーは鼻が長いことを気にしていませんでしたが，森ではそれがよく**注目**の**的**になっていることは**見て取って**いて，ときどきそのことが煩わしくなりました。あるときリスがやってきてデシャバリーの長い鼻を褒めると，デシャバリーは**険しい目**でリスをにらみ，えらそうにいいました。「あんた，今は，**誰が見たって**木の実を集めなきゃならないときんじゃないの？ そんなふうにぼんやりしてないでさ」……

さて，この例では，たぶんクライエントは，自分がお節介やきの出しゃばりであることと，お節介の種を嗅ぎまわるデシャバリーの鼻〔英語では「鼻」はお節介を連想させる〕とのメタフォリカルなつながりに気づくだろう。その結果，ストーリーとのつながりが明白なことにうんざりしたり怒ったりすれば，この治療の機会は，「セラピストより一歩先んじていようとする」昔ながらのゲームによって台無しになるかもしれない。しかし，もしストーリーが同時に**別**のコミュニケーション・レベル——並列関係にあり同等の指示的傾向をもつ無意識のコミュニケーション・レベル——にも働きかけているなら，その意義に関して，クライエントがこのメタファーに抵抗できない状態は続く。
　次に，上記の**解答の質**が高まるという点だが，これは，メタファー構築の各ツールを追加すると，その結果として，特性や作用が自然に増大することをいっている。これらの各ツールは，ストーリーの詳細な描写に貢献すると同時に，そのストーリーが実際の問題状況をより完璧に，より等価に表わすのにも役立つ。
　モデル構築パターンを一部あるいは全部含める場合の第三の利点は，**徹底性**が高まるという点である。ひとりの人間がある「問題」を体験するとき，その問題は必ず，さまざまなレベルの意識的な気づきと行動，および，さまざまなレベルでの無意識的な気づきと行動とで表現される。

問題の体験 ｛
　関係者（第Ⅱ章）
　状況の力学（ダイナミックス）（第Ⅱ章）
　言語パターン（第Ⅱ章）
　コミュニケーションの取り方（第Ⅲ章）
　表象システムのパターン（第Ⅳ章）
　サブモダリティのパターン（第Ⅴ章）

　他者——もしくは自分自身——が変わるのを助けようとするとき，わたしたちは通常，その体験が表現されていることがはっきりわかるひとつかふたつのレベルにおいて，変化を発生させようとする。たとえば，自分を表に出さない

控えめタイプの男性が，今の恋人といるとリラックスできないというなら，もっと楽に一緒にいられる別の恋人を見つけてもいい。ほかには，コミュニケーションの取り方を控えめ型から，たとえば非難型に変更するという手もある（これはもちろん，現恋人との関係も変わることになるだろう）。
　いずれのケースにおいても，男性──および，わたしたち──は，ひとつのレベルにおける変化は他のレベル全体に広がると信じている。この確信は，ときには正しいとわかることもあるが，どんな変化を発生させようとも「問題はそのまま一向に変わらない」こともある。では，取り組み中のメタフォリカルなワークが確実に変化を促進できるようにするには，どういう優れた方法があるのか。
　徹底して行なうのである。つまり，メタファーの中で，さまざまな問題レベルに必要な変化をすべて提供するのである。未解決の問題をいっときに処理することによって，あとあと未解決の問題に足元をすくわれるような危険を冒すのを避けるのである。
　もしあなたが，あれだけたくさんある未解決の問題をさばくのは途方もなく大変だと思っているとしたら，わたしも同意見である。しかし，ほかのどのようなスキルを学び取る場合もそうだが，最初は大変ながら，練習を重ねていくと，意識と無意識の創造力と経験とが協力的に結びつき，やがてはたやすくそれを行なえるようになる。
　かつてあなたも小さな木の机に向かって座り，目の前の黒板に先生が書いたアルファベットや単語を，間隔の開いた線が何本も引いてあるおかしな紙にいっしょうけんめい書き写したことがあるはずだ。そのようにして練習したおかげで，今は，「i」には点を打って，「t」には横線を引いて，などと意識して考えなくても，ペンを手に取り，さらさらと流れるようにいくつも単語を書いていくことができる。
　治療効果のあるメタファーを思うままに創作して利用する力をつけるには，最初は，基本概念である構造的等価性のみを使ってメタファーを構築する練習をするのが望ましい。ほどなく，クライエントの問題状況に効果的にマッチするメタファーを，努力を要せずして自動的に創ることができるようになっているのに気づくだろう。そうなったところで初めて，本書で説明する他のコミュ

ニケーション・レベルをひとつひとつ自分のレパートリーに加えていくのである。練習を重ねていくと，クライエントの状況に関して必要な情報はすべて集められるようになり，そのあとは，意識的な努力はほとんどしなくても，構造的に同じで，解答を提供し，**かつ**，他のコミュニケーション・パターンもすべて含んでいるメタファーを創り出せるようになることに気づくだろう。

❖ 自然なメタファー

　実は，治療効果のあるメタファーの構成要素は，物語という行為のごく自然な無意識の結果としてしばしば生じるものと同じである。先に進む前に，ここでこの事実に注目していただきたいと思う。ストーリーを創作するとき，わたしたちはたいてい無意識のうちに，それがなんらかの個人的体験や共有体験と関連し，解答を提供し，さまざまなレベルの意味を含むような構成を工夫し，聞き手の中でトランスデリベーショナル・サーチが最大化されるような形で語っている。

　自然に発生するこのプロセスの一例として，わたしの友人がお兄さんからしてもらったおとぎ話を以下に紹介しようと思う。友人のお兄さんにはメタファーに関する正規の知識がなかったにもかかわらず，その即興のおとぎ話は実質上，治療効果のある完全なメタファーの要素をすべて示している（第Ⅱ章からⅤ章までを読み終えたら，再度この短い話を読み直してみよう——かけた時間は充分に報いられる）。

　　　昔々，ここから遠く離れたノドという国に，ひとりのトロールが住んでいました。このトロールは，ノドの町中の住民とローリング丘の住民との間の橋を守っていました。……ところで，このトロールは，両方の住民と直接接触している唯一の生き物でした。住民の一方には，「正常人」というニックネームがあり，もう一方には，「丘の人たち」のほか，「原始人」いうニックネームがありました。

　　　ノーマルズもプリミティヴズも互いのことはうわさ程度には知っていました。ノーマルズには古くから言い伝えがあり，丘には，日中は隠れてい

て，月明かりや星明かりのもとで浮かれ騒ぐ，気性の荒い怪しげな小人が住んでいることが伝わっていました。ノーマルズはずっと，丘の住民を自分たちよりも下の階級だと考えてきました。というのも，プリミティヴズは月光と戯れて騒ぐのが好きで，月の光を丘の上から下の町へ投げつけ，遠吠えに似た声を上げながら足を踏み鳴らして踊っていたけれど，もっとまじめな自分たちノーマルズはその間，日中最大限に働けるように8時間眠ろうとしていたからです。

　ノーマルズの主な楽しみは，ノドの国でもっとも効率の良い町となるために，ひとつのユニットとして機能できるスタミナと能力が自分たちにはあると実感することでした。そんなわけで，ノーマルズはプリミティヴズのことを考えると，友情みたいな気持ちはさっぱり湧いてきませんでした。

　……おまえも，すっごくいやなやつらね，くらいはいいたいかな，いうかいわないかは別として，ひょっとしていいたいかなって思ってさ，わかんないけど……

　さて，プリミティヴズのほうにも，町の住民についてはやたら長い話が伝わっていて，ノーマルズのことをなんてつまらない連中だと思っていました。ただ，彼らは町の住民とはちょっと違っていました。彼らは町の住民と対決する伝統の中で育ってきていたのです。……とはいえ，それまでに使った方法は使いものにならないように思われたので，問題を解決するために大会議を開きました。ノーマルズに自分たちの人生のような側面も体験してもらいたいという気持ちがあったからです。絶対にこっちのほうが楽しいと思っていましたから。……大会議は初めて招集したものだったので，会議中，彼らは歌い，踊り，食べ，実に楽しい時間を過ごしました。けれども，驚いたことには，なんの結論も出なかったどころか，意見すら出ませんでした。

　そういう暮らしがそのまま続きましたが，ついにある日の夕暮れどき，ノーマルズはベッドの用意をし，プリミティヴズは起き上がって夜の準備のために長いひげを洗っていると……奇妙な音が聞こえてきました。町の住民も丘の住民もみんなその場で凍りつきました。

　その音はどこから来ていたのでしょう？　耳を澄ましていると，それは

トロールの声だということが次第にわかってきました。……それは絶望に満ちた声で，ふたつの住民の間の谷間から聞こえてきていました。死にかけている竜の低い声が轟いているようでもありました。丘のプリミティヴズは，トロールのことは昔から知っていたし，仲良くしてもきたので，何があったのだろうと心配して見に行きました。町のノーマルズもその声を聞き，びっくりしてベッドから離れ……橋まで様子を見に行きました。

　そういうわけで，その晩の夕暮れどき，次第に暗くなっていく空の下に，トロールを間にして，プリミティヴズとノーマルズが集まりました。そこでトロールは話しはじめました。……「おれは何年も，何年も……思い出せないくらい昔から，あんたたちふたつの住民の間のやり取りを見てきた。だが，いよいよそのときが来た。あんたたちのどっちにも，自分たちなりの人生の送り方があり，あんたたちのどっちにとっても，それぞれの生き方が現時点では正しい生き方なんだ」

　プリミティヴズはノーマルズを見，ノーマルズはプリミティヴズを見て，トロールのいうとおりだと合点しました。そして，まさにそのとき，ノーマルズは声を上げて笑いはじめ，プリミティヴズは畏れ入って黙り込みました……

　こうして新しい時代が始まり，プリミティヴズとノーマルズはそれぞれの生き方を分かち合うようになりましたとさ。

SECTION 4
本書の概要

　後続の各部はいずれも，治療効果のあるメタファーを作るときに使える系統立ったツールを提供している。第II章はメタファーを効果的に語るための基本的なモデルとパターンを説明し，第III章，第IV章，第V章はそれぞれ，サティア・カテゴリー，表象システム，サブモダリティを説明している。第II章の末尾にあるメタファー（おとぎ話）は，第III章，第IV章，第V章の各末尾でも繰り返し，説明の済んだ3つのコミュニケーション・パターンを――そのつどひとつずつ――追加していく。メタファーの利用法は第VI章で論じている。

本書は**ワークブック**として利用できる設計になっている。したがって読者の皆さんには，まずひととおり読み，次に各章を1章ずつ読み直すことをお勧めしたい。2度目には，各章を読み終えるごとに，そこに紹介されている概念が楽に使えるようになるまで実験を繰り返してから，次の章に進むのが望ましい。本書はひと口サイズに細かく分けて構成してあるので，消化も楽に進むだろう。また，そこここに，短くて簡単なエクササイズも散りばめてあるので，理解が深まり，モデルを扱う体験も積んでいただけると思う。

　以下は，治療効果のある完結したメタファーで，本書の後続部分の参照構造を提供するためのものである。第Ⅶ章では，同じものに注釈をつけて説明している。

❖ヴィヴァーチェのメタファー

　　こことよく似たある場所に，ひとりの男とその娘がふたり住んでいました。男は大変聡明で，ふたりの娘をおおいに誇りに思い，ふたりにはできるかぎりのものを与えていました。3人は森の中の小さな家に住んでいました。

　　ふたりの娘は，レットとホーという名前でした。レットとホーはまだ子供で，どんな冒険をするのも一緒でした。毎日森に飛び出していっては，小さな発見をしたものです。松ぼっくりを人に見立て，木々を壁の代わりにし，空を屋根の代わりにして，ままごとをしました。もちろんふたりはあらゆる種類の妖精が見えていましたし，そうした妖精たちといつも会話をしていました。おなかが空けば，遠くまで行かなくても，大好きなベリーをいっぱいつけた茂みがすぐに見つかりました。

　　ふたりは存分に遊び尽くすと家に帰り，父親に駆け寄ってしっかり抱きつきました。父親も娘たちを抱きしめ，大きな声で笑うと膝をついて座り，その日のふたりの散歩について，いつでも詳細を聞けるようにしました。

　　父親はいつも娘たちの冒険に魅せられました。というのも，彼には学問はありましたが，多くの点で世間には疎いところがあったからです。彼は外出してぶらつくようなことはめったになく，森の外はいったいどんな様

子なんだろうとよく思っていました。

　そして，そんなふうにして歳月は過ぎていきました。レットとホーは共に成長し，さんざんやり尽くした遊びに興味を失い，新しいものがそれらに取って代わりました。

　その後，ある日，父親がまったく予期できず説明もつかない状況で，目が見えなくなりました。それからも月日は過ぎていき，レットとホーも変わりはじめました。

　レットは相変わらず一日の大半を森の中をさまよって過ごしました。走りながら頬に冷たい空気を感じたり，低い木の枝々が脚にちくちくするのを感じたりするのが大好きでした。緑の松葉の毛皮のような房をさするのにも，木々のごつごつした幹に手を走らせるのにも，けっして飽きることがありませんでした。ベリーの茂みに出くわすと，ときにはひとつかみ摘み，それらをつぶすこともありました。その感触がおもしろいからというのが唯一の理由でした。そして疲れると，苔むした丘の斜面や，松葉でふかふかのカーペットに寝そべるのでした。

　一方，ホーは自分の居場所は家の中だと見定めていました。森は相変わらず好きでしたが，今は，家から眺めて楽しんでいました。一日を通して，また，一年を通して変化する，さまざまな色と影が混じり合う光景は，特にすばらしいと思っていました。けれども，自分が家庭や家事に注意の焦点を絞っているときにこそ，最大の喜びが生まれることも知っていました。彼女は料理が大好きでした。彼女にとって，たくさんの材料が組み合わさってオーブンの中に消え，明らかに変化して出てくるのを見ていることには，常に何か特別のものがありました。彼女にはまた，家周りでするべきことを見きわめる才能があり，したがって，家は常に整理整頓を絵に描いたような状態でした。それに，いうまでもなく，父親に目を配る責任の大半を引き受けてもいました。

　時は過ぎていきました。ホーとレットは，互いにほとんど関わりをもたないことが多くなりました。そして，ふたりはある点ではうまくやっていましたが，ある点ではそうではありませんでした。レットはホーにこんなことをいうこともよくありました。「そんなに家でばかり過ごしていたら

いけないわ。そんなもの，しばらく放っておけないの？ それに，父さんにもあそこまで世話を焼いたらだめよ。父さん，自分でちゃんとできるわよ，わかってるでしょ？」

そんなとき，ホーはこう答えました。「ただ，父さんには目を配ってあげる人がそばに必要だわ。わたしにはわかるの。それに，わたし，本当に気にしてないのよ。ここでしていることが好きだし，あなたがわたしのことを心配するのをやめてくれさえすれば，何もかもパーフェクトになるのに」

けれども，そうはいっても，ときにはホーも森の中に飛んでいきたいという気持ちが心の中で蠢いているのを感じることもありました。でも，自分のすべきことは家庭にあることがはっきりしていたので，そうした蠢きはできるだけうまくぼんやりさせておくのが常でした。

ある日，ひとりの若い男性が森の奥から出てきて，家に近づいてきました。ホーが最初に彼を見て，家に招き入れました。男性は，自分は旅の途中だが，自分の知るかぎり，この旅は永遠に終わりそうにないと説明しました。そして，レットが何度もあれこれ聞き出そうとしましたが，彼は多くの点で非常に秘密主義でした。父親とレットとホーは彼の立場を理解し，彼の過去について，それ以上は質問しませんでした。男性は，必要な雑用や修理をする代わりに，しばらくここに置いていただきたいといい，3人はそれを承諾しました。

男性は，来てまだ日が浅いころ，森からはじかれたように飛び出してきて，ホーを呼びました。彼女は男性が息を切らしているのを見て，どうしたのかと訊ねました。

「ああ，ホー」，と彼はいいました。「あなたの助けが必要なんです。わたしたちみんなにとって，とても大切なことがあるんです。わたしといっしょに来てもらいたいのですが，その見通しはつきますか？」

ホーは承知し，いっしょに森の中に入っていきました。途中，彼がいいました。「わたしたちにはレットの助けも必要です。彼女を呼びましょう」

ホーはできるかぎり大きな声を出して，男性といっしょにレットの名前を呼びました。ほどなくして下生えを踏みつぶす音が聞こえ，それに続い

てすぐにレットが現われました。茂みの中を通ってきたのです。彼女も探索に加わりました。

　かなり歩いたあと，男性はふたりを止めていいました。「ここです」

　3人は大きな峡谷の崖っぷちから少し離れたところに立っていました。峡谷の底は深い森になっています。3人が今出てきたばかり森は，崖っぷちから何フィートかのところで終わっていて，その不毛の土地の帯は峡谷に沿ってずっと続いていました。

「でも，いったいここはなんなの？」と，レットとホーは声をそろえて訊ねました。

　男性は哀しげな表情を浮かべていいました。「そうですね，お話ししましょう。実は，もう少し若かったころ，わたしは路上である男に出会いました。わたしたちは言葉を交わしはじめ，しばらく一緒に旅をすることにしました。あるところに来ると男は帽子を取り，わたしが彼の耳をちらっと見たことを確認すると，すぐに帽子を戻しました。彼の耳はいかにも奇妙な色をしていました。わたしがそのことを訊くと，彼は自分は魔法使いだと告白しました。

「わたしはしばらく混乱しましたが，やがて訊ねました。『わたしにはあなたが魔法使いだとわかってしまいましたが，そうなったということは，もうわたしとは一緒に旅はしないということですか？』

　ところが，彼のほうこそ，わたしが彼といるのをいやがるんじゃないかと心配していたことがわかりました。彼はすっかり安心しました。わたしたちはまた一緒に旅を続け，やがて四つ辻まで来て別れることになりました。彼はお別れの贈り物だといって，あらゆる種類の美味しい不思議な果物をつける，ある特別な木々について教えてくれました。そして，どこに行けばそれが見つかるかは説明できないといい，でも，どんなふうにそれが見つかった**とき**がわかるのかは教えてくれました」

「どんなふうにわかるのかしら？」と，ふたりの娘はつぶやきました。

「独特の感覚が生じて……この辺だというのがわかるんです」

　3人はその果物の木々を探して一帯をくまなく見て歩きました。レットはすぐに疲れて座り込み，髪を梳きはじめました。ホーはその間も，何か

印が見つからないかと丁寧に探しつづけました。彼女は慎重に崖っぷちまで歩いていき……森が茂っている谷底を熱心に覗き込みました。

そして，それを見たのです。

眼下の森の，重なり合った葉の小さな隙間から，太陽の光が鮮やかな色の表面に反射するのを見たのです。じっと見ていると，光がその表面で戯れる様子から，それがなめらかで，カーブを描いて球形になっていること，それが固いこと……そして，絶対に取りに行くだけの価値があることがわかりました。今や彼女には，それがとても温かな深い赤だということもわかりました。彼女は心がちりちりするのを感じながら，一条の光がそこに落ちるのを眺めました。

「あそこにあるわ」と，彼女は落ち着いた声で，峡谷の中を指差しました。レットと若い男性はその指の差す先をたどり，とうとうそれを見ました。

「見つけましたね」と彼はささやき，ホーの右の頰を優しくつねりました。「さあ，今度はどうやったらあれを取れるかです」

3人は崖っぷちに立ち，峡谷を取り巻いているらしい険しい崖を見降ろしました。ホーはしばらく険しい崖を丁寧に見て，小さな道か入り口がないか調べていましたが，すぐに目が疲れ，出っ張った岩に腰を下ろすと足をぶらぶらさせはじめました。

レットがとうとう自分のすべきことを悟りました。「わたしがあそこに降りるわ」と歌うようにいいました。いいながら，崖の端から降りはじめています。何か足場が見つからないかと，足で慎重に岩肌を探り，同時に，安定した石なり岩なり，手の届くところにあるものをしっかりつかんでいます。

数フィート降りたところで，足場になるものがなくなり，何度か滑り落ちました。彼女が自分の足元を見たのは，そのときです。よく見てみると，影を探すことによって，割れ目らしきものと足場になりそうなものとをはっきり見わけられることに気づいたのです。おかげで，かなり楽に降りつづけられるようになりました。

ある地点で，彼女は崖っぷちで待っているふたりに大声で呼びかけました。「わたしをよく見ていて！　そうしたら，あなたたちも簡単について

こられるから」若い男性はそこで，左目でレットにウインクしました。
　彼とホーはレットの使っている優雅な動きをすべて注意深く観察していましたが，ほどなくふたりも峡谷をきびきびと降りはじめました。
　谷底に降りると，3人は散らばってそこここを歩き回り，小鳥の群れのようにおしゃべりをしました。そうこうするうちに，あの特別な果物の木々に出くわしました。そして，それは本当に特別でした。
　そこにはあらゆる種類の変わった木々や茂みが育っていました。そして，その一本一本から珍しい形や色の無数の果物が垂れ下がっていました。中には，さわると，形や色を変えるものもあります。その表皮にまで，特別な構造がありました。優しくつかむと，ざらざらしていた表皮がすべすべになるものがあるのです。実のぎゅっと詰まったものもあれば，ふんわりしているものもあり，大きさも大小さまざまです。これを振れば，からから鳴るし，あれをむしれば，「ポンとはじけます」。ほかにも，開くときにパリパリと実に楽しげな音を立てるものもありました。
　3人は一日中，さまざまな果物を味わったり，味を試してみたりして過ごしました。多くは嬉しくなるくらい美味しいか，満足できる味でした。中には，かなり苦いものもありましたが，苦いものには，ほかにたくさんの使い道があることを，3人はすぐ発見しました。本当に驚くべき木々です。
　3人は毎日この果樹の園に通いました。そして，峡谷の絶壁を昇り降りするたびに，3人の通った跡は少しずつ削られていき，とうとうこの特別な場所まで，楽しい小道を歩いてすぐに着けるようになりました。果樹の園に入ると，3人はすばらしい会話を楽しみ，その中で，お互いについてたくさんの発見をしました。
　ホーは，森への散歩のおかげでとてもリラックスでき，元気も出るので，以前より家事が楽になり，楽しめるようにもなったことに気づきました。そして，レットは，森について学んださまざまなことをどんなふうに家庭に取り入れたらいいのかを，すぐに見定められるようになっていき，そういう意味で，森はふたりにとって不可欠なものになりました。
　ある日，ホーとレットは目を醒まし，若い男性がいなくなっていること

に気づきました。ふたりは気をもんだりはしませんでした。彼がいつかいなくなることはずっとわかっていたからでした。……ふたりには，3人で見つけたあの果樹の園が彼のものではないこともずっとわかっていました。

　ですから，レットとホーはあの園への楽しみと発見の旅を一緒に続けました。

　ある朝，父親がいいました。「ところで，ずいぶん延び延びになっていたが，遅すぎることはないはずだ。娘たちよ，父さんにもあの果樹の園への道を教えてもらえないだろうか」

　ホーは父親の右手を取り，レットは父親の左手を取りました。ふたりは一緒に父親の手を引き，3人で楽しくおしゃべりしながら，森を進んで行きました。峡谷に着くと，父親がいいました。「少しひとりで行かせておくれ……自分で見つけなくてはならないことがあるんだよ」

　そういうと，父親は小さく歩を進めながら，崖っぷちまで進んでいきました。ぎりぎりのところまで行くと，片足を虚空に垂らし，微笑みました。「これまでずっと，あれこれ思っていたんだが」と彼はいいました。「おまえたちが今手を取ってくれるなら，父さんはすぐにもおまえたちの果樹の園を訪ねられるよ」

　ふたりは父親の手を引いて，小道を降りていきました。谷底に着くと，父親が再びいいました。「さあ，手を放しておくれ。父さんは自分で見つけるつもりなんだ」

　レットとホーは最初は心配しましたが，よく話し合った末に，そうするのはだいじなことだと結論を出しました。そういうわけで，ふたりが果樹の園に座っている間，父親は谷の底をさまよっていました。ときどきバンッと音を立てて木にぶつかりました。つまずいて転ぶこともありました。レットとホーは父親がどこにいるのか，ずっとわかっていました。というのも，父親が自分自身に向かってクスクス笑いながら話しかけたり，自分のことをおもしろがって笑うのが聞こえていたからです。

　その父親もついに果樹の園を**自分**で見つけました。そして，その日の午後はずっと，木から木へと歩き回り，味わえるものはなんでも味わって過ごしました。レットとホーは心から嬉しく思い，すっかりのんびりして，

すぐに父親のことを忘れてしまいました（父親のほうも，そのときには，思い出してもらうことにはほとんど関心がありませんでした）。代わりに，それぞれの夢を思い描き，それぞれの希望を語りつづけました。

　そして，そうした日々が続きました。3人は，あの小さな果樹の園に行く必要があるとき，そこに行きたいと思うときには，いつでも戻っていきました。頻繁にそうすることもありました。しばらく間が空くこともありました。ただ，3人にはずっとわかっていました。それはそこにあると……。

第Ⅱ章
メタファーを構築する

PROLOGUE

ガイ・クラーク『あの昔の感覚が』

あの昔の感覚がこっそりホールに下りていく
壁にぴったりくっついて進む老いた灰色の冬の猫のように
あの昔の感覚がよろよろと通りをやってくる
足に絡んだ新聞を蹴りはらう老いたセールスマンのように
あの昔の感覚が木塊を囲む円をいくつも描いていく
時計と手をつなぐ老いた子無し女たちのように
あの昔の感覚が公園でばったりうつ伏せに倒れ込む
暗くなるまでなんとかしのげるようにと祈る老いたアル中のように
あの昔の感覚が雨の中を行きつ戻りつする
チェッカーの駒を手に獲物を見つけたがっている老いた男のように
そして，あの昔の感覚が居酒屋でビールのために演奏する
あんたのことを思い出せない老いたブルース時代の弾き手のように
あの昔の感覚が松葉杖に寄りかかり一晩中足を引きずって歩いていく
もらいすぎているんじゃないかと思っている老いた兵士のように
そして，あの昔の感覚がロックンロールを踊り，唾を吐きかけ，大声を上げる
きれいな青い目の娘を思い出している老いた恋人のように
あの昔の感覚がこっそりホールに下りていく
壁にぴったりくっついて進む老いた灰色の冬の猫のように

SECTION 1
適格性

　治療に使うメタファーも，一般のセラピーと同様，《問題》から始まる。人を助けようとする者の最初の主な仕事は，その問題の本質や性質，および，クライエントが自分の状況をどのように変化させたいと思っているかについて，ある種類の理解を得ることである。そうした情報収集で重要なことの多くは，第Ⅰ章で論じた[1]。しかし，《問題》の明確化に関するきわめて重大な側面がひとつ，しばしば見落とされ，その結果，多くの治療のための出会いが妨害されたり，台無しにされたりしてきた。その側面とは，問題の**適格性**である。

　　ある女性がある空港で飛行機に乗り遅れた。彼女が乗るはずだった飛行機はとっくに空を飛んでいた。女性はズカズカと航空会社のデスクに進み，自分はあの（もう出てしまった）フライトに乗って**いなくてはいけない**のだとわめき，飛行機を戻せと大声で要求した。航空会社の代表は彼女をなだめられればと思い，どんな手が打てるか見てみましょうと彼女にいった。彼女はもちろん喜び，「措置が取られる」のを待っていたが，代表が彼女を静かにさせようとして嘘をついたのは誰の目にも明らかだった。数分後代表は戻ってきて女性に同情を示し，あのフライトを戻すことはどうにもできないことを伝え，別便のご用意をお手伝いさせていただきますと申し出て……ハンドバッグで殴られた。

　この女性が確かに問題を抱えていたこと，この代表はたぶん本当に彼女の力になりたいと思っていただろうことについて，反対する人はほとんどいないだろう。しかし，ふたりの関係は悲惨な結末に向かっていた。というのも，女性は自分の問題の解決法として相対的に不可能な目標を設定し，代表は最初，その目標を暗に受け入れたからだ。つまり，彼女の問題は，彼女にも代表にもコントロールできない出来事／人がその解決法に含まれていたという点で，**不適格**であった。

同様の状況はセラピーでもしばしば発生する。クライエントはあなたに，「一週間の日数を増やしてほしい」，「ジェフがわたしにちょっかいを出さないようにしてほしい」，「マーガレットがわたしを愛するようにしてほしい」などといってくる。こうした助けの要請はクライエントにとっては望ましい目標ではあるが，セラピストにとってはコントロールできないことであり，したがって，セラピーはおそらく延々と続くばかりで，なんの成果も上がらないものになるだろう。

そうした治療目標にも，実現するものがあるかもしれないので，「不可能だ」といっているわけではない。しかし，仮に実現したとしても，それは**クライエント自身が変わったことによるものだろう。したがって，効果的なセラピーと治療効果のあるメタファーの重要な必須条件は，クライエントの目標が適格であること，すなわち，発生させるべき変化は，クライエント自身がコントロールできる変化であることだ。**セラピストがハンドバッグで殴られる必要はまったくない。

SECTION 2
同型性

治療効果のあるメタファーの根本的な特徴は，ストーリーに登場する人物やそこで発生する出来事が，クライエントの状況や問題を性格づけている人物や出来事と等価——**同　型**（アイソモルフィック）——であることだ。したがって，クライエントの問題に有意に関わっているいずれの人物も，メタファーに登場する人物として描写されることになる。同様に，問題状況のさまざまな要因（パラメータ）と経緯も描写されることになる。そうして描写されたものは，問題の各パラメータと「等しい」わけでは**ない**が，実際の状況で生じているさまざまな**関係**と同じものを，メタファーの各パラメータ間で維持しているという意味で「等価」である。つまり，わたしたちの目的からいえば，「同　型　性」（アイソモルフィズム）とは，実際の問題状況で生じている関係をメタフォリカルに保存することである。

	実際の状況			メタファー	
関係者	クライエント	――（に代えて）	→	X	ストーリー の登場人物
	人物1	――（に代えて）	→	Y	
	人物2	――（に代えて）	→	Z	
問題の経過	出来事1	――（に代えて）	→	挿話1	ストーリー の構成
	出来事2	――（に代えて）	→	挿話2	
	出来事3	――（に代えて）	→	挿話3	

　効果的なメタファーを構築するには，実際の各当事者に相当する人物をストーリーに登場させ，実際の各出来事に相当する挿話を話の筋に導入するだけでは充分とはいえない。自分の問題を有意に描写するものとして，クライエントがそれを受け入れるようにするためには，実際の状況で生じているさまざまな関係や配列がストーリーの中に保存されていなくてはならない。この制約はつまり，メタファーで重要なのは，問題に見られるさまざまな関係や経緯を，同型的に描写することだという意味である。したがって，**いかなるコンテクスト**も，同型性の制約が満たされているかぎり，メタファーの設定としてふさわしい。

　メタファーの登場人物を選択する上で，彼らの人となりは重要ではない。重要なのは，彼らが**どう関わり合っているか**のみである。たとえば，その問題には家長の父親，母親，若い息子が関わっていて，ストーリーのコンテクストとして選んだのが「船」だったとしよう。「家族」を「登場人物」へと同型的に変形させるとしたら，次はひとつの可能性である。

関係者		メタファー
父親	→	船長
母親	→	一等航海士
息子	→	ボーイ

この例では，メタファーの登場人物は，実際の家族が共有しているのと同じ論理的関係（もっといえば言語学的関係）の多くを共有している。彼らの問題の根底にある有意の出来事についても，同じ変形を適用することができる。変形したものの全体像は次のようなものになるかもしれない。

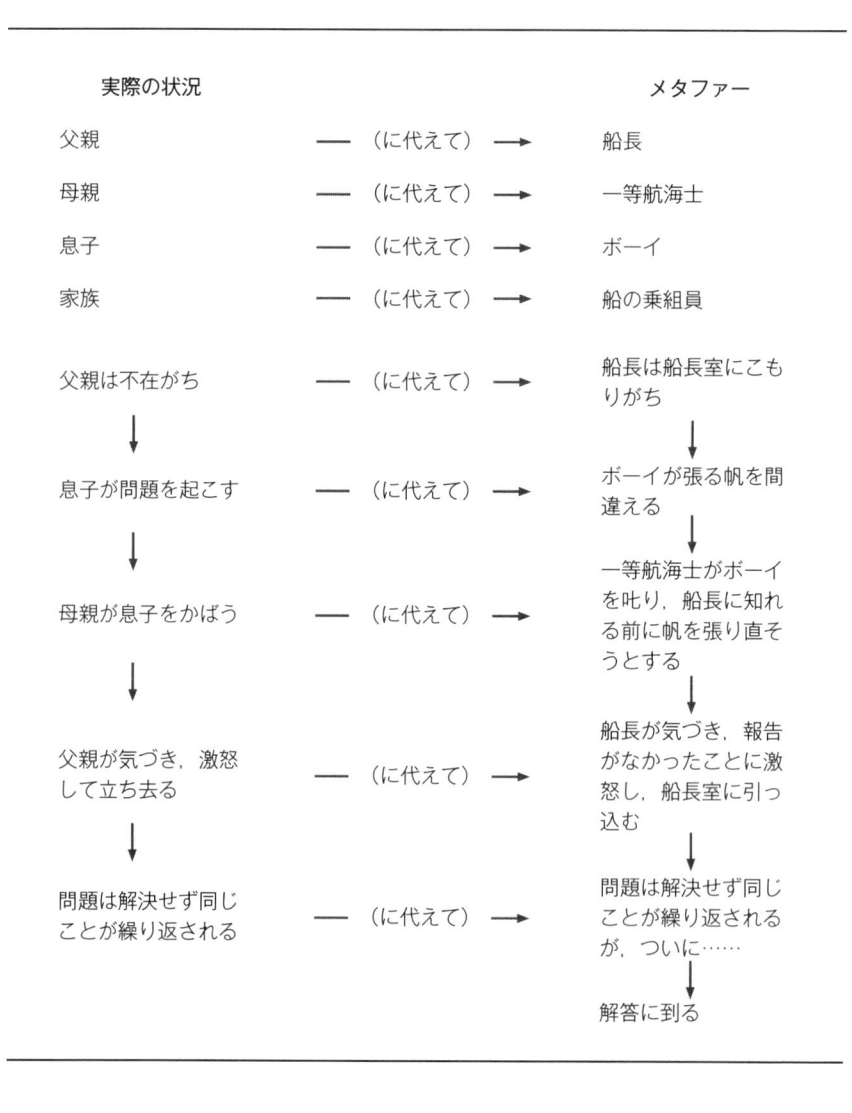

実際の状況		メタファー
父親	──（に代えて）→	船長
母親	──（に代えて）→	一等航海士
息子	──（に代えて）→	ボーイ
家族	──（に代えて）→	船の乗組員
父親は不在がち ↓	──（に代えて）→	船長は船長室にこもりがち ↓
息子が問題を起こす ↓	──（に代えて）→	ボーイが張る帆を間違える ↓
母親が息子をかばう ↓	──（に代えて）→	一等航海士がボーイを叱り，船長に知れる前に帆を張り直そうとする ↓
父親が気づき，激怒して立ち去る ↓	──（に代えて）→	船長が気づき，報告がなかったことに激怒し，船長室に引っ込む ↓
問題は解決せず同じことが繰り返される	──（に代えて）→	問題は解決せず同じことが繰り返されるが，ついに…… ↓ 解答に到る

この例では，同型的変形は関係性に関するものに限られていて，コンテクストは変えていないが，コンテクストの性質や利用する配役のアイデンティティにはなんの制限もない。メタファーの配役は，2隻のスクーナー船〔縦帆式の大型帆船〕と帆船，2本の木と若木，牡馬と牝馬と牡の仔馬という組み合わせを選んでもかまわないのである。
　別の例を考えてみよう（今度は実際にあったケースである）。これは非常にわかりやすい例なので，本書ではこのあともずっと利用していく。

　　サミュエルは30歳で専門職に就いている。恋人のケイトも同様である。サミュエルは最近別の仕事も引き受けたのだが，そのために，週の勤務時間がしばしば6時間延びることになった。サミュエルの問題は，勤務時間が延びた結果として，ケイトと過ごす時間が減ったことである。そのせいで，ふたりの間はぎくしゃくしはじめ，ふたりはそれをとても不快に思うようになった。今は，顔を合わせると，たいていは言い争いで時間が過ぎていく。問題を話し合おうともするのだが，結局は双方が傷ついて物別れになる。サミュエルは仕事も続けたいし，恋人も失いたくないと思っている。1週間をもう20時間長くしたいとも思うが，それはできないことがわかっている。どうしたらいいのかわからない。

　この問題のためのメタファーを構築するのに，わたしは『円卓の騎士団』をそのコンテクストに選んだ。次のページの一連の変形を検証しながら気づいていただきたいのは，もしサミュエルが，ケイトは恋人ではなく娘だといったとしたら，ケイトにはすぐにも「王女」役をあてがうことができただろうということ，また，彼女が王女だとすると，それによって必要になる筋書きの論理的変更も当然生じるだろうということである。

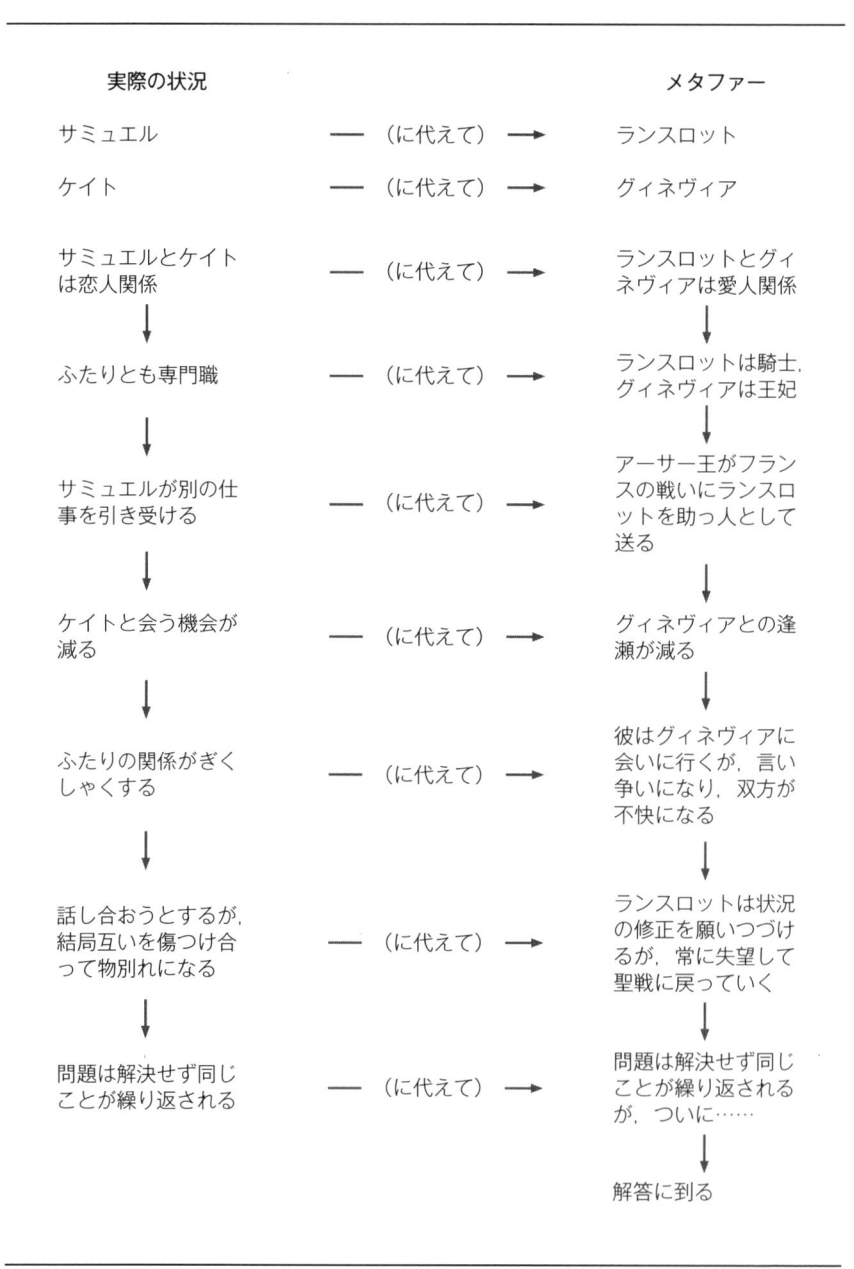

実際の状況		メタファー
サミュエル	──（に代えて）→	ランスロット
ケイト	──（に代えて）→	グィネヴィア
サミュエルとケイトは恋人関係 ↓	──（に代えて）→	ランスロットとグィネヴィアは愛人関係 ↓
ふたりとも専門職 ↓	──（に代えて）→	ランスロットは騎士，グィネヴィアは王妃 ↓
サミュエルが別の仕事を引き受ける ↓	──（に代えて）→	アーサー王がフランスの戦いにランスロットを助っ人として送る ↓
ケイトと会う機会が減る ↓	──（に代えて）→	グィネヴィアとの逢瀬が減る ↓
ふたりの関係がぎくしゃくする ↓	──（に代えて）→	彼はグィネヴィアに会いに行くが，言い争いになり，双方が不快になる ↓
話し合おうとするが，結局互いを傷つけ合って物別れになる ↓	──（に代えて）→	ランスロットは状況の修正を願いつづけるが，常に失望して聖戦に戻っていく ↓
問題は解決せず同じことが繰り返される	──（に代えて）→	問題は解決せず同じことが繰り返されるが，ついに…… ↓
		解答に到る

SECTION 3
目標

　基本的なメタファーを完成させるために現段階で欠けているのは，問題の**解答**だけである。メタファーのための解答を明らかにするかどうかは，どういう目的でそのメタファーが語られているかによって，ある程度は決まる（第VI章参照）。どう変わるのが自分のクライエントにとって有益なのか，あなたの個人的な直観が，望ましい目標として選択すべきものを決定することがあるかもしれない。しかし，たいていの場合，クライエント本人が解答を決めるだろう。通常クライエントは，自分がどんな変化を起こしたいと思っているかをわかっている。

　クライエントがしばしば行き詰るのは，繰り返し起こる今の不満な状況と，望ましい状況との間に橋を架けるときである。誰しも何かの折に，木々に近づきすぎて森が見えなくなる経験をしたことがあるだろう。メタファーの機能のひとつは，木を見ている人が一歩下がって自分の森を見られるよう（そして最終的には正しく認識できるよう），その方法を少なくともひとつは提供することである。したがって解答には，その基本的要素として，**望ましい目標**と，問題とその目標との隔たりに橋を架ける**戦略**のふたつがある。

　わたしがサミュエルに，ケイトに関して自分の状況をどう変えたいと思っているのか具体的にいってほしいというと，彼は，「前のように彼女と一緒にいてくつろぎたいし，親密さを取り戻したいんです」と説明した。つまり，今は以下の状態である。

問題	橋を架ける戦略	目標
サミュエルとケイトはもっと頻繁に一緒にいたいのに，そうできないことについてよく言い争いをする。	？	サミュエルは複数の仕事を続け，かつ，彼女と一緒にいてくつろぎ，親密さを取り戻したいと思っている。

SECTION 4
橋を架ける戦略

❖キャリブレーション

　繰り返し発生するクライエントの問題状況を抜け出し，望ましい目標に到達するためには，問題状況と目標との間になんらかの経験的（行動的）な橋を架けなくてはならない。「問題」から「新たな行動」にぽんと跳ぶだけでは，通常は充分ではない。クライエントがしばしばしようとして（失敗して）いるのが，これである。「それが始まったときには必ず，これならまあ大丈夫というような行動を取ろうとするのですが，どうもそうはいきません」。わたしたちはここで，問題と目標との間の橋を，**橋を架ける戦略**(コネクティング・ストラテジー)と呼んでいる。

　橋を架ける戦略を理解するには，ひとつの方法として，**キャリブレーション**と**リキャリブレーション**の観点から見ていくといい〔キャリブレーションは，出来事を見きわめ，自らの行動を調整すること。本来は「計器の目盛りを定めること」〕。

　問題はたいてい繰り返す。すなわち，同じ設定，あるいは，似たような設定の出来事が何度も発生し，結局，毎回同じ不快な体験，あるいは，望まない体験を繰り返す。繰り返し発生するこの一連の望んでもいない体験はケーキ，出来事の設定はその材料と考えることができる。材料であるからには，そうした出来事はケーキを作り出すために，ただあるだけではなく，**適切な分量**でそこになくてはならない。問題が生じる出来事の大半は，たいていいつでも発生している（「出来事」は，周囲の事象から感覚や知覚に到るあらゆることを指す）。

　たとえば，「プレッシャーがかかると怒りで爆発する」男は，ほぼ間違いなく，たいていいつも多少のプレッシャーを受けている（仕事上の責任，家族としての責任，個人として努力していることなど）。しかし，「プレッシャー」が問題になるのは，たとえば，その原因が「あまりに」多かったりきつかったりする場合，それが「あまりに」先買い的にのしかかってくる場合，対処能力が他

のさまざまな問題に「あまりに」囚われすぎている場合のみである。つまり，互いの関係において，それがある割合に達したときにのみ，「問題」になるのである。

したがって，「問題」は，ある出来事群がある割合に達したときにのみ，その人がそれに「反応しはじめる」という点で，一種の「キャリブレーション」である。似た例に，空気と燃料とスパークが適切な時機にある割合に達した場合にのみ，エンジンは反応して作働するという事象がある。いうまでもなく，人間は単なるエンジンではない。しかし，「その特定の状況」になるたびに「同じように」感じたり行動したりするという体験をしたことのある人なら誰でも，そうした状況は単にその行動を許容するというよりも，それを**強要する**ようだという事実の証人となることができるだろう。

❖リキャリブレーション

ゆえに，問題を軽くするためには，**リキャリブレーション**〔出来事の見直しと自らの再調整〕をする必要がある。これが橋を架ける戦略の機能であり，この機能によって，当人は繰り返し発生する状況から抜け出し，自分で自由に選択ができるようになる。

繰り返し発生する状況についてリキャリブレーションを行なうと，クライエントには，①出来事が問題になる割合に到達する時期を知る手段と，②その割合を変える手段とが提供される。

メタファー作成の観点からいえば，リキャリブレーションの第一段階では，登場人物（クライエント）が「なんらかの方法」でそれまでのキャリブレーション・パターンに終止符を打てるようにする。その結果，その人物はついに問題状況を効果的に変化させることができるようになる。あなたの使う「なんらかの方法」は，人を助ける者であり同じ人間であるあなたの体験と直観が生み出すものである。

第二段階では，登場人物がストーリーの流れの中で，「問題」になるキャリブレーションと，その問題のリキャリブレーションを可能にする方法について，しっかり理解できるようにする。

……メアリーは振り返ってみて、自分の怒りの原因は、母親が自分にあれをしろ、これをしろと命じたことではなく——いわれたあれこれはすべて、彼女が喜んでしようと思うことだったからだ——母親がそうしたことを即座にさせようとしたことだと理解することができた。母親とどう話し合ったらいいのかがわかった今、それはもはや問題ではなく……

✣戦略

　目標と同様、橋を架ける戦略もたいてい、問題の力学(ダイナミックス)に関するクライエントの説明の中に暗示されているか、問題と目標との関係に内在している。サミュエルの問題でも、これらふたつの要因に注目するだけで、彼が望みどおりのものを自力で入手するのに役立てられそうな戦略を、間違いなくいくつか工夫することができる。

　たとえば、サミュエルは不快にならないようにするために、自分の感情をコントロールする方法を身につけることができる。あるいは、ケイトに、その行動を変えるよう最後通牒を出すこともできる。さらには、ケイトが腹を立てて傷ついているときは、ケイトに会わないでいる方法、ケイトの話を聞かないでいる方法を学ぶこともできる。これらの選択肢は、本質的にいずれがいずれより優れているということはない。ただし、他のいずれよりも**確実に優れている**のは、サミュエル（もしくはクライエント）が自ら示しているものである。

　ケイトとのいつもの口論の様子を訊ねられたサミュエルは、新しい仕事が自分にとっていかに重要かを説明しようとしたときの典型的なシーンを描写した。説明を聞いたケイトは、サミュエルが「そんなふうに多忙」であることをいつも皮肉るのだという。それからしばらくは言い争うが、その後は双方とも口をつぐんでしまい、鬱々とした夜が過ぎていく。

　サミュエルのこうした説明やその他のコメントからわかることがひとつある。おそらくケイトは、サミュエルが仕事を増やすのは自分のことがもう好きではなくなったからではないかと心配しているのだろう。それが「橋」だった……

問題	橋を架ける戦略	目標
サミュエルとケイトは，もっと頻繁に一緒にいたいのに，そうできないことについてよく言い争いをする。	サミュエルはケイトに，きみを愛している，きみのことを大切に思っていると，はっきりいう。	サミュエルは複数の仕事を続け，かつ，彼女と一緒にいてくつろぎ，親密さを取り戻したいと思っている。

　既に述べたように，望ましい目標はしばしば，橋を架ける戦略を前提としている。しかし，もっとも成功しそうな戦略は，クライエント自身が直接的あるいは間接的に示唆するものである。その情報を得るには，それまでにどんなふうに問題を解決しようとしたかを，クライエントに詳細に説明してもらうとうまくいく。クライエントは問題の解決に失敗したいきさつを詳細に説明しながら，目標を達成するにはどうする必要があるのかも暗に語っている（すなわち，クライエントはどの時点で行き詰ったのか，その結果，クライエントのモデルはいかなる点で限定的なのかを語っているのである）。

　こうした情報を得るのに，もうひとつ良い方法がある。以下のいずれかをクライエントに訊ねるのである。

　　何が原因であなたは……（「自分がどう感じているかを彼女にいうこと」）をやめたのですか？

もしくは……

　　どんなふうにしてあなたは自分が……（「くつろいでいると感じること」）をやめたのですか？

　　セラピスト：　何が原因で，自分がどう感じているかを彼女にいうのをやめたのですか？
　　クライエント：　そうですね，たぶん彼女に笑われるのが恐いんでしょうね。

クライエントは,「彼女に笑われるのが恐い」と答えているとき，現在の自分の状況と，自らのために望んでいるものとの間にあるものを，正確に語っている。すなわち，このクライエントが自ら示唆している「橋を架ける戦略」は，なんらかの方法でその恐れを克服もしくは回避すること，少なくとも自分のしたいと思うことをする間は――そして，たぶんそののちに，そもそもそのように恐れる必要などなかったのだと気づくまでは――そのようにすることである。

SECTION 5
リフレーミング

　メタファーの解答を構成するきわめて重要な要素は，**リフレーミング**である。「リフレーム」とは，それまでのつらくて無用な体験もしくは行動を取り上げ，それを，役立つ可能性のある有益なものとして配し直すことをいう。変化に関してクライエントがセラピストにしばしば頼むのは，その不快な行動もしくは状況を「取り除く」のをどうにかして手伝ってほしいということである。クライエントは，たとえば以下のような言い方をする。

① もしわたしが腹を立てさえしなければ，何もかもうまくいくのに。
② もうこれ以上悲しい思いはしたくありません。
③ 人に親しみを感じたいんです。でも，相手を完全に受け入れるまでは，そうはできません。

　上の各クライエントがこれら3つのセンテンスの中で頼んでいるのは，現在の行動状態を中断する手助けをしてほしいということだ。最初のクライエントは「腹を立てる」のをやめたいと思い，2番目のクライエントは「悲しみ」のない暮らしをしたいと思い，3番目のクライエントは「慎重」に対処する才能を放棄したいと思っている。
　しかし，これでは「細事にこだわり大事を逸する」ことになる。3人のクライエントは間違いなく，怒りと悲しみと慎重さに関する問題を抱えているが，こうした情緒／行動は本質的に問題ではない――問題は，彼らがそれらをどう

使っているかという点にある。

　著者は，いかなる治療的介入に関しても基本前提として，情緒や行動や体験には本来「良い」も「悪い」もないが，適切なコンテクストで適時に表現された場合にはすべて有益であると考えることにしている。わたしたちがここで問題にしているのは，「これまで選んでいたものを別のものと交換すること」と「クライエントの選択肢の幅を広げること」との違いである。

　これをやり遂げるには，それまで不快であり不適切だった過去の情緒／行動が，どういうわけで今，発生させた変化に関して有益になるのかを——メタファーのコンテクスト内で——クライエントに明確に語らなくてはならない。たとえば，「腹を立てる」ことについて問題を抱えているクライエントには，これまでの腹の立て方は非生産的だったが，こうした「別の」状況で怒りを露わにするのは非常に生産的になりうると伝えるのである。

　　……彼はこれまでの自分の冒険を振り返りながら，今やもう，その状況で自分が怒りをぶちまける必要はないことに気づきました。また，その状況であれ，その他の状況であれ，もしどうしても腹を立てたくなったり，その必要が生じたりした場合は，自分の内面にそのようにするパワーとたくさんのリソースがあるのだと知ることによって，強さと自信をもつようにもなりました。そうなると，**彼こそが采配を振ることができるようになり**……

　このように教行を使うことで，かつて不都合だと考えていたことが強みに変化する。他者が変化するのを手助けするセラピストであるあなたにとって，体験を効果的にリフレームする方法を身につけるのは，あらゆる情緒，行動，体験の潜在的な有益性を正しく認識できるようになることを意味する。

　というわけで，基本的なメタファーを形成する全プロセスは次のとおりである。

A．情報を収集する
  1．関係者を特定する
    a．彼らの個人間関係を特定する
  2．問題状況に特有の出来事を特定する
    a．問題がどのように進展するかを具体的に特定する（キャリブレーション）
  3．クライエントがどのような変化を望んでいるのかを具体的に特定する（目標）
    a．それらが適格であることを確認する
  4．問題に対処するためにクライエントが過去に行なったこと，《もしくは》，望ましく変化するのを「やめた」理由を特定する（橋を架ける戦略を示している可能性がある）

B．メタファーを構築する
  1．コンテクストを選ぶ
  2．メタファーの登場人物と筋立てを決め，上記のA_1，A_2，A_3と構造が同型になるようにする
  3．以下を含む解答を決定する
    a．リキャリブレーション用の戦略（上記のA_4より）
    b．目標（上記のA_3より）
    c．元の問題状況のリフレーミング

C．それを語る
  1．次の文法パターン（シンタックス）を使う
    a．不特定指示指標
    b．不特定動詞
    c．名詞化
    d．命令の埋め込みとマーキング

……これらはすべて次のSECTION 6で説明する……

SECTION 6
メタファーのシンタックス[2]

❖ トランスデリベーショナル・サーチを利用する

　メタファーが影響力をもつ理由は，それがクライエントの実際の状況と構造が同型だからである。わたしたちは第Ⅱ章の大半を使い，クライエントの問題の特徴とメタファーの特徴とが重複するようにして，その類似性を保証する方法を学んできた。しかし，人は他者の頭の中で展開していることを正確に知ることはできないという点について，第Ⅰ章で説明した重要ポイントを思い出していただきたい。セラピストがきわめて慎重にメタファーに組み入れた同型性は，出来事の配列はカバーできても，クライエントがどのように**そうした出来事を体験したか**を正確に表現できるかという点に関しては確かではない。
　たとえば，サミュエルのケースで，実際の状況での行動の流れとほぼ同じ流れのメタファーを構築するのは比較的簡単である。しかし，その行動を具体的に描写するとなると，どんな描写をしたらサミュエルの実体験ともっとも一致するのかという情報はほとんど，もしくは，まったくない。この限定的な状況から抜け出す方法は，**具体的にしないこと**である（その特別なやり方はこのあと説明する）。
　第Ⅰ章で述べたように，人間は意識的にも無意識的にも，常に自分の感覚的体験や知覚的体験の意味を取ろうとしている。そのようにするとき，自分の自由になる目前の尺度を使って，自分の体験の意味を見積もり，評価する。その尺度がその人の**世界モデル**であり，その尺度を**使う**プロセスが，**トランスデリベーショナル・サーチ**という名称で既に説明したものである。
　話し手は，メタファー内の登場人物に関する特定の情報や行動，体験を意図的に具体化しないことで，聞き手が「実際に起きている」ことについて，自分自身の解釈を引き出して使わざるをえないようにする（同様にして，わたしは第Ⅰ章で友人にプジョーのドアの特性を説明しないことで，友人が自分の体験から

取りうる最善の意味を取らざるをえないようにした）。メタファーはクライエントのためのものであるため，それについてのクライエントの解釈のみが確実に正しい。仕立屋としてのあなたの仕事は，生地を選び，服の型紙(パターン)を適切に裁断することだ。しかし，この場合，その服がぴったり合うように変更するのは顧客である。

✤不特定指示指標

「指示指標」をもつ言葉とは，クライエントの体験の中のあるものを具体的に示す名詞やフレーズのことである。次のふたつのセンテンスについて考えてみよう。

 ① 家のどこかの部屋に誰かが潜んでいました。
 ② 彼の双子のきょうだいジョンは，クローゼットに潜んでいました。

 センテンス①には，関わっている「人物」と「場所」の決定に使える情報がほとんどない。すなわち，「誰か」も「部屋」も具体的なことに言及していない。一方，センテンス②は，「人物」と「場所」に関してほとんど疑いの余地がない。センテンス②はセンテンス①に欠けている指示指標を提供している。体験のこうした具体化は，クライエントの状況に関する情報の収集には非常に貴重ではあるが，メタファーを語る場合には破壊的な影響を与えかねない。
 たとえば，あなたが語る物語の中で，ある人物がある家に隠れていて，**かつ**，家のどこに隠れているかは重要でないとしよう。それなのに，もし，あなたがその人物は「掃除道具を入れる物置に隠れている」と説明したときに，クライエントは「ベッドの下に隠れている」と考えていたとしたら，あなたの語りと，それに対するクライエントの体験との間に，ミスマッチが発生する。これは，「部屋」という名詞を指示指標のないものにすることによって簡単に避けることができる。たとえば，「彼は家の中に駆け込むと，**どこかに身を隠した**」などといえば，クライエントは自由に，家の中の「彼のいるべき」場所に「彼」を配し，あなたとクライエントは完全に意見が一致する。

既に述べたように，これは，物語の中のすべての名詞を「人」や「場所」，「物」に変換せよという意味ではない。重要なのは，名詞の具体化が話の筋にとって重要でない場合は，わざわざ具体化してもなんら利点はないということである。それどころか，具体化しなければトランスデリベーショナル現象が起きるため，そうした名詞をクライエントの途方もない想像に預けることによって，ほぼ間違いなくストーリーの有意性を増加させるだろう。

✤ 不特定動詞

指示指標のない言葉が，「誰が？」，「何を？」，「どこで？」と質問することによって具体化されるように，**不特定**の動詞も，「どのように？」とか「どういいきさつで？」と質問することによって具体化される。動詞は，何かがこの世界で**どのように**活動していたり存在していたりするかを描写する。名詞の場合と同様，動詞も，描写の目的次第で多かれ少なかれ具体化することができる。

① ジョンはクローゼットの中に入りました。
② ジョンはクローゼットに忍び寄り，ドアをそっと開けて頭から中に飛び込むと，足を使って背後のドアをバタンと閉めました。

ここでもまた，2番目のセンテンスはジョンがどのようにクローゼットの中に入ったのかについて，ほとんど疑いの余地がない。これは奇妙で愉快な描写ではあるが，クライエントがジョンをそのクローゼットに入らせようとした様子とは一致していないかもしれない。仮にそのストーリーにとって，ジョンがどのように隠れたかはどうでもいいことだったとしたら，最初のセンテンスのほうが好ましい。ジョンの入り方を，クライエントが自由に選択できるからだ。

✤ 名詞化

個人的な体験を描写するとき，わたしたちはよく「プロセス」を表わす言葉

を取り上げ，それらがまるで「物事」や「出来事」であるかのように，それらについて話す。こうして，「わたしは感じる」が「感覚」になり，「わたしは望んでいる」が「わたしは**望み**をもっている」になり，「わたしは怒っていた」が「わたしには**怒り**があった」になる。わたしたちは感覚や望みや怒りについて，まるでそれらが手にもつことのできる物事であるかのように語るが，それらは実際には，触れることのできない動的なプロセスである。怒りや気づきや痛みを取り上げてテーブルに置き，その周りを歩きながら，それを調べることはできない。プロセスを表わす言葉に対するこの操作を，**名詞化**という。

人の体験を名詞化するのはあまり有用でないことが多いが，メタファーでは役立つ可能性がある。というのも，名詞化には，その意味を取るのに必要な重要情報を削除するプロセスが内在しているため，名詞化を行なうとトランスデリベーショナル・サーチが発生するからだ。

たとえば，「わたしには怒りがあった」という発言では，削除されていて補われるべき内容は，「誰に対して怒っていたのか？」，「何について怒っていたのか？」，「いつ怒っていたのか？」，「どんなふうに怒っていたのか？」である。次のふたつのセンテンスについて考えてみよう。

① クローゼットへのジャンプと同時に，自分の状況に関する気づきが生じました。
② クローゼットの中にジャンプすると，ジョンは次第に，自分が何かを追いかけていたのか，何かから逃げていたのか，わかっていないことに気づきはじめました。

最初のセンテンスでは，「気づく」というプロセスが「気づき」という出来事もしくは物事に変わっている。「気づく」を名詞化することによって，**誰が，具体的に何について，どのように**気がついているのかに関する情報が削除されている。この情報は第2のセンテンスには含まれていて，ジョンがどのようなプロセスをたどったのかが描写されている。

これまでに説明してきた他の言語的特徴と同様，メタファーの中で名詞化を利用することによって，クライエントは名詞化された言葉を自分自身が選んだ

プロセスに変換する機会を与えられる。

❖ 命令の埋め込みとマーキング

メタファーは本質的に，対処パターンの変更を間接的に示唆したり，その道具を与えたりするための手段であるため，通常，重要な考えが強調されている箇所が語りの中──とりわけ解答部分──にいくつかある。その示唆にクライエントの注意を引きつけ，そのパワーを高めるひとつの方法は，それを**埋め込まれた命令**の一部にすることである。**命令の埋め込み**を行なうには，クライエントの名前（場合によっては「あなた」）をセンテンスに挿入し，そのあとの部分がクライエントに対する命令になるような形にすればいい。例を挙げよう。

① 彼はそこにしばらく座っていましたが，やがて決心しました。外に出よう。
② 彼はそこにしばらく座っていましたが，やがて決心したんですよ，デイヴィッド，外に出よう。（下線は，その部分で声の調子が変わっていることを示している。適切な効果を知るために，声に出して読んでみよう）

センテンス②の中央で充分に間を置き，「デイヴィッド」を挿入することによって，そのあとの部分を，クライエントに直接いう発言──「デイヴィッド，外に出よう」──にするのである。

命令の埋め込みに似ているのが，マーキングという概念だ。「マーキング」とは，特に注意してほしいメッセージ中の単語やフレーズでセラピストの声の調子を変えることによって──あるいは，特定の音やしぐさを加えたり，クライエントに特定の形で触れたりすることによって──その単語やフレーズを強調することをいう。メタファーには通常，クライエントが自分自身の体験をストーリー内の体験に関連づける上で特に重要な出来事や概念，人物が出てくる。そうした出来事にマーキングすることによって，クライエントの意識的な注意や無意識的な注意をそれらに引きつけることができる（例を声に出して読んでみよう）。

① そして，彼は今度こそ外に出ると，そのままずんずん進んでいくのです。
② そして，彼は今度こそ外に出ると，《そのままずんずん進んでいくのです》。

SECTION 7
サミュエルのメタファー

わたしたちは既に，(A) サミュエルの問題について必要な情報を集め，(B) 彼のためにメタファーを構築した。となると，残っているのは，(C) それを語ることだけである。

以下のストーリーでは，前のSECTION 6で説明したシンタックス・パターンをよりよく理解できるよう，各パターンが発生している部分で，そのセンテンスの右側に注釈を入れている。(こうしたパターンに気づくことは，諸刃の剣である点に注目しよう。というのも，こうしたパターンは，クライエントが自分の問題状況を特定するのを助ける場合にも，トランスデリベーショナル・サーチを開始する場合にも使いうるからだ)

最初は，シンタックス・パターンのことは考えずに，構造的側面——すなわち，同型性，橋を架ける戦略，目標，リフレーミング——のみに注意して，ストーリー読むことをお勧めする。続いて，特に各センテンスのシンタックス・パターンを探しながら再読しよう。解答が書いてある右の欄を隠しておき，自分でパターンの判断をつけてから解答を見るようにすると，パターンを見きわめ利用する力をつけるのに役立つだろう。

第Ⅱ章　メタファーを構築する　71

シンタックス $\begin{cases} \text{L：不特定指示指標} \\ \text{U：不特定動詞} \\ \text{N：名詞化} \end{cases}$

　アーサー王の有名な円卓の時代，イングランドにランスロットという名の道義心あふれる高潔の騎士がいました。間違いなく彼のことは聞いたことがあるでしょう。ランスロットの愛人は王妃グィネヴィアでした。ランスロットとグィネヴィアは数多くの困難と勝利を共に味わってきた間柄で，とりわけ親しい友人どうしでもあり，互いを深く愛してもいました。

N：時代
N：道義心
N：高潔，間違い
L：彼
N：愛人

N：困難，勝利　U：共に味わってきた
U：親しい

　一方は騎士で，他方は王族です。双方とも当然ながら数多くの役割と職務があり，それらに責任を負っていました。彼らは，面倒を見る必要のあることは適切に処理されるよう目を配りました。それぞれはそれぞれのやり方で国民の世話をし，幾多の点で国民の世話になっていました。ランスロットは自分のこの責務に大きな誇りを抱いていましたし，彼の努力は，国民の敬意や好意，支持によって報われていました。

L：一方，他方　U：です　L：双方
N：役割，職務
U：責任を負って　L：彼ら
L：こと　U：適切に処理される
U：目を配りました　L：それぞれ
L：それぞれ，やり方，国民　U：世話を
　し　L：点，国民　U：世話になって
L：自分，この　N：責務
N：誇り　L：彼の　N：努力
L：国民　N：敬意，好意，支持
U：報われて

　実にランスロットの時間の大半はこれらの職務に当てられましたが，彼はできるときには必ず，グィネヴィアとの時間を過ごすようにしていました。こうした時間は彼ら双方にとって非常に特別なものでした。というのもふたりとも，ふた

L：これら
N：職務　U：当てられ　L：彼
L：ときには必ず　U：時間を過ごす
L：こうした時間
L：彼ら，双方　U：特別な
L：ふたりの人間

りの人間の間にこれほど愛に満ちた親密な絆はそうそう見つからないとわかっていたからでした。	U：親密な N：絆
ところで，ランスロットはアーサー王に要請され，フランスで戦うことになりました。彼はフランスに赴き，そうすることに幸せを感じました。彼は，自分には王国と自分自身に対する責任があり，それらは多くの点で，自分の他の役割の責任に優先すると認識していたからです。彼の最大の後悔は，そうなるとグィネヴィアの顔を見る機会が減るということでした。	L：形式主語の it〔訳出はしていない〕 U：要請され，戦う，になりました L：彼 L：自分 L：責任 L：それら，多くの点，自分の，他の役割 N：責任 L：彼の　N：後悔 U：顔を見る，減る
彼はできるかぎり頻繁に帰国して，グィネヴィアに会いました。しかし，グィネヴィアはひとりあとに残されたことを苦々しく思うようになりました。ふたりの逢瀬は，共通の趣味の喜びと楽しみではなく，口論と緊張が顕著になりました。双方が不快になりました。彼は可能なときにはいつでもグィネヴィアのもとに戻りましたが，そうするたびに自分の訪問に対する期待感は少しずつ弱まっていきました。ランスロットは，もしふたりがこれまでの調子で会いつづけたら，いずれ別れることになるだろうと思いました。	L：彼，頻繁 U：ひとり，あとに，残され L：ふたりの N：逢瀬，趣味，喜び，楽しみ N：口論，緊張　U：顕著になり L：双方　U：不快になり　L：彼 L：いつでも L：自分の　N：訪問 N：期待感 L：ふたり L：調子 U：別れる
ある日，ランスロットはフランスでの戦いにうんざりし，再び帰国しようとフランスを発ちました。彼は意気消沈し，疲れ果てていましたが，グィネヴィアと	L：ある日 N：帰国　L：帰国 L：彼　U：意気消沈し U：疲れ果て

一緒なら息抜きができるだろうと期待しました。しかし，ふたりが再会すると，また以前と同じ不快な状況になりました。とうとうランスロットはこれ以上それに耐えられなくなりました。彼はグィネヴィアを座らせると，彼女に向っていったんですよ，サミュエル，「あなたには，これから少しの間，わたしの話を聞いてほしいんだ。見てのとおり，わたしはあなたから引き離されて少しも楽しくない。でも，自分のしていることが重要なことだというのもわかっている。わたしはこの問題を解決する方法を見つけ出そうと頭を悩ませてきたが，どうしたらいいのか，皆目わからない。たったひとつ，するべきだとわかっていることがある。あなたがわたしにとってとても大切だということ，わたしがあなたを愛しているということ，わたしが遠くに行っているからといって，あなたを気にかけていないということにはならないということ，なぜならわたしはあなたを大切に思っているからだということ——これらをあなたに伝えなくてはならないということだ。ここにいようと，あちらにいようと，わたしはいつだってあなたのことを考えている。そして，わたしのそばにずっとあなたを置いておけるものなら，そうしたいと思っている」

　これを聞くや，グィネヴィアの目に涙

N：一緒，息抜き
L：ふたり　L：漠然と状況を指す it〔訳出はしていない〕　N：状況　U：なりました　L：とうとう，それ
L：彼
U：座らせる　L：彼女
L：あなた

L：(見て)のとおり，あなた
U：引き離されて
L：自分のしていること
U：わかっている　L：この
N：問題

L：あなた
L：わたし　U：大切だ
L：あなた
L：遠くに
L：あなた　U：気にかけ

L：ここ，あちら
L：いつだって，あなた　U：考えている

L：これ

第Ⅱ章　メタファーを構築する　73

があふれ，彼女は彼を抱きしめました。「今までずっと」と彼女はいったんですよ，サミュエル，「あなたは，あっちに行っているときは，わたしのことを思うことなんて絶対にないと思っていたの……しばらくわたしから解放されて，たぶん喜んでいるんだわって」	L：彼女，彼 L：今まで，彼女 L：あなた，あっち L：わたし　U：思う L：しばらく，わたし
いうまでもなく，それ以降，ふたりの愛と友情は深まりました。それどころか，ふたりはこれまで以上に親密になりました。というのも，ふたりとも，サミュエル，人は自分を悩ませていることや自分の感じたことをそのまま相手に伝えていいこと，伝えるのをやめなくてはいけない理由はまったくないことを学んだからです。そして，ふたりは，以前のように一緒にいたいだけ一緒にいたわけではないけれども，今や一緒にいるときには，ふたりの時間を無駄にすることなく，かつてないほどに互いに楽しく過ごすようになりました。	L：それ以降，ふたりの N：愛，友情　U：深まりました L：ふたり，これまで　U：以上に親密に L：ふたりとも L：人，自分，こと，自分 L：こと U：やめ（る） N：理由 L：ふたり，以前 L：（いたい）だけ　U：一緒に U：一緒にいる L：ふたりの　N：時間　U：無駄にする U：楽しく過ごす

　このメタファーは，サミュエルの問題の同型的表現として充分なものになっている。問題の解答も含まれている。このままのストーリーで，サミュエルの学習体験として充分だと証明されるかどうかは，伝えられた情報を利用するサミュエルの能力，問題状況にある随伴的な事態で，有意でありながら説明されていないものの存在，メタファーを語るときのセラピストの目的によって決まる。

　ストーリーの効果を高めるひとつの方法は，その枠組みに「サティア・カテ

ゴリー」,「表象システム」,「サブモダリティ」という要素を含めることである。複数のレベルで機能するメタファーの重要性は，意義や解答の質，徹底性という観点から，第Ⅰ章で論じている。読者の皆さんが追加されるべき各レベルの貢献の差異をよりよく認識できるよう，このあとの第Ⅲ，Ⅳ，Ⅴ章末尾のサミュエルのメタファーには，それぞれを順に加えていきたい。

第III章
サティア・カテゴリーを追加する

PROLOGUE

『マザー・グース』より

ハートのクイーンがタルトを焼いた
夏の一日つぶして焼いた

ハートのジャックがタルトを盗った
ひとつ残らずみな盗った

ハートのキングがタルトを返せと
ジャックをさんざん鞭打った

ハートのジャックはタルトを返し
二度としないと誓って言った

スペードのキングがメイドにキスして
クイーンをすっかり怒らせた

スペードのクイーンはキスしたメイドを
みんな表に叩き出した

スペードのジャックはこれを悲しみ
戻してあげてと願い出た

優しいクイーンは怒りを和らげ
もうぶたないと誓いを立てた

クラブのキングが優しい妻に
たびたび剣突喰らわせた

クラブのクイーンが言い返したので
怒鳴り合いのけんかになった

クラブのジャックはもみ手をしながら
お味方しますと目配せした

キングがああでは，たまりません
よく躾けなくてはなりません

ダイヤのキングが歌いたがると
きれいなクイーンも歌いたがる

家来のジャックは無礼なことに
なんとか割って入ろうとする

さすがのキングも麻縄出して
無礼なジャックを懲らしめる

これでクイーンも心しずかに
王の褥を楽しめる

SECTION 1
コミュニケーションのスタイル

　ある人が別の人とコミュニケーションを取るとき，そのコミュニケーションにはふたつの構成要素がある。すなわち，その**コンテンツ**と**スタイル**である。コミュニケーションのコンテンツとは，その人が会話の話題に対して提供しているすべての情報をいう。**スタイル**は，そのコンテンツの伝えられ方である。ここでいうコミュニケーションのスタイルには，声調，しぐさ，姿勢，表情，特徴的な文法パターン（シンタックス）などがある。

　読者の皆さんもたぶん個人的な体験からおわかりのように，コミュニケーションのスタイルは，聞き手の内容解釈にとてつもない影響を及ぼす可能性がある。そうした要因の影響の大きさを，以下の簡単な依頼の例で見てみよう。

① 「そのびん，取ってくれないかな？」　（話し手は目を見開き，両手のひらを上に向け，喉が詰まったような声でいう）

② 「そのびん，取ってくれないかな！」　（話し手は怖い顔で，びんを指差しながら，大声でいう）

③ 「そのびん，取ってくれないかな」　（話し手は無表情で下を向いたまま，親指を肩の上あたりでぐいっと動かし，抑揚のない声でいう）

　このように，どのようなコミュニケーションにもスタイルを構成する要素がつきものであり，そうした要素はメッセージに影響を与え，しばしばそのメッセージの一部となっている。その影響の大きさは明白である。ただ，次の点はここまではっきりしていないかもしれない。すなわち，**人は，各自で異なる，いかにもその人らしいコミュニケーションのスタイルを一貫して利用している**という点だ。

　少し時間を取って複数の知り合いとの最近の会話を思い出し，その会話がど

のように表現されているか——すなわち，そのスタイル——にだけ注目してみよう。その人たちのスタイルは，互いに一部あるいは全部が異なっていること，全員が各自特有のスタイルを一貫して使っていることに，たぶん気づくだろう。

わたしたちがコミュニケーションを取る方法は皆それぞれに異なっているが，いくつかのスタイルは，かなり一貫性があり，したがって人間のコミュニケーションの一般的な特徴となっているものもある。そうしたスタイルは，コミュニケーションのパターン，あるいは，コミュニケーションの「モード」として形式化することができる。

人のコミュニケーションの取り方はさまざまに異なるが，**同時に**，その異なり方にはある一貫性がある。このように一貫したものは，パターンに形式化することにより，コミュニケーションのスタイルを判断する尺度として利用できるようになる。コミュニケーション・モードへのこの形式化はヴァージニア・サティアが行なってきたものである。ここでは，これらのパターンについて，サティア自身の優れた説明を引用するのが一番だと思う。

SECTION 2
サティア・カテゴリー

1　プレケイター（なだめる人）
　　言葉　　同意する　（「あなたは何を欲しがってもかまわない。あなたを幸せにするために，わたしはこうしてここにいるのだから」）
　　身体　　なだめる　（「わたしって，ひとりじゃなんにもできない，どうしようもない人間だから」）
　　心の内　（「自分はつまらない人間のような気がする。彼がいなかったら，わたしはとっくに死んでいる。わたしなんて，くずだわ」）

プレケイター（placater，なだめる人）は，常に迎合するような話し方をし，人を喜ばせようとし，謝罪し，どんなことにもけっして反対しない。「イエスマン」である。自分ひとりでは何ひとつできないかのように話し，いつも自分のことを認めてくれる人を必要としている。この役を５分も演じれば，ムカムカしてきて吐きたくなることに，このあと気づくだろう。

　なだめる役目をうまく成し遂げようとするなら，自分のことをまったくなんの価値もない人間だと考えるのが非常に役に立つ。食事をさせてもらえるなんて，なんてラッキーなんだ。みんなに感謝しなくちゃ。とにかくうまくいかないことは全部自分の責任だ。頭を働かせたら，雨だって降るのを止められただろうけど，でも，そんな頭，もち合わせていないし。

　自分のことをどんなに批判されようと，当然同意する。もちろん，話しかけてもらえるだけでもありがたいと感謝する。どういうことをいわれて，どういうふうにいわれようとも，である。自分のために何かを頼もうなどとは考えもしない。第一，誰に頼める？　それに，ちゃんといい人でいられるなら，自然に良い結果になるはずだ。

　とにかくできるだけべたべたした甘ったるい態度を取り，殉教者のように苦しみに耐えているふうにして，おべっかを使うことだ。体勢としては，片膝をつき，少し体をよろめかせ，物乞いでもするように片手を差し出している姿を思ったらいい。そして，必ず上を仰ぎ見るようにしよう。そうすれば，首が痛くなり，目は緊張して，すぐにも頭痛が起きるだろう。

　この体勢で話をするときは，かすれたような憐れっぽい声になる。こういう低い姿勢を取りつづけると，充分に空気が吸えなくて，豊かなしっかりした声は出しつづけられないからだ。そして，何を感じようと，何を思おうと，すべてに「イエス」といいつづける。プレケイターの姿勢は，なだめる行為に適（かな）ったものである。

2　ブレイマー（非難する人）

　　言葉　　　反対する（「きみのやることは常にずれている。どうなってるんだ？」）

身体　　　非難する　（「ここでは、わたしがボスだ」）
　　　心の内　　（「わたしは孤独だし、いろいろ失敗している」）

　ブレイマー（blamer, 非難する人）は、あら探しをし、命令を下し、支配する。振舞いが傲慢で、まるで「おまえがいなければ、すべてがうまくいくだろうに」といっているかのようである。体には筋肉や器管が緊張している感覚があり、非難する間に血圧は上昇していく。声は厳しくて余裕がなく、しばしば甲高く、大きくもなる。

　うまく非難するには、できるだけ大声を上げ、暴君のように振舞う必要がある。何もかもばっさり切り捨て、誰も彼もへこますのだ。

　ブレイマーとしては、責め立てるように相手を指差している自分の姿を思い描き、話をするときには、「おまえは、これをしたためしがない／おまえはいつだってそんなことをする／おまえはなんでいつも……／おまえはなんで全然……」などのセンテンスで始めると、役に立つ。相手の返答に頓着してはいけない。そんなことはどうでもいい。ブレイマーは、実際に何かを解明することより、周囲に威張りちらすことのほうにはるかに関心がある。

　当人が気づいているかどうか……非難しているとき、呼吸は急に荒く短くなったり、息を完全に止めていたりする。喉の筋肉が極端に緊張しているからだ。第一級のブレイマーともなると、目を剥き、首の筋肉を浮き上がらせ、小鼻をふくらませ、顔を次第に赤くし、石炭をシャベルですくい入れる人のように声を響きわたらせる。そういう人を見たことはないだろうか？

　片手を腰に当てて立ち、反対側の腕を伸ばして、その人差し指を相手にまっすぐ突きつけている自分自身を思い描いてみよう。顔を思いっきりし

かめ，くちびるをひん曲げ，小鼻をふくらませてまくし立て，相手の名前を呼び，この世のありとあらゆるものを非難するのだ。……実際には，自分も何ものにも値しない人間だと感じていて，それゆえ，誰かを自分の意のままにできると，自分にもなんらかの価値があると思えるのである。

3　コンピュータ（超合理的に対応する人）
　　言葉　　　超合理的　（「注意深く観察すれば，ここの誰かの手に仕事の苦労が刻まれているのに気づくかもしれない」）
　　身体　　　計算する　（「わたしは冷静沈着そのものだ」）
　　心の内　　（「わたしは傷つきやすいと思う」）

　コンピュータ（computer，超合理的に対応する人）は，非常に正確かつ理性的で，感情を表に出すことはまずなさそうである。現実のコンピュータや辞書に喩えてもいいかもしれない。体は乾いている感じで，冷たく感じられることもよくあり，一歩引いているといった風情である。声は冷淡で単調，言葉は抽象的になりがちだ。
　もしあなたがコンピュータを演じるなら，できるだけ長い単語を使うことである。たとえその意味がよくわからなくてもかまわない。少なくとも相手には賢そうに聞こえる。いずれにせよ，ひとくだり話すころには，誰も聴いていない。
　本気でコンピュータになりきろうとするなら，自分の背骨は長く重いスティールの棒だと想像するといい。それが臀部からうなじまで伸びていて，首の周囲には10インチ幅の鉄製の襟もつけている。自分のすべてを，口も含めて，できるだけ動かさないでおこう。両手を動かさずにいるのは大変な努力を要するだろうが，それでも動かさないようにしなくてはならない。
　コンピュータになりきっているときは，当然ながら声はさえなくなる。

頭骸からなんの感情も降りてこないからだ。心は，動かないよう注意することに汲々とし，正しい言葉を選ぶのに忙殺されつづける。何しろ，絶対に間違いを犯してはならないのだ。この役の悲しいところは，それが多くの人びとにとって代表的な理想的目標を表わしているように見えることである。「正しい言葉を使うこと。感情を表に出さないこと。反応しないこと」

4 ディストラクター（気をそらせる人）
　　言葉　　　的はずれ（言葉が意味を成さない）
　　身体　　　変に角度のついた姿勢を取り，ふらふらどこかへ行きそう
　　心の内　　（「誰が気にするもんか。わたしの居場所なんてない」）

　ディストラクター（distracter, 気をそらせる人）がすることやいうことは，なんであれ，ほかの誰かがいっていることやしていることと無関係である。けっして的を射た反応をしない。内的には，眩暈（めまい）でふらふらする感じがある。発声は歌でも歌うような調子で，言葉と合っていないことが多く，トーンがわけもなく上下するのは，焦点がどこにも定まっていないためである。

　この役を演じる場合は，上半身が一方に傾いているような体勢を想像するといい。常に回転しているが，どこに行こうとしているのか皆目わからず，ある場所に着いても，それを認識することはない。また，せわしなく口や体，腕や脚を動かしてもいる。自分の言葉と一致するような態度や行動はけっして取ってはいけない。誰の質問も無視することだ。別の話題に関する質問をこちらからするといいかもしれない。実際にはない糸くずを

相手の服から取ってやったり，靴ひもをほどいたりなどしてもいい。

　自分の身体については，同時に別方向へ行こうとしていると考えよう。両膝をつけ，大げさにＸ脚の状態を作ると，臀部を突き出した格好になるので，背中を丸くすぼめて，両腕と両手を反対の方向に動かしやすくなる。

　この役は，最初は息抜きになるように思えるが，数分も演じていると，恐ろしい孤独感と無意味さが生じてくる。充分に速く動きつづけることができれば，これらにはさほど気づかずに済むだろう。

　自分ひとりでする練習として，わたしが説明した４つの姿勢をそれぞれ１分間だけ取りつづけて，何が起きるか見てみよう。多くの人は自分の体の反応を感じ取ることに慣れていないため，最初は，感じない，感じないと思うのに忙しいだけかもしれない。しかし，そのまま続けていると，既に何度も味わったことのある内的感覚が湧きあがってくる。その後，いつもの自分に戻り，リラックスして動くこともできるようになると，内的な感覚の変化に気づく。

　直観ではあるが，こうしたコミュニケーションの取り方はかなり幼いころに身につくものだと，わたしは思っている。子供は，自分が複雑でしばしば威嚇的な世界にいることに気づき，その中を前進していこうとするとき，これらのコミュニケーション手段をひとつかふたつ利用する。さんざん利用したのちには，もはや自分の反応を，自分の価値感や個性から区別できなくなる。

　これら４つの反応のいずれを使っても，その人の低い自尊感情や低い将来性感覚の中には別の舞台が創り出される。わたしたちの社会に浸透しているさまざまな考え方もこうしたコミュニケーション法――その多くは母親の膝で学んだもの――を強化する。

　「無理をいったらだめ。自分のためにいろんなことを頼むのはわがままです」は，なだめの強化に役立つ。

　「やられっぱなしはだめ。弱虫じゃいけません」は，非難の強化に役立つ。

　「深刻になったらだめ。楽しまなくっちゃ！　誰も気にしやしない」は，気のそらしの強化に役立つ。

ここで，おそらくあなたは，仮にこれら4つの有害なコミュニケーション法しか自分たちにはないとしたら，なんの希望もないのではないかと思うだろう。いうまでもなく，この4つがすべてではない。
　第五の対応があり，わたしはそれを**率直な対応**(leveling)，もしくは，なめらかに流れる対応と呼んでいる。この対応では，メッセージの全パートが同じ方向に進んでいて，声が発する言葉は，顔の表情にも身体の姿勢にも声の調子にもマッチしている。人間関係は安楽かつ自由で誠実であり，自尊心に対する脅威はほとんどない。この対応では，非難する必要も，超合理的対応に引きこもる必要も，始終動きつづける必要もない。
　5つの対応法のうち，率直な対応のみに，決裂を癒し，難局を打開し，人と人との間に橋を架けるチャンスがある。ただ，率直な対応はあまりに非現実的だと思われるといけないので，もしお望みなら，そのままなだめつづけることも，非難しつづけることも，思考を探索しつづけることも，注意散漫でありつづけることもできるといっておく。しかし，これまでと違うのは，あなたには自分のしていることがわかっていて，その結果に責任を負う覚悟があるということである。

Peoplemaking（Science and Behavior Books, 1972）pp.63-73

SECTION 3
サティア・カテゴリーとセラピー

　人が変わろうとして助けを求めてくる場合，当人の望んでいる変化は，通常，次のような形を取る。

　　今は**これ**を体験している。
　　これをやめて，代わりに今後は**それ**を体験したい。

　体験を表わすこれらふたつの発言は，その体験をしている人の異なるふたつの**パート**を表わしているともいえる。たとえば，**これ**と**それ**の部分に，対になるような特定の体験を入れると，次のようになる。

今はうつ状態を体験している。
これをやめて，代わりに今後は幸せを体験したい。

あるいは，もっと散文的な言い方をすれば，こうなる。

「わたしは幸せでなくてはなりません。でも，ひどく落ち込んでいるから無理なんです」

この人がいっていることの一部は，自分の中に「ひどく落ち込んで」いるパートと，「幸せにならなくては」と思っているパートがあるということである。それらをその人の「パート」と呼ぶのはもちろん任意であり，これは，ふたつ以上の異なる体験の区別について話すための一方便である。ある体験を別の体験と区別する場合，ごく単純かつ正確に，それらを「人格の側面」，「性格特性」，「自我関与」，「組織」と呼ぶこともできる。重要なのは，他者の体験を理解する際に，その人にとってある体験が何で構成され，別の体験が何で構成されているのかを識別できると便利だということである。

わたしたちは「パート」を理解することによって，治療効果の高いメタファーの形成に，サティア・カテゴリーをおおいに役立てることができるようになる。著者の経験では，ある人に属するパートのほとんど，もしくは，すべては，いずれそれぞれがサティア・カテゴリーのひとつと結びつくことになる。誰にもその人らしい自己表現の方法があるが，それと同様に，体験の異なる側面——すなわち，その「パート」——もそれぞれ特徴的な方法で表現されるのである。このことをよりよく理解するためには，まず，いずれのサティア・カテゴリーにせよ，それが一パートの表現に用いられているということをどうすれば見わけられるのかについて，もっとよく知る必要がある。

ある特定のパートがどのサティア・カテゴリーで動いているのかを判断する方法は数多くある。デジタルが示す手がかりには，そのパートのサティア・モードを明示する直接的な発言や特定のサティア・スタンスを暗示する特定の言葉などがある。前者の発言例には，コンピュータを示す「わたしは知的なこと

しか考えない」や，プレケイターを示す「わたし，あなたの前ではひれ伏しちゃう」などがある。

　手がかりとなる言葉をカテゴリーごとに示すと，次のようになる。

プレケイター（なだめる人）
　　限定詞：　もしも，〜だけで，ただ〜，〜さえ，など。
　　仮定を表わす動詞：　〜（し）たら，〜できるだろう（に），〜（する）だろう（に），など。
　　「とにかく彼女が幸せになってくれれば，それだけでぼくも幸せになれるのに」
　　「わたしがそれをしたら，喜んでいただけますか？」

ブレイマー（非難する人）
　　全称限定詞：　すべての，あらゆる，どのような，〜するたびに，など
　　否定疑問文：　どうして〜できないのか？，なぜ〜しないのか？，など
　　命令法：　〜すべきだ，〜しなくてはならない，など
　　「わたしは幸せでなくてはならない」
　　「きみ，それをするたびに，バカに見えるよ。なぜやめないんだ？」

コンピュータ（超合理的に対応する人）
　　体験の主体もしくは客体としての自己を除外する：　「わたしはわかっている」が「明らかなように」，「わたしを混乱させる」が「ややこしい」になるなど
　　指示指標のない名詞：　それ，彼，彼女，人
　　体験の名詞化：　緊迫した→緊張，すばやい→迅速，期待している→期待がある，など
　　「これがうつの問題であることは，誰の目にも明らかだ」
　　「これ以上希望をもてなくなったら，人はどうするのだろう？」

ディストラクター（気をそらせる人）
　上記の3カテゴリーが忙しく入れ替わることが多い。また，セラピストの質問や発言の内容に言及するのを怠る。
　　セラピスト：　それで，彼女が出ていったことについて，あなたはどう感じているのですか？
　　クライエント：　ぼくが新車を買ったこと，ご存じでした？

　アナログが示すキュー[3]も，サティア・カテゴリーの表出を示すものとして重要である。こうしたキューには，たとえば，しぐさがある。人差し指を突きつける（ブレイマー），手のひらを上に向ける（プレケイター），まったく身動きしない（コンピュータ），休みなく体を動かしつづける（ディストラクター）などがそうだ。話すときの声調も，そうしたキューのひとつである。よくわかる例としては，わめく（ブレイマー），甘ったるい声を出す（プレケイター），退屈で落ち着いた声で話す（コンピュータ），歌でも歌うようにぺちゃくちゃしゃべる（ディストラクター）などがある。これらはサティア・スタンスと相関するアナログの，ほんの一例である。これらの相違を利用しはじめると，アナログ・キューの微妙な区別もつけられるようになる。
　（あるパートの体験と結びついたサティア・カテゴリーを判断するきわめて直接的な方法のひとつは，手短に，「今そうして語っている最中に生じてきた感覚がどういうものか，気づいていますか？」と訊ねることである。この質問に対する返答にはたいてい必要な情報が含まれている。「どうしようもないな」，「腹が立つ」，「別に」，「なあに？」など）
　ある人物，もしくは，あるパートが自らを表現するのに使っているサティア・カテゴリーを知ると，効果的なメタファーの構築に役立てることができるが，その役立て方にはふたとおりある。
　ひとつめは，ストーリーを，クライエントにとってより深い意味のあるものにできるということである。そうしたコミュニケーションの取り方を，ストーリーの登場人物の特徴にすることで，ストーリーはクライエントの状況を正確に表わすものとして，クライエントがより理解しやすく，より受け入れやすい

ものになる。メタファーの登場人物たちのコミュニケーションの取り方が、クライエントの状況に関係する人びとやパートのコミュニケーションの取り方と似たものになるからだ。

　ここで再びジョーを例に挙げよう。たとえば、ジョーが以下のようにいったとする。

  ジョー：　とにかく彼女がもっと幸せそうにしていてくれたら、わたしも家に帰るたびに腹を立てずに済むのですが……。わたしはあそこまで怒るべきじゃないんだ（ジョーは最後のセンテンスをいうとき、自分自身を指差し、語気を強めた）。

　この発言の中で、ジョーは、妻がもっと幸せそうにしていてくれたらと考える「なだめるプレケイター」のパートと、あそこまで怒る自分を責める「非難するブレイマー」のパートを明らかにしている。ここでもしジョーに王子と王女のメタフォリカルなおとぎ話を語るとしたら、彼がその意味をより自分に関連づけるのは、ずっと王女のことを愛と希望を込めて話していた王子が、とうとう遠出から戻るたびに自制心を失って王女の名誉を汚すようになるというストーリーだろう。仮に、王子は王女の名誉を汚しつづけていたが、最終的にはふたりの心は再び結ばれるというような話だったとしたら、どれだけその話がおもしろくても、ジョーにとってははるかに関連性の低いものになるだろうし、したがって、そのストーリーのもつ解答も、たいして意味のないものになるだろう。そんなわけで、現実の問題と物語との間でサティア・カテゴリーを相関させることは、そのメタファーを確実に関連性のあるものにする助けになるのである。

　サティア・カテゴリーが有用性を発揮するふたつめは、変化の過程でメタファーを役立てる場合である。人はよく、ある状況内で対処しながら「問題を抱える」が、そういう状況になるのは、何をすべきかの選択肢がないためではなく、それをどのようにしたらいいかの選択肢がないためだ。となると、問題はその人の発言や行動の内容ではなく——少なくとも部分的には——その内容の伝え方になる。

たとえば，自分より知的にも専門的にも上回っていると思っている相手とリラックスして話ができるようになりたいと思っている人は，その相手とのコミュニケーションになだめるタイプ（あるいは，非難するタイプや気をそらせるタイプ）のスタンスで臨めば，たぶん不利な立場に置かれるに違いない。たいていのケースでは，超合理的に対応するコミュニケーション・モードがもっとも適切であろう。というのも，「相手の」会話は，その大半がこのモードで行なわれているからだ。同様に，警官に呼び止められたときに非難する人は，効果的になだめる方法——あるいは超合理的に対応したり気をそらせたりする方法——を知っている人より，出頭を命じられる可能性は高まるだろう。

　したがって，自分の問題を見きわめようとしているクライエントを手助けしているあなたは，もしクライエントが探求中の体験にふさわしくないコミュニケーション法を使っていると判断したら，手助けする際の戦略の一部として，**サティア・カテゴリーをより効果のありそうなものに切り替えさせる**ことができる。

　以下は，サティア・カテゴリーを特定する状態に自分を慣らそうというとき利用できるセンテンスのリストである。右欄には，左の各センテンスのサティア・カテゴリーとキー・ワードが示されているが，最初はその右欄を隠しておき，左欄のコミュニケーション・モードの種類を自分で判断したのちに，右欄で結果を確認するというやり方をお勧めする。同時に，センテンスによっては，話し手以外の人物のサティア・スタンスや，話し手の複数のパートのサティア・スタンスを示しているものがあることにも注目しよう。

① 時を移さずそういう男と直面したら，人が性について罪の意識をもつのも驚くべきことではない。　　　（超合理的に対応する）コンピュータ
　　　　そういう男，人，罪の意識

② このところきみが面会している人間の大半は，見たところ，いつものきみほどボーッとはしていないようだな。　　　（非難する）ブレイマー
　　　　いつものきみほど

③ もし注目できるなら，わたしだって良い自己イメージの一片くらい，注目していますよ。

　　（なだめる）プレケイター
　　　もし～なら，していますよ

④ きみの言い分はいつも聞き入れているが，それは真っ当には聞こえないぞ！
（話し手は前半では手のひらを上に向けているが，後半では，指を差しながら語気を強めている）

前半：プレケイター
　　〈手のひらを上に向けている〉
後半：ブレイマー
　　〈指を差しながら語気を強めている〉

⑤ 外見の美しい女性は，いうまでもなく目の保養になる。

コンピュータ
　　目

⑥ ジョアンは，こちらがことを分けて話そうとするたびに，すぐあれやこれやをもち出して愚にもつかないことをいいつづける。

話し手：ブレイマー
　　するたびに
ジョアン：（気をそらせる）ディストラクター　あれやこれやをもち出して
ブレイマー
　　してしまわないんだ？

⑦ なぜ彼らは，ビルなどというあの目ざわりなものを壊してしまわないんだ？

⑧ わたしだってときには，彼らの提示内容に焦点を絞れたらと思って，努力はしたんですよ。しかしね，そうしようとするたびに，彼らに対して非常に手厳しくなってしまい，こきおろしてしまうんです！
（話し手は最後のセンテンスをいいながらセラピストを指差している）

前半：プレケイター
　　〈（絞れ）たら〉
後半：ブレイマー
　　するたびに，
　　〈セラピストを指差している〉

⑨ わたしのステレオが本来の張りのある音を出してくれさえすればなあ。
（話し手は哀れっぽい声を出している）

プレケイター
　　さえすればなあ，
　　〈哀れっぽい声を出している〉

⑩ そうですよ，**このわたしは**全員がま

前半：ブレイマー

た全体像に関与できるようになんでもやりましたよ，ったく！　しかし，それももう終わったことです。何人かが協力するのをいやがる様子だったから，そういう努力も続ける必要はないんです。
(最初のセンテンスは，にらみつけながら大声で話しているが，その後は腕組みをして，落ち着いて話している)

〈にらみつけながら大声で話している〉

後半：コンピュータ

　何人か，嫌がる様子，努力，〈腕組み〉

SECTION 4
メタファーの中のサティア・カテゴリー

　メタファーを構築する上でサティア・カテゴリーが重要になるのは，それらが個々のコミュニケーション・パターンの**特徴**となりうるモデルを説明しているからである。典型的あるいは特徴的なコミュニケーション・モードに加えて，**状況に左右される**コミュニケーション・スタンスの存在も立証されている。誰しも，あるとき，ある特定のコンテクストで，なだめ，非難し，超合理的に対応し，気をそらした経験があるはずだ。こうしたコミュニケーション・モードは，クライエントの問題に配された有意の人物や体験に関する描写の一部である。メタファー内の各サティア・カテゴリーは，その人のコミュニケーションの取り方を部分的に説明するものとして，ある登場人物を別の登場人物と区別したり，ストーリーの同型性を高めたりするのに役立てることができる。

　サティア・カテゴリーは，同型性を高めるだけではなく，**基本ストーリーのレベル以外のレベルで変化を達成するために利用することもできる**。人にはそれぞれ，個人的な変化を発生させ，他者──もしくは自分自身──と効果的にコミュニケーションを取る力があるが，しばしばそれを妨げるのは，いわれたこと，あるいは，いわれなかったことの内容では**なく**，それがどのように伝えられているかである。サティア・スタンスの変更をメタファーの中に組み込むための戦略は，まず，①ストーリーの登場人物ひとりひとりを，それに相当す

る人たちが「現実の」状況で使っているコミュニケーション・モードの観点から特徴づけ，続いて，**②解答内において，サティア・カテゴリーを適切に変化させて発生する変化は，すべて発生させる**という手順を取る。

　明快な例として，サミュエルの問題を取り上げよう。彼がケイトとの関係で（なだめる）プレケイターとしてコミュニケーションを取っていることは，そのしぐさや声の調子，シンタックスからかなりはっきりしている。一方，ケイトのしぐさや声調，シンタックスに関するサミュエルの描写から，彼が彼女とコミュニケーションを取るときに，彼女が頻繁に非難していることがわかっている。これらは，ふたりが問題を解決しようとして使っていた（が，うまくいかなかった）コミュニケーション・パターンと同じものである。したがって，おとぎ話は，サミュエルが別のコミュニケーション・モードをメタフォリカルに使ってみる機会となる。別モードが何になるかは，問題の性質と目標次第である。

　たとえば，サミュエルの情報から，彼とケイトは，互いが考えていたり感じていたりすることについて，互いと「率直に対応する」必要があることがわかる。また，それを可能にする——すなわち，ケイトに話を聴いてもらう——ためには，サミュエルは一時的に別のコミュニケーション・スタンス——「（非難する）ブレイマー」——に切り替わらなくてはならないこともわかる。したがって，戦略は次のようになる。

メタファー		解答	
		橋を架ける戦略	目標
サミュエル	― なだめる	非難する	率直に対応する
ケイト	― 非難する	なだめる	率直に対応する

　この戦略を使うことによって，サミュエルは——ケイトとの交際における——自分のコミュニケーション・スキルのレパートリーに，「非難」や「率直な対応」を加える機会を得る。

　サティア・カテゴリーは簡単にメタファーに組み入れることができる。実際の問題の中の重要な人物やパートのサティア・スタンスを特定し，モードを変

更するための戦略を見きわめたら，登場人物の描写，あるいは，その行動の描写の中で，各人のコミュニケーション・モードの特徴を表わすパターンを示すだけでいい。たとえば，「ジョンがいった」を，「ジョンが泣きごとをいった」や「ジョンが大声を上げた」，「ジョンが諭すようにいった」，「ジョンが関係のないことをぺちゃくちゃしゃべった」とするのである。

　ここでサミュエルのストーリーに戻り，この新たな要素を加えようと思う。第Ⅱ章同様，物語の右側には，どのサティア・カテゴリーが表れているかを示すキーワードが挙げてある。

SECTION 5
サミュエルのメタファー

サティア・カテゴリー
- P：プレケイター（なだめる）
- B：ブレイマー（非難する）
- L：レヴェリング（率直に対応する）

　アーサー王の有名な円卓の時代，イングランドにランスロットという名の道義心あふれる高潔の騎士がいました。間違いなく彼のことは聞いたことがあるでしょう。ランスロットの愛人は王妃グィネヴィアでした。ランスロットとグィネヴィアは数多くの困難と勝利を共に味わってきた間柄で，とりわけ親しい友人どうしでもあり，互いを深く愛してもいました。

　ふたりは多くの点で似ていて，その他の点では大きく異なっていました。気晴らしや好物には共通するものが数多くあり，ふたりともそれらを楽しみましたし，ふたりとも会話をするのが大好きでした。

ランスロットはそういう会話の最中には，いつも多少ためらうのでした。もちろん戦場では無敵でしたよ。でも，グィネヴィアが相手となると，どうもそうはいかなかったのです。話そうと思うことが彼女より少なかったというわけではありません。ただもうグィネヴィアが，そこまでできるかというほど，高飛車で頑固だったのです。ランスロットはよく独り言をいいました。「もしわたしの見方を聞くことが重要だとしたら，彼女は明らかに喜んでそうするだろうになぁ」

P：ただもう

P：できるか　B：高飛車，頑固

P：もし〜重要だとしたら，だろうに

　一方は騎士で，他方は王族です。双方とも当然ながら数多くの役割と職務があり，それらに責任を負っていました。彼らは，行なわれる必要のあることは適切に処理されるよう取り計らいました。それぞれはそれぞれのやり方で国民の面倒を見，幾多の点で国民の世話になっていました。ランスロットは自分のこの責務に大きな誇りを抱いていましたし，彼の努力は，国民の敬意や好意，支持によって報われていました。

　実にランスロットの時間の大半はこれらの職務に当てられましたが，彼はできるときには必ず，グィネヴィアとの時間を過ごすようにしていました。彼はグィネヴィアの顔が見たくて，たびたび城へ出かけていきましたが，そういうとき，主導権を握って，ふたりでどのように過

P：できる（ときには必ず）

ごすかを決めるのはたいていグィネヴィアで，ランスロットはそれでいいと思っていました。ただもう，友人であり愛人である彼女といられるだけで幸せだったからです。こうした時間は彼ら双方にとって非常に特別なものでした。というのもふたりとも，ふたりの人間の間にこれほど愛に満ちた親密な絆はそうそう見つからないとわかっていたからでした。

　そんなある日，ランスロットはアーサー王の御前に呼ばれました。王は疲れた目でランスロットを見ると，いいました。「イングランドは再びおまえの働きを必要としている。知ってのとおり，我らは今，フランスと交戦中だ。そこで，イングランドと……わしは……おまえに頼みたい。かの国に赴き，戦場で陣頭指揮を執ってくれまいか」

　ランスロットはフランスに赴き，そうすることに幸せを感じました。彼は，自分には王国と自分自身に対する責任があり，それらは多くの点で，自分の他の役割の責任より優先すると見定めていたからです。彼の最大の後悔は，そうなるとグィネヴィアの顔を見る機会が減るということでした。

　彼はできるかぎり頻繁に帰国して，グィネヴィアの顔を見に行きました。しかし，グィネヴィアはひとりあとに残されたことを苦々しく思うようになりました。

B：決める

P：ただ〜だけ

P：できる（かぎり）

ふたりの逢瀬は，気晴らしの喜びと楽しみではなく，口論と緊張が顕著になりました。状況が破綻していく中，ランスロットは想像できることはすべてやって，ひたすら彼女を喜ばせようとしはじめました。しかし，グィネヴィアは，彼が彼女をなだめて喜ばせようとすると，そうしないときよりもさらに腹を立てるように思われました。そういうとき，彼女はたいてい，「どうして猫みたいにミャーミャーいうのをおやめにならないの？　ね？　飽きたら，いつでもさっさとフランスにお戻りなさいよ」というようなことをいいました。双方がとても不快になりました。

　もちろんランスロットはフランスに戻りましたとも。彼は可能なときにはいつでもグィネヴィアの顔を見に戻りましたが，そうするたびに，自分の訪問に対する期待感は少しずつ弱まっていきました。ランスロットは，もしふたりがこれまでの調子で会いつづけたら，いずれ別れることになるだろうと思いました。

　ある日，ランスロットはフランスでの戦いにうんざりし，再び帰国しようとフランスを発ちました。彼は意気消沈し，疲れ果てていましたが，グィネヴィアと一緒なら息抜きができるだろうと期待しました。しかし，ふたりが再会すると，また以前と同じ不快な状況になりました。

P：できる
P：ひたすら～喜ばせ

P：なだめ，喜ばせ
B：腹を立てる

B：どうして～ないの？

B：いつでも
B：（お戻り）なさい

P：可能な（ときにはいつでも）

P：できるだろう

とうとうランスロットはこれ以上それに耐えられなくなりました。彼は不意に，サミュエル，立ち上がり，グィネヴィアの目の前で人差し指を立てて前後に振ると，怒鳴りました。「そこまでだ！ これはもう終わりにしなくちゃいけない！ マーリンの予言によれば，今度は**あなたが**静かにして，わたしの話を聴く番だ。今までこういうことが起きるたびに，大声を張りあげて怒鳴りちらしたのはあなただった。でも，今度はわたしがそれをする！ ちょっとそこに座って，これからわたしがいうことを，耳を澄ましてよく聴くんだ」グィネヴィアは，ランスロットが意外にもこうして感情を爆発させたためにすっかりたじろぎ，おとなしく座って彼の言い分を聴きました。

　ランスロットは大声を張りあげながらその場を行ったり来たりし，身ぶりで気持ちを表わしつづけました。「見てのとおり，わたしはあなたから引き離されて少しも楽しくない。でも，自分のしていることが重要なことだというのもわかっている。そして，その結果，わたしたちはひどいことになっている」ランスロットは両手を頭にやり，続けました。「わたしはこの問題を解決する方法を捻り出そうと頭を悩ませてきたが，どうしたらいいのか，皆目わからない」

　それからランスロットはグィネヴィア

B：の目の前で人差し指を立てて前後に振る，怒鳴りました

B：あなたが～（聴く番）だ

B：～たびに

B：座って

B：爆発

P：たじろぎ，おとなしく

B：大声を張りあげ

の隣に座って彼女の腕に手を置き，彼女の目をじっと見つめながら，冷静に力強くいいました。「たったひとつ，するべきだとわかっていることがある。あなたがわたしにとってとても大切だということ，わたしがあなたを愛しているということ，わたしが遠くに行っているからといって，あなたを気にかけていないということにはならないということ，なぜならわたしはあなたを大切に思っているからだということ——これらをあなたに伝えなくてはならないということだ。ここにいようと，あちらにいようと，わたしはいつだってあなたのことを考えている。そして，ずっとあなたをそばに置いておけるものなら，そうしたいと思っている」

　これを聞くや，グィネヴィアの目に涙があふれ，彼女は彼を抱きしめました。「今までずっと」と彼女はいいました。「あなたは，あっちに行っているときは，わたしを思うことなんて絶対にないと思っていたの……しばらくわたしから解放されて，たぶん喜んでいるんだわって。でも，もうそうじゃないってわかったわ」　グィネヴィアは少しの間考え込んでいる様子でしたが，やがて指をぱちっと鳴らすと，微笑んでいいました。「ランスロット，憶えてる？　わたしたちが以前どんなふうだったか……」

L：隣に座って
L：目をじっと見つめ，冷静に，力強く

「もちろんだよ」と彼は彼女の言葉を遮りました。「あまりに昔のことだ」
「あらまあ，何をぐずぐずしているの？ 行きましょうよ！ わかってるでしょ，ランスロット，気持ちを引き締めないと，あっという間にもうろくしちゃうわ。ほら，去年……」そして，ふたりは出かけていきました。グィネヴィアはお説教をしながら，ランスロットは大笑いしながら。

　いうまでもなく，それ以降，ふたりの友情は深まりました。それどころか，ふたりはこれまで以上に親密になりました。というのも，ふたりとも，人は自分を悩ませていることや自分の感じたことをそのまま相手に伝えていいこと，伝えるのをやめなくてはいけない理由はまったくないことを学んだからです。そして，ふたりは，以前のように一緒にいたいだけ一緒にいたわけではないけれども，今や一緒にいるときには，ふたりの時間を無駄にすることなく，かつてないほどに互いに楽しく過ごすようになりました。

B：あまりに昔の

B：わかってる
B：〜（引き締め）ないと
B：〜しちゃう

B：お説教をしながら

第 IV 章
表象システムを追加する

PROLOGUE

エドモン・ロスタン『シラノ・ド・ベルジュラック』より

　　　　　どうしろと言う？
有力な庇護者を探す？　パトロンを持つ？
みすぼらしい蔦のように，太い幹に巻きついて，
皮をしゃぶってお情けにすがり，
自力で抜きんでる代わりに，策略を弄して這い上がる？
いやだね，真っ平だ。世間一般の詩人のように，
金持ちに自作を献じる？　身を道化役者に貶めて，
大臣閣下の唇に，満更でもない
笑みが浮かぶのを待ちわびる？
いやだね，真っ平だ。毎日毎日，蟇を
食わされて，足を擂粉木にして腹をすかし，
膝の所が際立って汚れるような，背骨を
曲げる訓練に憂き身をやつす？
いやだね，真っ平だ。片手で山羊の首をなで，片手は
キャベツに水をやる，使い分けだな，
魚心あれば，それ水心，権力を崇める
香炉となれば，いつでも鬚にしのばせてある。
いやだね，真っ平だ。懐から懐へとのしあがり，
世間の狭いお仲間の大人物になりすまし，
下らぬ恋歌を櫂にして，姥桜の
ため息ばかり，帆に孕んで船を出す？
いやだね，真っ平だ！　セルシーはいい版元だが，
こちらで金を払ってまで詩集をだす？　いやだね，真っ平だ！
馬鹿者どもが酒場で開く阿呆の会議の
常連になり，奴らの法王に選んでもらう？
いやだね，真っ平だ！　たかがソネ一作で名声を狙う，

切磋琢磨ということを知らない？　いやだね，
真っ平だ！　凡庸な奴らに己が天才を誇り，
たかが赤新聞の記事に怯えて，
口に出しては言わぬが，年がら年中，「ああ，ほんの
囲みの記事でもいい，『フランス文芸』に出ればなあ！」
いやだね，真っ平だ！　計算ばかり，いつもびくびく，
青白い顔で，詩を作るよりご機嫌伺い，
上手いのは嘆願状か，人に紹介してもらうこと？
いやだね，いやだね，いやだね，真っ平だ！　俺はな，
歌って，夢見て，笑って，死ぬ，独立不羈，自由だ，
しっかり物が見える目玉と，朗々たる声と，
お望みとあらば斜めに被るつば広帽子，
いいと言うにも拒否するにも，命を賭ける──さもなきゃ詩作三昧よ！
名誉も栄華も知ったことか，ひたすら心を
砕くのは，月世界への旅行の工夫だ！
独創にあらずんば筆を執らず，
しかも驕らずして心に言う──よいではないか，
花も果実も，名もなき草木の葉に至るまで，
他ならぬお前の庭で摘み取ったものだ！
時に威勢が上がるとしても，
シーザーに返すべきものは何もない，
値打ちがあるのはただ自分の力，
一言で言やあ，他人を頼みの蔦は御免だ，
樫や菩提樹は望まない，聳えようとは
夢思わないが　痩せても，枯れても，独り立ちだ！

エドモン・ロスタン『シラノ・ド・ベルジュラック』
（渡辺守章訳，光文社古典新訳文庫）pp.151-155

SECTION 1
表象システム

　第Ⅰ章では，人間のコミュニケーションにおけるメタファーの重要性について，それがいかに広く浸透しているか，また，それがしばしば，いかにわかりにくい形で浸透しているかについて，簡単に考察してきた。メタファーはコミュニケーションのあらゆるレベルで，明示的かつ暗示的に働いている。少なくともデジタルのコミュニケーション――話し言葉や書き言葉など――はすべて，話し手の実体験**に由来する**ものであること，また，その体験は聞き手には入手できないものであることから，デジタルのコミュニケーションはすべてメタフォリカルだと，わたしたちは理解した。デジタルのコミュニケーションは，文字どおりにも比喩的にも**体験を語る際のひとつの語り方**である。この区別は重要である。これが区別できていれば，体験を理解する際に，他者の体験に関する自分の表現は，まさにそれだけのもの――ひとつの**表現**――にすぎないのに，それ以上の何かであると考えるような間違いはもはや犯さないからである。
　ある出来事や体験に関するあなたの表象が，相手の作った表象と大きく異なっている場合，あなたは自分たちのいずれかが「幻覚を起こしている」か，たぶん「うそをついている」と考える。一方，ふたりの表象が非常によく似ていれば，自分たちは「共感状態」にあると考える。しかし，「共感」は「一致」**ではない**。一致は，わたしたちがこれまで語りつづけてきた連続体の（いまだ）到達しえない終点である。
　たとえば，夫婦間に不信感が生まれるのは，一般的に，一方が自分はこのことをいったと主張し，もう一方が，あなたはそれとはかなり違うことをいったと，同じくらい強く確信している場合である。その結果，たいてい，相手の精神機能か誠実さのいずれかを互いに信頼しなくなる。テープレコーダか信頼できる第三者の耳がなければ，当然ながら，この口論は解決できない。
　わたしたちの目的からいえば，実際の発言内容は重要ではない。重要なのは，一方があることを確かに**いい**，他方がそれを違うふうに聞いたと認めることである。いずれの側も，それぞれの体験をそれぞれに表現するのを受け入れ――

そして、それゆえに「共感し」——なくてはならない。その体験に関する相手の記憶を疑う必要はない。

　わたしたちはまた、人助けを生業とする人びとがどのような形で明示的なメタファーを利用すれば、クライエントの変化を手助けできるかについても考えてきた。明示的なメタフォリカル・コミュニケーションには、重要な利用法がある。クライエントは自分が今取り組んでいる問題体験の表象を提示するが、セラピストはクライエントが自力でその表象を、より完全で、より有意義かつ明確なものに戻せるよう手助けするとき、明示的なメタフォリカル・コミュニケーションを利用する。そのようにしてできあがった新たな表象は、クライエントとセラピスト双方が相対的に同じだと認めることのできるものであり、これを使うことで、双方は問題の体験について語り合う方法も手に入れる。

　明示的なメタファーは、クライエントが「問題」のコンテクスト内で新たな選択肢を自力で探したり考察したりするのを手助けする方法としても有用である。こうしたメタファーは通常、逸話や本格的な物語の形で発生するが、それはクライエントの状況に合う「実話」か、その状況に合うように仕立てられたものかの、いずれかである。そして、以下に概説するメタファーの構築モデルに従って作成され実行された場合には、とてつもなく効果的な媒介の役目を果たして、変化を引き起こす。

　個人の体験の本質について知るべきことはさまざまあるが、中でもとりわけ重要なのは、体験の表現の仕方は使う**表象システム**によって変わる、ということである。表象システムとは、簡単にいえば、わたしたちが人間としてもっている五感のことで、わたしたちはそれを使って周囲の世界を知る（表現する）。つまり、視覚、聴覚、触運動覚、嗅覚、味覚という感覚の入り口を通って、この世界を知る（表現する／体験する）のである。

　これらのシステムはすべて常時働いている。しかし、絶えず流れていくこの感覚体験の多くは——いくつもの理由で——過剰もしくは不要なため、わたしたちはそれにはまったく注意を払わず、手近な体験の関連情報を運んでくるシステムに焦点を絞ろうとする。

　たとえば、今、あなたはたぶん、このページに並んだ言葉を**見ること**をもっ

とも意識しているだろう。ほかにも，左足は床に**触れ**，部屋の外からは**音**が聞こえ，大気には**におい**があり，口内には今の**味**があるだろう。しかし，こうした現在進行中の感覚的体験は，一部にせよすべてにせよ，たぶん注意を促されて初めて気づいたのではないだろうか。

同様にして，いついかなるときにも，わたしたちはこの世界を意識的に体験している。少し時間を取り，簡単なエクササイズをやってみよう。自分の好きなこと，嫌いなことを合わせて5つ選び出し，それぞれ具体的に**何**が好きか嫌いかを，センテンスにして書き出すのである（例：①「サイクリングは，走り終わったときにすごくいい気晴らしになったと感じられるところが大好き」，②「議論は，試しに相手の観点を見てやろうという魂胆が嫌い」など）。

次に，書き出したセンテンスを見て，各センテンスから，そこに含まれている叙述語を抜き出そう。「叙述語」とは，センテンスに現れた動詞，形容詞，副詞──すなわち，物事の間の関係を決める言葉──である。上で例に挙げたふたつのセンテンスの叙述語は以下のとおりである。

① 気晴らしになった，感じられる，大好き
② 試しに〜（し）てやろう，観点，見て，嫌い

自分の書いたセンテンスから叙述語を抜き出したら，それらの中に，いずれかの表象システムを表わしていたり暗示していたりするものがあるかどうか，注意してみよう。上記例の最初のセンテンスには，《気晴らしになった》と《感じられる》という叙述語が含まれているが，これらは双方とも，通常，触運動覚（触覚）に言及するものである。ふたつめのセンテンスには，《観点》と《見て》があり，これらはいずれも視覚指向の叙述語である。

さあ，自分の叙述語をよく調べて，特定の表象システムに言及しているもの，特定の表象システムを前提としているものを見つけよう。いずれのセンテンスにおいても，もっとも頻繁に出てくる表象システムの叙述語は，あなたにとってその体験へのもっとも重要な感覚チャネルとなるものである。ここでは，以下の完全な例が役立つかもしれない。

ジョー：　自分はもっとよく状況を把握すべきだとわかっているんですが，ほんとにしょっちゅう，障害にぶち当たるんです。

表象システムに言及している叙述語：　把握，障害，ぶち当たる
表象システム：　**触運動覚**
（ジョーはこのセンテンスで，自分は**感じる**形では「理解していない」と語っている）

ジョー：　ところが，何もかもが明瞭になるときには，全体の状況をイメージできますし，答えもはっきりします。

表象システムに言及している叙述語：　明瞭，イメージ，はっきり
表象システム：　**視覚**
（ジョーはここで，一種の**見る**形で「理解している」のだと認めている）

わたしたちはここで，ジョーの「理解している」という体験には，触運動覚や聴覚，嗅覚の要素が，視覚の要素ほどにはないといっているのではない。いうまでもなく，それらの要素もある。しかし，わたしたちがいいたいのは，ジョーが「理解している」ときに**意識的**に注目している感覚体験は視覚によるものだということである。

あなたも，自分自身の個別の体験を何か選び――たとえば「好奇心」としよう――非常に好奇心が湧いたときのことをいろいろ思い出してみれば，たぶん，自分が好奇心を抱いていると気づくときの気づき方が，感覚体験という点で，いずれの場合も同じであることがわかるだろう。たとえば，インタヴューを受ける前に「緊張する」人は，「ぶざまな」様子の内的**イメージ**を**見て**いることに気づいているのかもしれない。

貴重なエクササイズを紹介しよう。毎日ある程度の時間を取り，自分や自分の話し相手がふだんの会話の中でどのような叙述語を使っているかに耳を傾けるのである。叙述語を聴き取ろうとすると，たぶん，その使い方にいくつかパターンがあることに気づくだろう。

ひとつは，既に説明したもので，異なる体験を描写するのに異なる表象システムの叙述語を使うパターンである。今ひとつは，**優位表象システム**を使うパターンである。人はたいていの場合，ある特定のサティア・カテゴリーで動く傾向があるが，それと同様に，意識的に自分の体験を描写する場合，その手段として，たいていはひとつかふたつの表象システムに頼る傾向がある。すなわち，この世界を体験する際に，主に視覚を使う人もいれば，主に触運動覚を使う人，さらには，主に聴覚を使う人もいるということである。
　これがそのとおりであることは，誰かの使う叙述語を思い出してみると明らかになるだろう。どの人の場合もたいてい，ひとつの表象システムからの叙述語が体験の大半の描写に用いられていることに気づくはずだ。
　初めて表象システムについて知った多くの人びとは，まず驚き，そのような一貫した体験パターンがわたしたち全員の中で働いていることに疑いを抱き，続いて，他者の中にそうしたパターンを見つけるという作業がいかにも複雑そうであり，また量も相当あるように思われることに圧倒される。一貫性のある表象システム・パターンが本当に誰の中でも働いているのかという懐疑についていえば，毎日わずかな時間を取り，会話をしている他者の言葉に耳を傾けるだけでいい。その際，会話の内容は無視し，感覚特有の叙述語にのみ耳を傾けるのである。
　表象システムのパターンを識別する作業については，さほど練習をしなくても，たとえば今さまざまな熟語にすぐ気がつくのと同じくらい自然に，パターンも認識できるようになるだろう。どのような治療スキルを学ぶ場合もそうだが，初期段階には一定ペースの構造的な練習があり，ときには，既習スキルの要素に気づいてうっとうしくなったりもする。しかし，上記のような集中もすぐに必要なくなり，やがて無意識のうちに必要な区別をつけ，それを活用できるようになる。
　表象システムのパターンは通常その人が選択した叙述語にきわめて明確に現れるという事実は，このプロセスをより簡単にする。相手のいっていることを，ある見方で文字どおり「見る」人もいれば，それを「聞く」人，それを「把握する」人もいる。感覚特有の叙述語に耳を慣らしていくために，以下のセンテンス（第Ⅲ章で使用したもの）を使い，各センテンスから叙述語を抜き出して，

それらの叙述語から、そこで用いられている表象システムを判断してみよう。センテンスによっては、複数の体験（パート）を含んでいることを思い出そう。

① 時を移さずそういう男と直面したら、人が性について罪の意識をもつのも驚くべきことではない。　　　　　　時を移さず，意識をもつ《触運動覚》

② このところきみが面会している人間の大半は，見たところ，いつものきみほどボーッとはしていないようだな。　　　　　　　　　　　　　　　面会している，見たところ《視覚》

③ もし注目できるなら，わたしだって良い自己イメージの一片くらい，注目していますよ。　　　　　　　　注目できる，自己イメージ，注目して《視覚》

④ きみの言い分はいつも聞き入れているが，それは真っ当には聞こえないぞ！　　　　　　　　　　　　　　言い分，聞き入れている，聞こえない《聴覚》

⑤ 外見の美しい女性は，いうまでもなく目の保養になる。　　　　　　　　　外見，目《視覚》

⑥ ジョアンは，こちらがことを分けて話そうとするたびに，すぐあれやこれやをもち出して愚にもつかないことをいいつづける。　　　　　　　ことを分けて，もち出し《触運動覚》

⑦ なぜ彼らは，ビルなどというあの目ざわりなものを壊してしまわないんだ？　　　　　　　　　　　　　（目）ざわり，壊し《触運動覚》

⑧ わたしだってときには，彼らの提示内容に焦点を絞れたらと思って，努力はしたんですよ。しかしね，そうしようとするたびに，彼らに対して非常に手厳しくなってしまい，こき　　　　　　　　　　　　　前半：提示，焦点《視覚》

おろしてしまうんです！　　　　　　　後半：こきおろし，手厳しく《触運動覚》
⑨　わたしのステレオが本来の張りのある音を出してくれさえすればなあ。　　張りのある《触運動覚》
⑩　そうですよ，**このわたしは**全員がまた全体像に関与できるようになんでもやりましたよ，ったく！　しかし，それももう終わったことです。何人かが協力するのをいやがる様子だったから，そういう努力も続ける必要はないんです。　　　　　　　　　　　　全体像，（嫌がる）様子《視覚》

SECTION 2
表象システムとセラピー

　表象システムを識別して利用できるようになることには，いくつか利点がある。ひとつめは，セラピストとクライエントとの間の信頼を深め，コミュニケーションの意味を高めるということだ。たとえば，クライエントが主に触運動覚の叙述語を使っているのを聞いたら，セラピストも使う叙述語を触運動覚のものに切り替えるのである（「あなたの問題に関して，ある感触を得ています……」，「ご自分の状況を把握して……」，「それは扱いにくい問題ですね……」など）。

　この切り替えによって，セラピストはクライエントの世界モデルにより近い世界モデルの中で動くことになる。「クライエントの言語を使って話している」セラピストとクライエントとの信頼は深まり，互いにとって等価の体験を伝えるセラピストの能力は高まり，セラピストのコメントには活力が加わる。

　ふたつめの利点は，治療効果のあるメタファーの構築と利用に関係している。クライエントがふだん情報をどのように伝えているかを知ることによって，セラピストは，クライエントがもっとも理解しやすく受け入れやすい形で物語をすることができるようになる。例を挙げよう。

　　若者が際立たせた点を老人が見てとったのは，明白でした。

このセンテンスは，視覚を使って表現する聞き手にはたいへん理解しやすいだろう。一方，優位表象システムが触運動覚の聞き手には，上のセンテンスを以下のような形にすると，簡単に理解し受け入れてもらえるだろう。

　　若者が力を込めた点を老人がしっかり把握したのは，今や動かしがたい事実でした。

　このように，クライエントの優位表象システムは，メタファーの中で使うべき叙述語を提供する。
　3つめの利点は，問題の重要部分をクライエントがどのように表現しているかを知ることによって，セラピストであるあなたは，ストーリーのどの部分のメタフォリカルな状況が現実の状況と同型なのかを，その表象システムを活用して描写し，特定することができるということである。これができれば，表象システム・レベルでの治療的変化を発生させられるようになる。たとえば，きわめて**視覚**的なクライエントが，自分は「**前進しつづけ**」られると**感じる**必要があるというような場合は，以下のようになる。

　　そんなわけで，王子が彼を見つめていると，彼は自分の中に湧きあがってくるものがあるのを感じました。それは，彼自身もわかっているという確信，自分は前進できるのだという確信でした。そして，彼はそのようにしたのでした……

SECTION 3
メタファーの中の表象システム

　表象システムは，サティア・カテゴリーと同様，いくつかあるコミュニケーション・レベルのひとつを説明している。したがって，それらは，継続的かつ包括的な変化を手助けできる徹底した有意のメタファーを創るという点でも，サティア・カテゴリーと同じである。

たいていの人にはもっとも高く評価している表象システムがあり，各自，自分の周囲の世界を意識的に理解する方法としてそれを使い，それを通してこの世界とコミュニケーションを取っている。そして，やはりサティア・カテゴリーと同様に，それ以外の表象システムが優位表象システムのレベルに引き上げられることもある。優位表象システムのこうした変化はコンテクストに左右され，たとえば，視覚を高く評価している人が，セックスについて訊ねられたとたんに触運動覚の叙述語に切り替わるといったことがあるかもしれない。
　個人間――あるいは個人内――にミス・コミュニケーションが生じるのは，当事者たち――もしくは関わっているパートたち――がそれぞれ別の表象システムを使って，論じられていることを理解し表現しようとするためであることが多い。例を挙げよう。

　　　メアリー：　わたしはとにかく出かけて，何かしなくちゃいけないの。こうして家にいると窒息しそうなの（触運動覚）。
　　　ボブ：　　理由が見当たらないな。それに，家族がばらばらに過ごすなんて，どう見たって良くないよ（視覚）。

　上の例で，メアリーは体に生じた感覚を味わっているが，一方のボブは頭の中に浮かんだイメージを眺めている。そして，そのとき，これら別個の体験は双方とも「家庭」を表現している。それぞれ別の表象システムで動いているふたりがうまくコミュニケーションを取れるよう手助けする強力な方法は，ふたりがそうして使っている表象システムのいずれか一方をふたりに共有させるか，ふたりがまだ使っていない３つめのシステムを使う状態に入らせるかである。[3]

　　　メアリー：　（触運動覚）　――（に代えて）→　（聴覚）
　　　ボブ：　　（視覚）　　　――（に代えて）→　（聴覚）

　表象システムはメタファーの構築にも同様に利用することができる。クライエントが自分の問題状況にとって重要な意味をもつ人物（もしくはパート）を描写するとき，その描写にはしばしば，その人物（やパート）の表象システム

を示すものが含まれている。そういう関係者の表象システムが特定できない場合は、その人物が問題状況についてどういっているかを引用するようクライエントに頼めば、その情報を得られることが多い。問題状況に重要な意味をもつのがクライエント自身の「パート」の場合は、各パートについて話すときにクライエントが使う叙述語から、それぞれの表象システムは明らかになる。

　前述したような表象システムの転換をメタファーの構成に含める場合は、ストーリーの登場人物について語るとき、あるいは、その登場人物を「通して」語るとき、実際の人物やパートの表象システムに一致する適切な叙述語をひたすら使うことである。表象システム・レベルの同型性によって、メタファーの重要性はとてつもなく高められる。メタファーの解答部分に表象システムの転換を組み入れるには、そうした転換を、橋を架ける戦略のひとつにするといい。すなわち、行動に関するものであれ、感情に関するものであれ、ストーリー内で発生する変化はすべて、該当する表象システムの変化に応じて発生させるのである。

　たとえば、「ボブとメアリー」のためにメタファーを創る場合、ふたりに相当するメタファー内の人物は、それぞれ「視覚」優位と「触運動覚」優位として描かれるだろう。しかし、何度も繰り返される問題の中で変化が発生する時点で、その変化の一部に、ふたりが互いに「話し合っている」場面を含めなくてはならない。目標は、ふたりをいずれも「聴覚」優位として描写することである。

　メタファー内での表象システムの変化は、別の面にも利用することができる。クライエントに選択の機会を与え、本人が望んでいる変化にとって、より適切な表象システムを使えるようにするのである。本来、いずれかの表象システムが他の表象システムよりも優れているということはないが、体験によっては、ある特定のシステムを使うほうが一般的にうまく進むものもある。となると、セックスを視覚的に表現する人が、「セックスしたいと思う」ことがないと訴えるのは驚くべきことではない。一方、触運動覚的に表現する人は、視空間的タスクに直面した場合に不利かもしれない。

　新たな表象システムは、システムの転換で説明したのと同じ形でメタファーに組み入れる。不適切な表象システムがメタファーの特性として現われるのは、

橋を架ける戦略が発生する時点までである。そのあとは適切なシステムに切り替わり、主人公たちが適切な表象システムで動いていることを条件として発生する変化を発生させていく。

　サミュエルの問題は、コミュニケーションを取ろうとするふたりが別々の表象システムからそうしている状況を表わす好例である。サミュエルは、叙述語の使い方からわかるようにきわめて視覚タイプである──彼は自分には時間が足りないと「見ている」──のに対し、ケイトは、彼の報告によれば、無視されていると「感じている」。したがって、橋を架ける戦略としてここで打つべき手は、双方が聴覚から動くようにすることである。しかし、サティア・カテゴリーの観点からみた望ましい目標は、双方が「率直に対応する」ことである点にも注意していただきたい。率直な対応では一点、関係者が皆、自分の表象システムをオープンにして動いていることが暗に条件とされている。これも解答には組み込まれている。

メタファー	解答	
	橋を架ける戦略	目標
ランスロット ― 視覚・なだめる	聴覚・非難する	率直な対応
グィネヴィア ― 触覚・非難する	聴覚・なだめる	率直な対応

SECTION 4
サミュエルのメタファー

表象システム
- V：視覚
- K：触運動覚
- A：聴覚

　アーサー王の有名な円卓の時代、イングランドにランスロットという名の道義心あふれる高潔の騎士がいました。間違いなく彼のことは聞いたことがあるでし

A：聞いた

ょう。ランスロットの愛人は王妃グィネヴィアでした。実際，ランスロットとグィネヴィアは数多くの困難と勝利を共に味わってきた間柄で，とりわけ親しい友人どうしでもあり，互いを深く愛してもいました。

　ふたりは多くの点で似ていて，その他の点では大きく異なっていました。気晴らしや好物には共通するものが数多くあり，ふたりともそれらを楽しみましたし，ふたりとも会話をするのが大好きでした。 　　A：会話をする

ランスロットはそういう会話の最中には， 　　A：会話

いつも多少ためらうのでした。グィネヴィアがどういうことをいいたいのか，見 　　A：いい（たい）　V：見きわめ（たい）

きわめたいと思うからでした。もちろん戦場では無敵でしたよ。でも，グィネヴィアが相手となると，どうもそうはいかなかったのです。話そうと思うことが彼 　　A：話そう

女より少なかったというわけではありません。ただもうグィネヴィアが，そこまでできるかというほど，高飛車で頑固だ 　　K：高飛車，頑固

ったのです。ランスロットはよく独り言をいいました。「もしわたしの見方を聞 　　A：いいました　V：見方　A：聞く

くことが重要だとしたら，彼女は明らか 　　V：明らかに

に喜んでそうするだろうになぁ」

　一方は騎士で，他方は王族です。双方とも当然ながら数多くの役割と職務があり，それらに責任を負っていました。彼らは，面倒を見る必要のあることは適切 　　V：(面倒を)見る

に処理されるよう目を配りました。それ 　　V：目を配り

ぞれはそれぞれのやり方で国民の世話をし，幾多の点で国民の世話になっていました。ランスロットは自分のこの責務をおおいに誇りに思って見ていましたし，彼の万全の監視は，国民の敬意や好意，支持によって報われていました。

V：見て
V：監視

　実にランスロットの時間の大半はこれらの職務に当てられましたが，彼はできるときには必ず，グィネヴィアとの時間を過ごすようにしていました。彼はグィネヴィアの顔が見たくて，たびたび城へ出かけていきましたが，そういうとき，主導権を握って，ふたりでどのように過ごすかを決めるのはたいていグィネヴィアで，ランスロットはそれでいいと思っていました。ただもう，友人であり愛人である彼女といられるだけで幸せだったからです。こうした時間は彼ら双方にとって非常に特別なものでした。というのもふたりとも，ふたりの人間の間のこれほどまでに愛に満ちた親密な絆は相当の努力をしなければ結ばれないものであり，それゆえに，そうそうないものだとわかっていたからでした。

V：見たくて

K：握って

K：絆
K：努力，結ばれ

　そんなある日，ランスロットはアーサー王の御前に呼ばれました。王は疲れて重たげな目でランスロットを見ると，いいました。「イングランドは再びおまえの働きを必要としている。知ってのとおり，我らは今，フランスと交戦中だ。そ

A：呼ばれました　K：疲れて
K：重たげ　V：見る　A：いいました

こで,イングランドと……わしは……おまえに頼みたい。かの国に赴き,戦場で陣頭指揮を執ってくれまいか」

　ランスロットはフランスに赴き,そうすることに幸せを感じました。彼は,自分には王国と自分自身に対する責任があり,それらは多くの点で,自分の他の役割の責任より強い光を放っていると見定めていたからです。彼の最大の後悔は,そうなるとグィネヴィアの顔を見る機会が減るということでした。

　彼はできるかぎり頻繁に帰国して,グィネヴィアの顔を見に行きました。しかし,グィネヴィアはひとりあとに残されたことを苦々しく思うようになりました。そこに気晴らしの喜びと楽しみはなく,ふたりの逢瀬は口論と緊張によって台無しになりました。状況が破綻していく中,ランスロットは想像できることはすべてやって,ひたすら彼女を喜ばせようとしはじめました。しかし,グィネヴィアは,彼が彼女をなだめて喜ばしようとすると,そうしないときよりもさらに腹を立てるように思われました。そういうとき,彼女はたいてい,「どうして猫みたいにミャーミャーいうのをおやめにならないの？　ね？　**そこまで飽きたのなら,ぐずぐずしていないで,いつでもフランスにお戻りなさいよ**」などと,骨身にこたえることをいいました。双方がとても不

V：より強い光を放っている,見定めて

V：見る

V：見に

G（味覚）：苦々しく

K：緊張
K：破綻
V：想像（できる）

A：ミャーミャーいう

K：ぐずぐずして

K：骨身にこたえる
A：いいました　K：不快

快になりました。

　もちろんランスロットはフランスに戻りましたとも。彼は可能なときにはいつでもグィネヴィアの顔を見に戻りましたが，そうするたびに次第に大きくなっていく互いの不快感と直面し，自分の訪問に対する期待感は少しずつ弱まっていきました。ランスロットは，もしふたりがこれまでの調子で会いつづけたら，いずれ別れることになるだろうと思いました。

　ある日，ランスロットはフランスでの戦いにうんざりし，再び帰国しようとフランスを発ちました。彼は意気消沈し，疲れ果てていましたが，グィネヴィアと一緒なら息抜きができるだろうと期待しました。しかし，ふたりが再会すると，また以前と同じ不快な状況を目撃することになりました。さあ，そうなると，心の圧迫はどんどん強くなっていき，とうとうランスロットはこれ以上それに耐えられなくなりました。彼は不意に立ち上がり，グィネヴィアの目の前で人差し指を立てて前後に振ると，怒鳴りました。「そこまでだ！　これはもう終わりにしなくちゃいけない！　マーリンの予言によれば，今度は**あなたが静かにして，わたしの話を聴く番だ**。振り返って見ると，今までこういうことが起きるたびに，大声を張りあげて怒鳴りちらし，威圧してきたのはあなただった。でも，今度はわ

V：見に
K：大きくなっていく…不快感と直面し

K：戦い，うんざりし
K：意気消沈し
K：疲れ果てて
K：息抜き

K：不快　V：目撃する

K：圧迫
K：耐えられ（なく）
K：立ち上がり
K：振る　A：怒鳴る

A：静かにし
A：聴く　V：見る
A：大声を張りあげ
A：怒鳴りちらし　K：威圧し

たしがそれをする！　ちょっとそこに座って，これからわたしがいうことを，耳を澄ましてよく聴くんだ」グィネヴィアは，ランスロットが意外にもこうして感情を爆発させたためにすっかりたじろぎ，おとなしく座って彼の言い分を聴きました。	K：座って A：いう　K：耳を澄まし K：爆発，たじろぎ K：座って　A：言い分
ランスロットは大声を張りあげながらその場を行ったり来たりし，身ぶりで気持ちを表わしつづけました。「見てのとおり，わたしはあなたから引き離されて少しも楽しくない。でも，自分のしていることが重要なことだというのもわかっている。そして，その結果，わたしたちはひどい不協和音を発している」ランスロットは両手を頭にやり，続けました。「わたしはこの問題に何か光明を投じられるような方法を捻り出そうと頭を悩ませてきたが，どうしたらいいのか，皆目わからない」	A：大声を張りあげ K：行ったり来たり，身ぶりで気持ちを表わし A：不協和音を発して V：光明　K：投じ K：捻り出そう，悩ませて
それからランスロットはグィネヴィアの隣に座って彼女の腕に手を置き，彼女の目をじっと見つめながら，冷静な力強い声でいいました。「たったひとつ，するべきだとわかっていることがある。あなたがわたしにとってとても大切だということ，わたしがあなたを愛しているということ，わたしが遠くに行っているからといって，あなたを気にかけていないということにはならないということ，な	K：手を置き V：見つめ　K：力強い A：声，いいました

ぜならわたしはあなたを大切に思っているからだということ——これらをあなたに伝えなくてはならないということだ。ここにいようと，あちらにいようと，わたしはいつだってあなたのことを考えている。そして，ずっとあなたをそばに置いておけるものなら，そうしたいと思っている」

A：伝え（る）

　これを聞くや，グィネヴィアの目に涙があふれ，彼女は彼を抱きしめました。「今までずっと」と彼女はつぶやくようにいいました。「あなたは，あっちに行っているときは，わたしを思うことなんて絶対にないって自分にいい聞かせていたの……しばらくわたしから解放されて，たぶん喜んでいるんだわって。でも，もうそうじゃないってわかったわ」　グィネヴィアは少しの間考え込んでいる様子でしたが，やがて指をぱちっと鳴らすと，微笑んでいいました。「ランスロット，憶えてる？　わたしたちが以前どんなふうだったか……」
「もちろんだよ」と彼は彼女の言葉を遮りました。「あまりに昔のことだ」
「あらまあ，何をぐずぐずしているの？
　行きましょうよ！　わかってるでしょ，ランスロット，気持ちを引き締めないと，あっという間にもうろくしちゃうわ。ほら，去年……」　そして，ふたりは出かけていきました。グィネヴィアはお説教

A：聞く
K：抱きしめました
A：つぶやく

A：いい聞かせて

V：（いる）様子でした
K：ぱちっと鳴らす

K：気持ちを引き締め

をしながら，ランスロットは大笑いしながら。

　いうまでもなく，それ以降，ふたりの愛と友情は深まりました。それどころか，ランスロットはふたりがこれまで以上に親密になったことを見て取りました。というのも，ふたりとも，サミュエル，人は自分が事態の進展をどう見ているかということや自分の感じたことをそのまま相手に伝えていいこと，伝えるのをやめなくてはいけない理由はまったくないことを学んだからです。ふたりの生活は再び美しいハーモニーを奏でるようになりました。そして，ふたりは，以前のように一緒にいたいだけ一緒にいたわけではないけれども，今や一緒にいるときには，ふたりの時間を無駄にすることなく，かつてないほどに互いに楽しく過ごすようになりました。

V：見て取りました

V：見ている
K：感じた
A：伝え

A：ハーモニー

第Ⅴ章 サブモダリティを追加する

PROLOGUE

ウィリアム・ゴールドマン『雨の中の兵隊』より

　スローターはビールをゴクリと飲むと，グラスを下に置き，テーブルの上の濡れたリングをいじりつづけた。クレイは両手で頰づえをつき，待っている。スローターが向かいのクレイを見た。そして，ごく小さな声で話しはじめた。
「太平洋に」と彼はまずいった。「太平洋に，ある場所があってな。おれは戦時中，一度だけそれを見た。小さな島だ。一面に草木が茂って，まさに熱帯さ。緑のジャングルだ。白く長い砂浜は太陽にきらめいている。青い海は繰り返し打ち寄せてくる。小さい無数の白い泡が砂の上で踊っている。頭上には，雲ひとつない青い空がどこまでも広がっている。それがおれの場所だ，ユースティス。退役したら，おれが行く場所だ。おれは，陽射しが降り注ぐおれの小さな島へ行くんだ」
「ほんとに行くのか？」
「もちろんだ。でな，そこの連中は人なつっこいんだ。親切で，気前が良くて，遠慮がない。女たちはみんなすらっとしていて，あけっぴろげだ。ああいう肌でな。それに目が輝いている。微笑まれると，とろけるよ。脚が長くて，おなかは平らで，引きしまった丸い胸を上にそらしている」
「上に？」
　スローターはうなづいた。「そう，上に」
「どんなもんを着てるんだ？」
　スローターは両の手のひらをテーブルの上で広げた。「なんにも。すっぽんぽんさ」
　クレイは彼をじっと見た。「どこだっていったっけ？」
「太平洋さ」
「で，見たんだな？」
「ああ，一度だけだがな。でも，それで充分だ。そうさ，ユースティス，夢に見る以上のパラダイスなんだ。だから，おれはいつかそこに戻る。そこに戻って，王様のように暮すんだ」
「なんだかすごそうだな，マクスウェル，ほんとにすごそうだ」
「ああ，すごいぞ」

「たぶん……」 彼は言葉を切ると，頭を振った。「あんたにはいいところなんだろうな。だが，おれにはどうかな？ おれはきっと，どっかの汗ばんだでぶっちょの女と結婚して，みじめな死に方をして終わるんだ。目に見えるようさ，マクスウェル。そういうときが来るのがわかる。冗談じゃなく，さ。もうぼろぼろなんだ，マクスウェル。わかってるだろ」
「なあ」と，スローターはささやくようにいい，前かがみになる。「おれの島，いいと思うか？」
「ああ，いいと思うよ」
「そうか，じゃ，ふたりのものにしよう」
「本気か？ ほんとにそのつもりか？」
「もちろんだ。まずおれが先に行って，何もかも用意する。で，おまえは，20 年の務めを終えたら来るんだ。想像してみろ，ユースティス。おまえは小さい船かなんかに立っている。おれは浜辺で待っている。船は砕け散る青い波を越えておまえを引っ張ってくるんだ。おれは手を振って合図する。おれの周りには娘たちが，そう，何十人もいる。頭(かしら)は腕組みをして，うしろに控える。娘たちは髪に花を挿している。褐色の髪に白い花だ。そよ風が吹く。波が穏やかになる。風が頬を撫でていく。娘たちはきらきら光っている青い海に飛び込んでいき，おまえの名前を呼ぶ。おれが教えておくのさ。『ユースティス』，娘たちが大声で呼ぶ。『ユースティス』 太陽はじっと動かない。空は真っ青だ。おまえはボートから飛び降りる。娘たちがおまえの腕の中に身を投げる。おまえの髪に花を挿す。頬に何度もキスする。おれは海に入っていく。再会だ。『よく来た，相棒』 おれはいう。『おかえり』 娘たちが地元の歌を歌いはじめる。頭(かしら)はおまえに捧げものをする。たまらなく素敵な贈り物をする。浜辺に沿って娘たちが先を行く。日が没む。浜辺には小さな焚き火が残っている。たった今，豪華な夕飯が終わり，おれはこれから床に就く。いい夜を過ごしてくれ。さあ，これからおまえはひとりだ。一緒にいるのは娘たちだけだ。娘たちは月光を浴びて踊り，踊りながらおまえに微笑みかける。娘たちはどこか遠くから聞こえる美しい音楽のリズムに合わせて，ゆったりと動いている。そして，次第に近づいてくる。どんどん近づいてくる。その目にあこがれが込められているがわかるだろう。あこがれと欲望だ。大気にはかぐわしい香りが満ちている。娘たちはさらに近づいてくる。手を伸ばせば触れられる。『ユースティス』と，彼女たちはささやく。『ユースティス・クレイ』 娘たちはおまえを愛撫しはじめる，優しく，心を込めて。おまえは目を閉じる」 スローターはここで言葉を切った。

「こんなに美しい話，今まで聞いたことがない」とクレイはつぶやく。「生まれて初めてだ」
「おまえのものだ，ユースティス。おまえとおれのものだ。共有するんだからな」
　クレイは唇を舐めた。「踊っている娘たち」と彼はささやく。「あの音楽。どんどん近づいてくる」
「毎晩だ，ユースティス。夜ごと夜ごとさ」
「おれたちに乾杯！」とクレイはいい，グラスを挙げた。「おれたちの島に，乾杯！　それから……」　彼はいきなり言葉を切った。そして，グラスをドンッと措くと，テーブルの上にビールがこぼれた。「だめだ」と彼はいった。「だめだ」
「なんでだめなんだ？」
「だって，ばかげてるじゃないか，それが理由だ。15年も先の話だ。おまえは年を取ってるし，おれも年を取ってる。くたばって，土の中に埋められていなけりゃの話だが」　彼は酔っ払った手をテーブルに叩きつけ，さっと手を引くと，自分に向かってつぶやくようにいう。そして，そっと指をさすりながら，首を振る。「自分のテーブルに戻る」と彼はいった。彼は立ち上がろうとしたが，バランスを失い，また椅子に座り込む。「こんなことすらできない」と彼はぶつぶついった。「こんなことすらできない」
「待ちたくないんだな？」とスローターは訊いた。クレイは何もいわない。
「ふむ，じゃあ，待たなくていいさ。今夜，ふたりで手に入れよう，ユースティス。目を閉じろ。ほら，目を閉じるんだ。閉じたか？」
　クレイはうなずいた。
「よし。じゃ，まず音楽を聞かなくちゃならん」
　サックスとトランペットのレコードが再び鳴り響き，クレイは首を振る。
「それじゃない」とスローターはいった。「そいつを聞いちゃだめだ。そいつは頭から叩き出せ。ここはソフト・ミュージックなんだ。優しく，静かな音楽だ。ずぅっと遠くから聞こえてくる。どうだ，聞けたか？」
「だめだ」
　スローターはため息をついた。
「あのジュークボックスの音楽が聞こえる，マクスウェル，それしか聞こえない」
「じゃあ，代わりに色をやってみよう。青だ。海と空の青だ。見えるか？　海は濃い青で，空は水色だ。上と下だ」
　クレイは両まぶたを指先で押さえた。「なんも見えねえ。なんも」

「時間をかけるんだ，ユースティス。海は濃い青，空は水色だ。海は濃い青，空は水色。いや，待て。ほんの少し白がある，砂浜だよ，ユースティス，はっきり見えてきた。海に沿って延びている。雪のように真っ白だ。で，その向こうに緑がある。緑がこんもりと盛り上がって深い森になっている。それから，そこに──そこだ──浜辺を走ってくる娘たちがいる。集まってきただろ？　みんな，べっぴんだろ？　で──」

「見えた！」　クレイが叫んだ。「ほんとにくっきり見える！」

「当たり前だ。さあ，娘たちが走る様子を見るんだ。おまえに会いに走ってきたんだぜ，ユースティス。見えるか？　腕を大きく広げてるだろ」

「それに髪に花を挿している」とクレイはささやき，深く座り直した。「で，おれの名前を呼んでいる。それに……」　クレイは腕を組んで何かを抱きかかえる格好をし，あごを胸に落とした。「おい，マクスウェル」と彼はいい，続けた。「見てくれ，こいつらが今何をしてるか……」

SECTION 1
基本原理

　わたしたち人間は、五感の入り口を通って自分自身やこの世界を体験する。わたしたちは常に、自分の環境を——自らの身体を含めて——見、聞き、感じ、嗅ぎ、味わっていて、ゆえに、とてつもなく大量の感覚情報をいつでも利用できる状態になっている。しかし、そうした情報のごく一部以外はすべて、神経系がさまざまなやり方で選別し排除しているため、いかなる時点においても、認識できるのは感覚データのほんの一部だけである。認識に関わるそうした神経学的な関門がなかったら、わたしたちは無関係な情報の洪水にすっかり飲み込まれてしまうだろう。

　そういうわけで、**意識的な**体験は、ある時点にできる知覚の数という点で、限定的である[1]。しかし、心に留めておくべきは、これは知覚の**認識**に関する限度であって、ある一時点の知覚体験を**コード化して保存する**中枢神経系の能力は、その時点で実際に処理される大容量情報の同時認識能力をはるかに超えているという点である（Pribram, 1971）。知覚体験を消化可能な大きさの塊（チャンク）に組織化するプロセスにおいて、大量の情報がやむをえず削除されている。

　では、この概念を利用して、人間がどのようにして生活のさまざまな面（体験）で問題をもつようになるかを推察してみよう。

　人が一般的に体験を組織化するときの方法のひとつは、優位表象システムとして働く感覚系に依存している。そうであることは、自分の知人が日々のことを話すときに使う叙述語に耳を傾けるだけで立証することができる。あるいは、もっと直接的なやり方を好むなら、どういうふうに物事を「考える」かを相手に訊ねればいい。優位表象システムを選択して発達させる際の個人的な要因に関係なく、体験の大半の媒体として特定のモダリティを頼りにするのは、人間が認識を組織化するときの特徴的パターンであり、また、そういうものとして、わたしたちがこの世界で動くときに、メリットとデメリット双方をわたしたちにもたらしている。

　優位表象システムを発達させることで得られる主なメリットは、使用頻度の

低い表象システムよりも高い機能レベルにまでそれを向上させる機会が得られるという点である。特定の表象システムを使えば使うほど，それはさらに明確に知覚的な区別をつけるようになる。これはつまり，その表象システムが，（もし視覚が優位なら）高度の分解能を，（もし触運動覚が優位なら）高度の感応性を，（もし特に聴覚が優位なら）高度に改善された「信号対雑音比」を備えるようになるということである。視覚の優れた分解能は，主に視覚を要する仕事に関わっている場合，明らかに有利である。しかし，こうした知覚における分解能の向上は，知覚の**範囲**[2]を犠牲にして得られている。[3]

　知覚範囲がこのように狭まると，何を感じるか，何を行なうかについての選択肢がほとんどあるいはまったくない状況——すなわち「問題」——が発生しやすくなることがあるが，その様態には3通りある。

　ひとつめは，体験を組織化する手段として，ある特定の表象システムに頼るようになればなるほど，ほかの表象システムを利用しなくなるが，利用しなくなったその表象システムのほうが，ある特定の課題や体験には適切だろうという状況である。その結果，人によっては文字どおり，「自分がどう**感じているかを見る**」ことになる。同様に，視覚を優位表象システムとする人が，聴覚のよく発達した人に比べて，ギターのチューニングに苦労することはままある。

　ふたつめは，ひとつの感覚モダリティを使って体験の大半を表現することで，ほかの感覚系によって利用可能になる重要な（関連）情報を見落とす——すなわち，表現しそこなう——という状況である。そうして見落とした情報はしばしば，優位表象システムがもたらすものとは異なる性質のもので，問題となっているプロセスを理解して変化させるのに必要不可欠な情報を含んでいることがよくある。

　たとえば，結婚問題のカウンセリングを受けにきた夫婦のケースを見てみよう。夫のジョンは，妻のトルーディが自分を愛していると信じられず，それが問題になっていた。ジョンの優位表象システムは視覚である。トルーディは何度も彼に愛しているといっていて，彼もトルーディもそれを認めているのだが，彼はどうしても彼女の言葉が信じられないのだった。セッションですぐに明らかになったのは，トルーディがジョンへの愛情を表現するとき「顔をしかめる」ため，ジョンがそれを「嘘をついている」表情だと「見ていた」ことであ

る。そこでセラピストは，トルーディが使っていた心のこもった温かい声の調子と，彼女がジョンに触れるときの愛情たっぷりのしぐさとに，ジョンの注意が向くようにした。愛情の裏づけとなるこれらに向き合うと，ジョンの疑念は消えてなくなり，ジョンは不意に，それまでトルーディが触運動覚や聴覚を使ったやり方で，どれだけ自分への愛を「示してきた」かをすべて思い出しはじめた。

クライエントが選択肢を増やし，他の表象システムに注目して，それを利用できるよう手助けする際に，メタファーをどのように利用するかについては，第Ⅳ章で説明した。

表象システムによる気づきの範囲が狭まることの3つめのデメリットで，たぶんもっとも重要でもあるのは，体験に関する有意な**内的**側面を見落とす傾向が生じるということだ。ストレスの対処に関わる問題の根底には，通常，**過去の学び**がある。そうした学びの各体験は，たとえ意識的にはひとつかふたつのモダリティでしか認識されなかったとしても，発生時にはすべての感覚系で表現され保存されている。

その最初の体験が同型の体験という形で――意識的に取り出されたにせよ，環境内の手がかりによって呼び醒まされたにせよ――繰り返し喚起されるたびに，当人は意識的あるいは無意識的に，その最初の体験を思い描いている▶4。思い描かれたこの表象はある種の「行動」と結びついている。この行動は「情動」と呼ぶこともできる（たとえば，激怒，悲哀，高揚，恐怖，好奇心など）。

ところが，人はしばしば，自分の「感情表出」に結びついている表象には気づかない。そのためにクライエントはセラピストのところにやってきて，「自分はそういう状況になると必ずそんなふうに感じて，そう感じたくないと思っているのに，そう感じるしかないようなんです」，「ただもう，しょっちゅう落ち込むんですが，理由がわからなくて」，「彼にそのことをいおうとするたびに，なぜだかそうできなくなって……何かがわたしを押しとどめるんです」などと打ち明けるのである。

以下のチャートは，わたしたちがこれまでに論じてきた「問題形成」のプロセスをさらに深く説明している。チャートで注目していただきたいのは，第Ⅱ章SECTION 2の「同型性」で既に説明しているとおり，最初の体験に関する

有意な出来事のみが，同型体験内に同じ表象と結果を喚起するのに必要だという点である[5]。また，同型の体験に追加される要因(パラメータ)は，最初の体験の情動／行動と一貫した情動／行動を生み出すかもしれないし，生み出さないかもしれないこと，そうした情動／行動のいずれかひとつが，ほかの明示的な情動／行動より重要かもしれないし，そうでないかもしれないということにも注目していただきたいと思う。

	最初の体験	
体験のパラメータ	体験の表象	体験の結果
出来事1 出来事2 出来事3 〜	種々の適切な表象システム で表現される 出来事1 出来事2 出来事3	情動／行動 "X"

↓
やがて発生するのは……
↓

	同型の体験	
体験のパラメータ	体験の表象	体験の結果
出来事1 出来事2 出来事B 出来事C 〜	適切な表象システムで 表現される 出来事1 出来事2 出来事3 〜	情動／行動 "X" および
	種々の適切な表象システム で表現される 出来事B 出来事C 〜	情動／行動 "Y"

わたしたちが問題の発生様式として開発してきたモデルが正確だとすれば，変化が起こりうるプロセスには3つのポイントがある。

第一の選択肢は，体験のパラメータ——すなわち環境——を変え，問題に付随して起きる出来事をなくすか，付随する出来事群が同時に起きないようにすることである。したがって，キューとなる出来事が「人物」の場合は，その人との縁を切るか，その人を避けることが解決法になる。もし付随する出来事群に，「愛情を込めて語ること」と「ある特定の表情をすること」が——ジョンとトルーディのケースのように——含まれていたら，このふたつの出来事が絶対に同時に起きないようにすることが解決法になる。

環境を変えることは，変化を発生させる効果的な戦略になるが，同時に，その根底にあるふたつの前提に厳しく限定されてもいる。前提のひとつめは，付随する出来事がわかっていること，もっといえば，それらを知りえること，ふたつめは，当事者が環境をコントロールできることである。妻を信じられなかった夫の例では，キューとなる出来事のひとつ——「妻が日中にしたこと」など——は，夫や妻，**あるいは**セラピストに明白でなかったかもしれないし，妻は，セラピストが提案することや夫がしてほしいと思っていることを断じて拒否するかもしれない（第Ⅱ章での適格な目標に関する論考を思い出そう）。

第二の選択肢は，クライエントの変化を手助けする際に，体験の結果を変え，特定の出来事群に直面しても，以前のような「感じ方」をしないようにすることである。この戦略を使うと，たとえば，アルコール依存のクライエントにも，アルコールを摂取したときに猛烈な不快感を感じさせることができる。あるいは，環境内のある状況に苛立っていたクライエントも，訓練によって同じ状況でリラックスしたり幸せな気分になったりできるようになる。さらには，その出来事を見たり，聞いたり，感じたりできなくなる——否定的に幻覚を体験する——ことも可能である。

第三の選択肢は，セラピストが手助けして**クライエントが自分の体験の表わし方——すなわち表象——を変えられるようにし，付随して起きる出来事がそれまでとは異なる情動的**（行動的）**結果に至るようにすることである**。変化を発生させる戦略として表象を変えることには，先のふたつの戦略と比べて（少なくとも）ひとつ，きわめて大きな長所がある。先のふたつが双方とも，もち

うる環境的／行動的選択肢の数を**制限する**のに対して，**第三の戦略は利用可能な選択肢の数を増加させる**という点である。

　ある体験の表わし方を変えると，環境の一部を取り除いたり仕切ったりする必要を回避し，別の場合に役立つとわかっているような情動／行動をレパートリーから削除しないで済む上に，その「いまいましい」出来事への対応方法として，新たな選択肢が手に入る。どうすればこの戦略をもっとうまくやり遂げ，どうすればそれをメタファーで役立てられるかを説明するために，わたしたちはこれからサブモダリティの世界に降りていかなくてはならない。

SECTION 2
サブモダリティと体験

　いずれの表象システムも，システム自体のレベルでは感じ方のさまざまな特徴は伝えない。その代わりに，各表象システムは，その知覚的組織をもっと小さくて目立たない識別単位に分割し，そのひとつひとつが，体験の特定の特質に沿った情報をコード化する役割を果たしている。小さくて目立たないこれらの識別ユニットが**サブモダリティ**である。たとえば，視覚のサブモダリティには，色，明るさ，形，動き，質感などがある。聴覚のサブモダリティには，音の高さ，強さ，パターン，位置，音色などがある。▶6

　あなたが誰かに，ごく普通の体験を話してほしいといったら——あるいは，自分自身のそうした体験を描写するとしたら——相手もしくはあなたはたぶん，まず体験全体を「象徴する」単語を使うだろう。**動揺**する，**両手**を見つめる，**音楽**を聞く，**花の香り**を嗅ぐ，などである。しかし，こうした種類の単語は，今話している体験の「カテゴリー」のみを特定するだけで，体験そのものの性質を描写しているとは到底いえない。そこで，何を感じ，見，聞き，嗅いでいるのかをきちんと**具体的に**いうように再び指示すると，今度はたぶん，サブモダリティの観点から体験を描写するだろう。以下は上記の例について，ありそうな具体化とサブモダリティの特徴を挙げたものである。

体験のカテゴリー	体験	サブモダリティ
動揺する	目の奥に**圧力**を感じ，胃が**締めつけられ**，**熱っぽい感**じです。	**触運動覚**：深い部位への圧力，温度
両手を見つめる	そうですね，両手は少し**荒れている**ように見え，**赤み**が差しています。今，双方を**こすり合わせ**ています。	**視覚**：質感，色，動き
音楽を聞く	音は**柔らか**だけれど，テンポは**速く**，主に**高音が続い**ています。	**聴覚**：強度，パターン，高さ
花の香りを嗅ぐ	そのにおいは**きつくて**，どちらかというと**甘い**。	**嗅覚**：濃度，香り

　体験は，サブモダリティのレベルで発生する。したがって，サブモダリティのレベルで変化を起こせば，体験も同様に変化する。図に表すと以下のようになる。

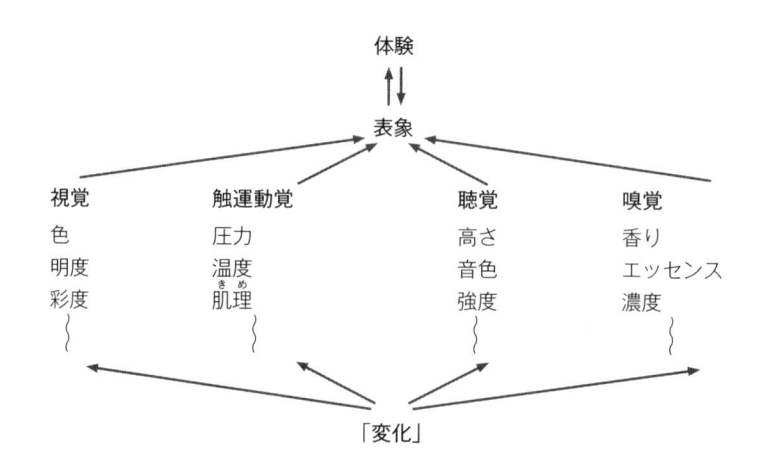

```
                    体験
                    ↑↓
                    表象
        ↗       ↗       ↖       ↖
      視覚    触運動覚    聴覚     嗅覚
       色     圧力       高さ     香り
      明度    温度       音色    エッセンス
      彩度    肌理       強度     濃度
       〳      〳        〳       〳
        ↘      ↘         ↗       ↗
                   「変化」
```

この段階までに指摘してきた重要なポイントは以下の2点である。

❶ 体験――そして問題――は，それ以前の体験から同型的に再生される。
❷ 体験は，サブモダリティのレベルで表現される。

この2点はいずれも，以下のように整然と，かつ簡潔に説明することができる。

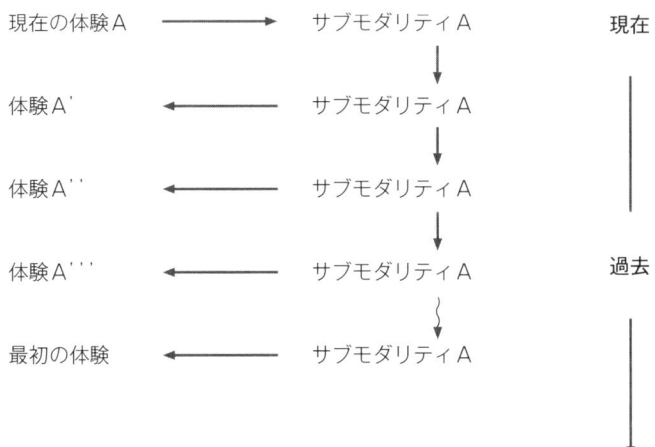

```
現在の体験A    ――→    サブモダリティA         現在
                         ↓
体験A'         ←――    サブモダリティA
                         ↓
体験A''        ←――    サブモダリティA
                         ↓
体験A'''       ←――    サブモダリティA         過去
                         〜
最初の体験      ←――    サブモダリティA
                                                ↓
```

実際の例を使うと次のようになる。

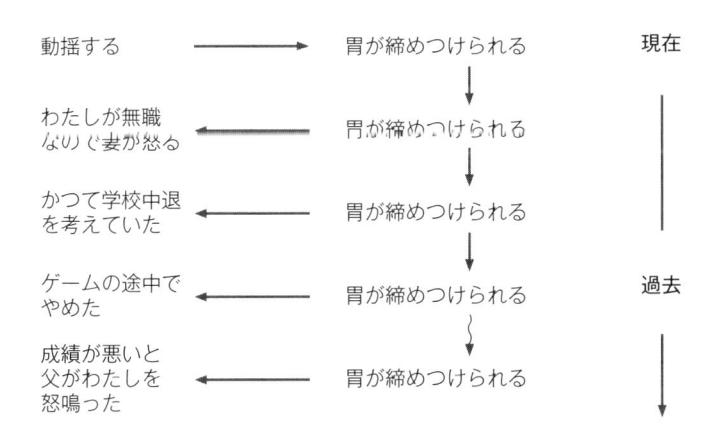

```
動揺する            ――→    胃が締めつけられる       現在
                              ↓
わたしが無職         ←――    胃が締めつけられる
なりで妻が怒る
                              ↓
かつて学校中退       ←――    胃が締めつけられる
を考えていた
                              ↓
ゲームの途中で       ←――    胃が締めつけられる       過去
やめた
                              〜
成績が悪いと         ←――    胃が締めつけられる
父がわたしを
怒鳴った
                                                     ↓
```

クライエント（もしくは，今はあなた）が次に，自らにとって重要な情動／行動——たとえば「動揺」——を示したら，上で説明したような形で，その体験を具体的に描写するよう指示する。そうすることによって，その体験を構成するパーツという面から，すなわち，サブモダリティの観点から捉えることができるようになる。

　続いて，その描写においてもっとも重要なサブモダリティの特徴だと思われるものを選び，クライエントに，自分にできるやり方で——どういうやり方でもかまわない——それを強化してもらってから，その感覚，イメージ，音，においを頼りに時間を遡り，それと同じものを感じ，見，聞き，嗅いだ過去の体験に戻るよう指示する。そして，相手がその体験について語ったら，そのつど，さらに過去に遡って，別の体験に戻ってもらう。

　これを繰り返したのちに，結果として得られた一連の各体験がどういう構造になっているのかを調べると，**それらがすべて同型である**ことに気づくはずである（前図の矢印は「〜を引き起こす」と読むこともできる）。

　サブモダリティに過去の体験を呼び出す力がどれだけあるかについて，30歳のある女性——便宜上，「リリィ」と呼ぶ——が，きわめて印象的な例を提供してくれた。リリィは，わたしが行なったトレーニング・ワークショップの参加者として，あるサブモダリティから別のサブモダリティへのオーバーラップという概念に触れて好奇心をそそられ，それを試してみることにした。というのも，物心ついたときからずっと，「不安」という厳しい呪縛にしばしば自由を奪われてきたからだった。

　リリィのこうした呪縛には，激しく震え，顔に赤みが差し，冷や汗が出て，内的なイメージを描くことができなくなるという特徴があった。リリィはとりわけ視覚優位だったため，彼女にとって，内的イメージが描けないというのは「明晰な思考ができない」という意味だった。

　こうした呪縛ははっきりした理由もなく発生するように思えることもあったが，たいていは，いつもの日課に邪魔が入ったときに生じていた。いつ，どこで，どのようにして自分のこの行動が始まったのか，彼女には皆目見当もつかなかった。

　リリィは，前回心底不安になったときのことを思い出し，その感覚を強化し

て，そのイメージを描いてみた。頭に浮かんだのは暗い巨大な廊下だった。廊下沿いには黒ずんだ戸口がいくつかあり，一方の端には，明かりの点いた戸口があった。彼女その戸口まで廊下を歩いていき，とてつもなく大きな台所を覗き込んだ。台所の揺り椅子に座っていたのは彼女の母親で，やけに大きな体に見える母親は，赤ちゃんだったリリィの妹をあやしていた。これを思い出すと同時に，ほかの記憶がどっと押し寄せてきた。妹が生まれたあと，自分が事実上二度と母親に抱いてもらったり撫でてもらったりしたことがないことを思い出したのである。

リリィは自分のイメージがあまりにはっきりしていて，しかも細部にまで渡っていることに驚き，それを絵に描いて母親のところにもっていった。母親は当惑した。リリィが2歳までしか暮らしていなかった家の様子を正確かつ詳細に描いていたからである。

SECTION 3
サブモダリティに見られる等価性 ── 共感覚

わたしたちは通常，さまざまな感覚系はいずれも，体験の一領域のみを支配していると考えている。しかし，より正確を期すのであれば，わたしたちの感覚はいずれも，**環境刺激**のある領域を識別することができるという言い方をするほうがいい。視覚，聴覚，触運動覚，嗅覚は，それぞれ異なる種類の環境刺激を監視するが，**その情報を，それとよく似た種類の体験に組織化もする**。組織化する際のこうした種類が，サブモダリティと呼んでいるものである。したがって，表象システムは，各々が監視する環境刺激という点では特異的だが，それらが行なうことのできる知覚の識別という点では，たいてい等価である。たとえば，4つの表象システム──視覚，聴覚，触運動覚，嗅覚──はすべて，「位置」と「強度」というサブモダリティの情報を提供することができる。表象システムのサブモダリティがどのように等価であり，どこでそれらが「交差する」のかを特定することができれば，サブモダリティのレベルで変化を起こすための戦略を立てることができる（サブモダリティ・レベルは，これまで見てきたとおり，どのような形であれ実際に変化が生じるレベルである）。

次の表は等価のサブモダリティを示したもので，付録として報告した研究で得られたものである。

視覚	聴覚	触運動覚	嗅覚[7]
色	高さ	温度	香り
明度	音量	圧力	濃度
彩度	音色	肌理(きめ)	エッセンス
形	パターン形成	形	—
位置	位置	位置	位置

これらのいくつかは実験的に立証されている（特に，色と音の高さとの関係，色と温度の関係，明度と音量との関係，および位置[8]）。そのほかは，著者がクライエントにそれらを使ったときの経験を基盤にした直観によるものである。

わたしが行なったこの研究には，数多くの実験が含まれているが，その中で被験者は一貫して，より強大な音をより明るい光，より強い圧力とマッチさせている。こうした一致はきわめて強い一貫性を示しているため，非常に正確に説明することができる。別の研究では，スペクトルの低周波域末端にある色は「温かい」と知覚される一方，青色側にある色は，それに比べて「冷たい」と知覚されることが明らかになっている。同様に，スペクトルの赤色側は通常，低い可聴音と結びつき，青色側は高い可聴音と結びついていることもわかっている[9]。

こうした発見は，実験関連の雑誌でしか知ることができないわけではない。日常生活においても，聴こうとする意志，見ようとする意志のある人なら誰でも，これらのみならず，もっと多くを聴くことができ，見ることができる。熱源につながるボタンは赤く塗ってあるのに対して，公共機関の建物には落ち着いた青や緑が用いられている。リラクセーションを目的とした場所は照明が抑えられ，音楽も音が絞られているのに対して，刺激を目的とした場所は，ライトが煌々と灯り，騒がしく，たいていは混み合っている。

こうした等価のサブモダリティは，遺伝的に備わったものなのか，学習したものなのか，あるいはその双方なのかは別として，わたしたちがこの世界をど

う体験するかを左右する一要因である。つまり，多くの場合において，ある感覚系のサブモダリティと別の感覚系のサブモダリティとは直接相互に関係し合っているのである。

　複数のサブモダリティが相互に連絡し合う状況には，もうひとつ——そして，たぶん前者より一般的な——「交差」がある。「交差」は，ある種類のあるサブモダリティが別の種類のあるサブモダリティと結びついたときに発生する。これについてもまた，実験による立証や個人的な観察によって，文化規模の例を無数に挙げることができる。

　たとえば，音が高くなればなるほど，音源は視覚空間のより高いところにあるように聞こえる。同じ光でも，より高い音と組み合わせると，明るさが増したように見える。物体は，重さを変えずに，より大きく見えるようにすると軽く感じられる。赤い物体は，同じ重さの緑の物体より重く感じられる。言語表現にも，「明るい音」，「柔らかな色」，「毳毳(けばけば)しい色」，「多彩な音」，「重い音」などがある。

　体験のさまざまな種類の中から知覚的に等価なものが対になるこのペアリングは，等価のサブモダリティと交差で説明することができる。このことを明らかにする方法がある。先ほど，サブモダリティの特徴には同型の体験を通して過去に遡る力があることを説明したが，その方法を使うのである。

　まず，友人かクライエントに，先ほどと同様，ひとつのサブモダリティを使って時間を遡り，同型の体験を取り上げてもらう。3つ，4つ出てきたら，次にあなたが相手に代わって，そのサブモダリティを他の表象システムの等価のサブモダリティの特徴と交換する（たとえば，胃が締めつけられる→大きな叫び声，赤→低い音，冷たい→高周波の色や音，高い音→明るい光，など）。そこで，あなたの行なった交換が相手にとって適切なものだったかどうかを，相手に訊ねる。もし適切でなかったら，今度は相手に，自分で交差を行なうよう指示する。たとえば，「では，その胃の締めつけですが，それから何かイメージを思い浮かべましょう……何が見えますか？」といった具合である。

　交差がうまくできたら，この新しいサブモダリティの知覚を利用して，同様の感覚，イメージ，音，においを体験した別の時点にまで時間を遡るよう指示する。その結果，新たに引き起こされた一連の過去の体験に，元のサブモダリ

サブモダリティの交差を利用して同型の体験を引き起こす

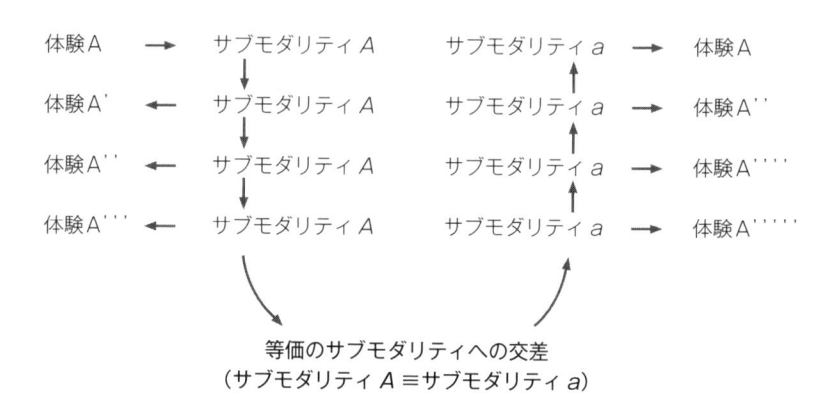

体験A	→	サブモダリティA		サブモダリティa	→	体験A
		↓		↑		
体験A'	←	サブモダリティA		サブモダリティa	→	体験A''
		↓		↑		
体験A''	←	サブモダリティA		サブモダリティa	→	体験A''''
		↓		↑		
体験A'''	←	サブモダリティA		サブモダリティa	→	体験A'''''

等価のサブモダリティへの交差
（サブモダリティA ≡ サブモダリティa）

サブモダリティの交差を利用して同型の体験を引き起こす

動揺する	→	胃が締めつけられる		大きな叫び声	→	動揺する
		↓		↑		
わたしが無職なので妻が怒る	←	胃が締めつけられる		大きな叫び声	→	かつて学校中退を考えていた
		↓		↑		
かつて学校中退を考えていた	←	胃が締めつけられる		大きな叫び声	→	ハイキングの旅に出たが，一日だけでやめた
		↓		↑		
成績が悪いと父がわたしを怒鳴った	←	胃が締めつけられる		大きな叫び声	→	理科の成績が悪いと先生が怒った

等価のサブモダリティへの交差
（胃が締めつけられる ≡ 大きな叫び声）

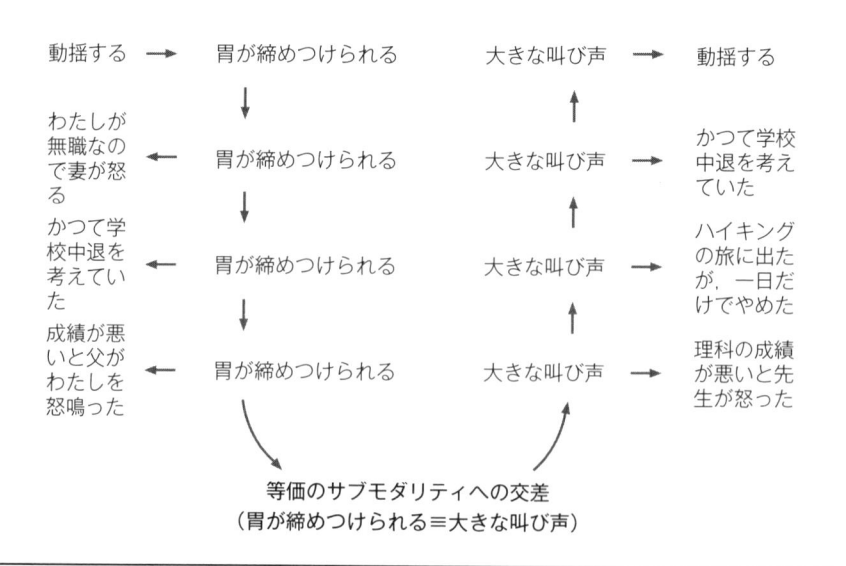

ティの特徴が使われて引き起こされた体験の一部あるいは全部が含まれていること，以前含まれていなかった体験は，元の一連の体験と同型であることが明らかになる。

　この重要なプロセスは，142ページに図解してある（この図でも，矢印は「～を引き起こす」と読むことができる）。

　交差し合う等価のサブモダリティのこうしたペアで，経験的な一致を示すものは，**共感覚パターン**としてまとめることができる。「共感覚」とは，ある感覚モダリティで生じた感覚が，パターン化された知覚的体験を別の感覚モダリティに引き起こす力のことである。こうした共感覚パターンのいくつかは，個人間に絶えず発生して強制力をもち，見たところ変更もできそうにないため，最終的には遺伝的に「備わったもの」の一部だと証明されるかもしれない（たとえば，より高い音の音源を，視覚空間のより高いところに置く傾向。Pedley and Harper, 1959参照）。ほかにも数多くの共感覚パターンが文化的に重要な特徴として学習されているのは明らかである（たとえば，色と温度の対応。ただし「赤い－熱い」は除外される可能性がある。Berry, 1961参照）。

　これまでわたしたちが共感覚をもつ個人とのワークで気づいたこと，また，今後あなたがこれらの概念を使いはじめることできっと気づくはずのことがある。これらは，ある文化に属するたいていの人，あるいは，すべての人に共通する共感覚パターンではあるが，同時に，各個人はその人独自の交差パターンをもっていることも明らかにしているという点である。「共感覚タイプ」に分類されるのは，鮮明で一貫した感覚交差パターンを，自らの知覚体験の日常的状況として意識的に自覚している人である（既にお気づきだろうが，わたしたちは皆，程度の差こそあれ「共感覚タイプ」であり，個人差は，共感覚体験の多様性や強度，一貫性の程度によるものだと思われる）。

　共感覚タイプに見られる共感覚パターンで簡単にアクセスできるものを定義するとき明らかになるのは，個人間に一貫したパターンも多少はあるが，交差パターンの大半は個人の好みの問題だという点である。共感覚タイプ以外の人に見られる共感覚パターンは，さらに捉えにくく，しばしば無意識であり，かつ，**おそらく**さほど広くは認められていないのだろうが，こちらもまた，そのほとんどが個人の好みの問題である。

SECTION 4
サブモダリティ，共感覚，変化

　サブモダリティがどのように働くかを理解するのに必要な概念は得られたので，いよいよ，その概念を治療効果のある変化とメタファーに応用しよう。体験がサブモダリティのレベルで発生していることは既に述べた。換言すれば，わたしたちが「体験」——「識別」，「思考」，「気づき」など——と呼んでいるものは，一般的定義が可能なありふれた実体ではなく，さまざまなサブモダリティの**その人固有の**「布置」(constellation)である。[10]
　「好奇心」にまつわるあなたの体験と「好奇心」にまつわるわたしの体験とが充分な数のサブモダリティの特徴を共有している場合，たぶんふたりは似た体験について考えているといっていいだろう。しかし，ふたりの布置には，個人的に重要なサブモダリティがいくつか含まれているため，ふたりが完全に同一の体験について考えているのでは**ない**ことも確かである。
　個々の体験が発生するのはサブモダリティのレベルであり，したがって，選択肢を増やすことのできる継続的な個人的変化が実際に生じるのもこのレベルである。サブモダリティの理解は，そのような変化をもたらすために，ふたつのやり方で活用することができる。
　第一に，表象システムを移行させる際に，共感覚パターンを使ってその移行を発生させるという点で有用である。第Ⅳ章で説明したように，交差によってほかの表象システムに移行することの利点はふたつある。ひとつは，潜在的に重要な情報の新たなソースを提供できるようになるということ，今ひとつは，望ましい体験により一層ふさわしい表象システムを利用できるようになるということである。
　治療用メタファーのコンテクスト内でこのような変化を達成するための戦略は，本質的に，表象システムを変えるときに用いられるものと同じである。重要な違いは，ある表象システムから次の表象システムへの交差が，既に存在する共感覚パターンの橋を使って円滑に，かつ包括的に行なわれるという点だ。あるシステムの特徴を形成しているさまざまなサブモダリティと，そのシステ

ムと別のシステムとを結ぶ共感覚パターンを特定するだけで，それらの特徴が別のシステムにつながるのである。第Ⅳ章で紹介した表象システムどうしの単純な変換とは異なり，サブモダリティ・レベルでの表象システムの変換では，新旧**双方**のサブモダリティの特徴が効力をもったままになる。この状況は望ましいことが多い。というのも，いかなる知覚の特徴もなんらかのコンテクストで役立つからだ。

　以下は共感覚パターンの例である。

① 彼女は赤いリンゴを見ているうちに，体が温かくなるのを感じはじめた。

　　赤い《視覚》
　　　→温か《触運動覚》

② ……彼が叫び声を大きくすればするほど，空は明るくなった。

　　大きく《聴覚》
　　　→明るく《視覚》

③ ほどなく彼は，自分の脈がドラムのビートに合わせて拍を打っているのを感じた。

　　ビート《聴覚》
　　　→脈《触運動覚》

④ 彼女の香水はじゃこうの香りがとても強く，濃い色のヴェールが顔にかかっているように感じられた。

　　じゃこうの香り《嗅覚》
　　　→濃い色《視覚》
　　　→かかっている《触運動覚》

⑤ あのトランペットの耳障りな音を聞くたびに，彼女はどんなに瘤や痣や擦り傷ができても，がまんしつづけてきたことを思い出すのだった。

　　耳障りな《聴覚》
　　　→瘤，痣，擦り傷《触運動覚》

⑥ そして毎年，声が少し低くなると，彼は目標を少し下げていった。

　　（声が）低くなる《聴覚》
　　　→（目標を）下げて《視覚》

　サブモダリティ・レベルにおけるこうした表象システムの交差をメタファーに組み入れる方法は，単純な表象システムの変化をメタファーに組み入れる場合とほとんど同じである。すなわち，重要なサブモダリティでの交差を，橋を架ける戦略の一部として発生させ，解答内の変化を，少なくとも一部分はそうした交差に付随するものにするのである。そのようにすれば，交差されたサブ

モダリティは，重要であると同時に価値のあるものとしてリフレーミングされる。そのプロセスは以下のように図示できる。

```
     メタファー                    解答
                        橋を架ける戦略        目標
   元のサブモダリティ            共感覚
       の特徴       ────→     パターン    ────→  選択肢
        A                      A⇄a              A, a
        B                      B⇄b              B, b
        C                      C⇄c              C, c
        ⟨                      ⟨                ⟨
```

　続いて，サブモダリティを利用して包括的かつ継続的な変化の達成を手助けする第二のやり方である。サブモダリティを使い，相手が**選択肢を制限している特定の重要な体験の表象を変える**のを手伝うのである。

　これは簡潔にいえば，まず，選択肢を制限している体験を見きわめ，次に，それを特徴づけているサブモダリティを特定し，そうしたサブモダリティのいくつかを変更する，というプロセスをたどる。どのような恒常性システムもそうだが，その問題体験を構成しているさまざまなサブモダリティは，その変更に適応するために相互の関係を変えざるをえなくなる。その結果生じるのは新たなシステム，すなわち，新たな体験であり，したがって，新たな情動／行動である。

　これは，ずば抜けて強力なサブモダリティの利用法である。何がこの戦略をそこまで強力で包括的なものにしているのかを理解するためには，少しあと戻りをして，「問題」発生のプロセスを表わした最初の式（SECTION 1，133ページ）と，共感覚パターンを利用して同型の体験を引き起こすプロセスを表わした式（SECTION 3，142ページ）を見直す必要がある。このふたつを結びつけることで得られるパターンは，以下のような形式をもつものになる。

- 現在の（限定的な）体験には，その結果として，ある特定の情動もしくは行動がある。

- 体験は，サブモダリティ・レベルでの知覚の特徴を表わしたものであるため，「現在の体験」は，「ひとつの特徴を示すサブモダリティの布置」と定義することができる。
- サブモダリティのこの布置は，時を遡っていくと，同じような情動的結果／行動的結果を伴う同型体験を繰り返し引き起こす。
- このプロセスは最終的に，最初の体験について，より完全に近い表象を引き出す。

このプロセスを式にすると，以下のようになる（矢印は「〜を引き起こす」と読むこともできる）。

有意なサブモダリティの布置	体験	結果
V_1, V_2, K_2, A_3 ←	現在の限定的な体験 →	情動／行動 X
↓↑		
V_1, V_2, K_2, A_3 →	同型の体験 →	情動／行動 X
↓↑		
V_1, V_2, K_2, A_3 →	同型の体験 →	情動／行動 X
↓↑		
$V_1, V_2, V_3, K_1, K_2, A_1, A_2, A_3, O_1$ →	最初の体験 →	情動／行動 X

限定的体験の生成過程を表わしたこの図には以下の3点が暗示されていることに注目しよう。

① コンテクストがさまざまに変わっても，これらの体験はすべて，処理されるという点，同じ結果を発生させるという点において，本質的に同一である。
② こうした同型体験の再発を可能にしているのは，サブモダリティの各布置の間にある同一性である。

③ 体験は，それぞれがそれに続く体験を生成し，かつ，その前の体験を《再生する》ため，それら同型体験のいずれかひとつに変化が生じると，残りすべてにそれが広がる。

そして，いうまでもなく，体験を変化させるということは，サブモダリティを変化させるということである。

したがって，体験を特徴づけているサブモダリティの布置を変えるだけで，満足できない（選択肢の限られた）体験の歴史を，たったの一撃で変えられるのである。どのような閉鎖システムでもそうだが，ある特定の布置に属するさまざまなサブモダリティは，機能の点で恒常的であるため，そうしたサブモダリティのいくつかが変化すれば，**システム**そのものも変化することによって順応しなくてはならない。同様にして，その上位システムは，構成員である一布置が配置を変えたり，消失したり，拡大・縮小したり，分裂したりすれば，平衡を保つために変化せざるをえなくなる。そうなったとき，その布置は間違いなく，元とは違って見える。

ここで問題になるのは，サブモダリティの布置を変えるには，どのように取り組むのがベストなのかという点である。主な戦略はふたつ，ひとつは，サブモダリティを次元内で変化させること，今ひとつは，共感覚パターンを利用することである。

✤次元内のシフト

たいていのサブモダリティは実は，体験のもつさまざまな**次元**である。したがって，サブモダリティの一特徴とは，あるモダリティのある次元内の，ある位置の明細である。

たとえば「**赤**」は，**色**という視覚的次元の一方の端に近いところに，「**青**」はその反対側の端に近いところにあると見られている。同様に，触運動覚の次元である**圧力**は，一方の端の「軽い」ものから反対の端の「重い」ものまで，その範囲が広がっている。

サブモダリティによっては，範囲をもたないものもあるが，それらは代わり

に，目立たない質的な単位から成っている。これらの例としては，視覚や聴覚，触運動覚が捉える**形**や**パターン**，聴覚が捉える**音色**，嗅覚が捉える**香り**などがある。

したがって，ひとつのサブモダリティ内で変化を起こす場合，セラピストは，クライエントがその次元内のある位置／ある「質的単位」から別の位置／別の「質的単位」に移動するのを手伝うだけでいい。以下はこの戦略をうまく活用した例である。

デボラはサブモダリティの戦略によく通じたカウンセラーで，スティーヴは彼女のクライエントだった。青年スティーヴの問題は，独りになるとひどく淋しくなり，自分は必要とされていないと感じることだった。デボラはスティーヴに，「淋しくなり必要とされていないと感じている」ことをどのように知るのか，最後にそうなったときのことを思い出しながら自分の表象システムを使って自らをチェックし，正確に詳細を説明するよう指示した。

すると，サブモダリティの特徴が見えてきた。彼は，「少し前かがみになり，両腕で自分を抱き締め，まったく身じろぎすることなく立ち尽くしている」自分を見ていた。そのイメージは「白黒」で，その中の自分は「寒そう」に見え，実際「寒い」と感じていた。また，胃が「空っぽ」だとも感じていた。

カウンセラーは確認のため，「空っぽ」の胃の感覚を使ってスティーヴに時間を遡らせた。スティーヴはほかにもたくさんの経験にたどり着いたが，それらは皆，同型であることがわかった。そこで，デボラは彼に，自分自身のイメージを念入りに観察し，自分の感覚によく注意するようにいい，さらに，そのイメージを——彼女の合図で——**カラー**に変えるよう指示した。

イメージに色を加えたとたん，イメージの中の彼はすぐに回転しはじめ，ダンスをしはじめた。彼の体の感覚も変わり，彼は，自分には「しなくてはならないことがいっぱいある」こと，独りでいる時間は，楽しんでできることをなんでもできる絶好の機会であることに気づいた。

彼は，その後ほんのしばらくの間は，淋しくなり必要とされていないと感じるたびに，例の白黒の自分のイメージを見ていることに不意に気づいた。しかし，それをカラーに戻すことによって，気分はたちまち良くなり，すぐにも何かをしようという気持ちになることができた。やがて，彼の行なったカラーへの変更はほかの部分にも充分に広がり，淋しい，必要とされていないという気持ちは，はっきりそう望まないかぎり湧いてくることはなくなった。

　この話は，わたしたちがこの SECTION 4 で考察してきた重要ポイントと，サブモダリティを次元内でシフトする戦略を見事に説明している。例の中で，デボラはスティーヴに，サブモダリティの観点から「問題」を具体的に説明するよう指示し，彼の体験の触運動覚的要素を手がかりにして過去の体験に入っていく。そのようにして得られた体験がすべて，彼の「問題」と同型であったということは，スティーヴの説明したサブモダリティの布置が彼の体験を正確に表わしていたことの証左である。
　デボラはその後，変化を発生させるサブモダリティ（色）を選択し，スティーヴが自分のイメージを「白黒」から「カラー」に変える間に，その他のモダリティも彼にモニターさせることによって変化を達成している。その結果，彼は自分の情動／行動に関する新たな選択肢に接触することになった。彼が自力でこれまでとは違う行動を取り，それに応じて過去の体験を再生するにつれ，この体験は，その後何日かかけて全体に浸透していった。
　では，治療用のメタファーにこの戦略を組み込むにはどのようにしたらいいのだろう？
　次元内のシフトをメタファーに利用する戦略は，既に概説してきたものと本質的には同じだが，ひとつだけ異なっている点がある。それは，クライエントに次元内シフトを発生させるよう指示する代わりに，**変化を発生させる体験や，変化を既に発生させた体験を，メタファーの形でクライエントに提供する**という点である。
　たとえば，デボラは，終日**窓のブラインド**を閉めたままにしている青年の話をしたかもしれない。ブラインドが閉まっているので，「内側」にあるものは

黒ずんで，さえない色に見えた。ある朝，青年が鏡に映った自分を見ていると，ブラインドが不意に上がり，部屋の中に陽光があふれた。そして青年は本当に久しぶりに，自分の着ている服のさまざまな色や，髪の毛や肌の微妙な色合いなどに気づいた。デボラはこのあと，「青年」があの色鮮やかな朝の結果として体験した日々の生活の変化を語るだろう。

　以下は，次元内のサブモダリティ・シフトをメタファーに組み込む手順である。

❶ 問題を特定する。すなわち，クライエントにその体験をサブモダリティの観点から具体的に描写してもらう。
❷ 問題が解決したときの状態，すなわち，クライエントは自分の体験がどう変わってほしいと思っているのかについて，その詳細を特定する。
❸ ❶と❷を基に，変化させるサブモダリティを選択する。
❹ その次元内の元の位置をメタファーに組み込む。
❺ 橋を架ける戦略の中に，変化を予期した次元内シフトを組み込む。
❻ その位置で，「変化」を発生させる。
❼ 新たな体験の観点から，次元内シフトをリフレーミングする。

❖ 共感覚によるシフト

　SECTION 3 では，共感覚パターンの概念を紹介した。感覚系がサブモダリティ・レベルにおいて，きわめてパターン化の進んだ形で相互に作用し合っていることは，実験的証拠や経験的証拠によって反証できないほどに証明されている。サブモダリティ間に見られるこうした交差パターンの多くは，特定の文化圏内の——すなわち，神経学的につながっていたり，文化的に限定されていたりする——たいていの人びとに共通している。そのほかの共感覚パターンの多く——たぶん大半——は，独自の世界モデルで動いている各個人特有のものである。

　治療効果のある変化というコンテクストにおいて共感覚パターンが重要なのは，それによってある表象システムから別の表象システムへと優雅にかつ効果

的に移行することができるからだ。共感覚パターンの利用によってあるサブモダリティから別のサブモダリティに優雅にかつ効果的に交差できるのは，その移行が，あるシステム内のあるサブモダリティから別のシステム内の**等価の**サブモダリティへの移動によって行なわれるからである。

　その際に利用される双方のサブモダリティの特徴は，同一の知覚体験ではないながら，それらのパターンをもつ個人にとって機能的には同一であるという点で等価であり，それゆえわたしたちも，等価のサブモダリティは互いに同型であるとして，話を進めることができるのである。換言すれば，それらは知覚レベルにおいて，「問題状況」と「ストーリー」がメタファー・レベルで働くのと同じ形で働くということになる。

　以下の例を使って順にタスクを行ない，そのつど自分の得る結果に注意してみよう。

- 片手で握りこぶしを作り，そのまま目を閉じて，握った手の感覚から色をひとつ浮かび上がらせる。
- 色をひとつ――想像したものでも，視野内にあるものでも――選び，それを見つめた状態で，頭の中に聞こえる音を，それから響かせる。
- 今あなたの周囲にある音のひとつに耳を傾け，その状態のまま，その音をなんらかの身体感覚の中に埋め込む。

　あなたが今やり終えたのは，あなただけの3つの共感覚パターンを自分で確立する行為であり，以下は結果の一例である。

《触運動覚》
「握りこぶし」

《視覚》
「赤（?）」

《視覚》
「赤（?）」

《聴覚》
「低いハミング（?）」

《聴覚》
「やかんが沸騰する音（?）」

《触運動覚》
「両脚の緊張（?）」

わたしたちの知覚体験は，すべてではないにしても，その大半はなんらかの形で別の感覚系と交差している。こうしたパターンは，治療というコンテクストではどのように利用できるのだろう？
　あなたはセラピストとして，自分のクライエントには表象システムの変化がなんらかの役に立つだろうと判断することがよくあるだろう。たとえば，触運動覚優位のクライエントがセラピストに，「わたしはどうしても，早めに手を打てるようになる必要があります……いつも足元をすくわれてばかりなんです」といったとしよう。このクライエントが自分の内的なイメージにはほとんど注意を払わないことを理解し，内的なイメージの構築が「早めに手を打つ」優れた方法だと知ったセラピストは，メタファーを利用し，「早めに手を打つ」のに役立つ視覚にクライエントを方向づけようと判断する。治療は，メタファー内部で表象システムを切り替えるだけでも充分かもしれない。しかし，共感覚パターンは，確実にふたつのシステム間を優雅に移行できるようにするだけではなく，クライエントが自分自身でその移行を一度のみならず何度も行なえるような戦略を，クライエントに与えることができる。
　計画を立てようとしている上の触運動覚優位のクライエントを例に，以下のふたつの移行を比較してみよう。

（A）表象システムの切り替え
　　彼は構築の次の**ステップ**をまったく**把握**できませんでした。やがて，不意に何をすべきかが**はっきり見え**……

（B）共感覚の交差
　　彼はつまずき，一瞬立ち止まりました。そして，ひと息入れるために，その構造体に両手を置き，目を閉じました。そして，《その表面に手をはわせていると，心の目にそれが見えはじめました》。しかし，それは完全なイメージではなかったため，彼は自分の楽しみのために，そのイメージにいろいろ追加しはじめました。縁(へり)に手をはわせることで，頭の中のイメージ内で境界を区切ることができました。同様にして深さも追加しました。さらに，ざらざらした表面で指を遊ばせていると，そのイメージの中に，

とげや溝，ざらざらの肌理を見ることができました。まさにそのときです，彼は不意に，《次に取るべき処置を見る》ことができました。

例（B）は，《どのようにして》ふたつの表象システム間に橋を架けるのかを，共感覚の交差の形で説明している点が優れている。

共感覚パターンは，サブモダリティの次元内シフトと結合させると，他者の変化を助けるためのきわめて効果的な方法を提供する。以下は，このふたつを結合して利用する例である。

　　以前わたしのワークショップに受講者として参加したある紳士——便宜上「ベン」と呼ぶ——は，何か新しいことをしようと考えるたびに「不安」になるのをやめたいと思っていました。ベンにとってこれがとりわけ難しかったのは，仕事で責任のある地位にあり，かなり創造的な意志決定を必要とされていたからでした。
　　わたしはベンに，前回心底不安になったときを思い出してもらい，その時点に遡って，その体験を描写するよう指示しました。ベンは，「胃と胸が締めつけられ，首が緊張している」感じがして，「頭の両側を押さえつけられているような気がする」と説明しました。ほかの感覚系の表象はまったくありませんでした。
　　いうまでもなく，彼は長年，こうした感覚を自分で変えようとして失敗を繰り返していたので，わたしは共感覚パターンを利用して，ベンには，ほかの感覚系で変化を起こしてもらうことにしました。
　　わたしは彼に，胃が締めつけられるその感覚を強化し，それと同時に，その感覚から視覚的イメージを思い浮かべるよう指示しました。彼は浮かんだイメージを，「すごく大きな緑色の風船で，その両側は少し平らになっている」と説明しました。そこで今度は，その緑色の風船を見つめつづけ，わたしが合図したら，そのイメージを白黒に変えるよう指示し，その間ずっといかなる変化も見逃さないように，といいました。
　　わたしが合図をすると，ベンは2，3回目をパチクリさせたあと，背筋を伸ばして微笑みました。彼はいいました。「イメージが白黒になると，

風船はしぼんで小さくなり……緊張感がなくなりました。不安が消えています！」
　そこで、わたしは彼に、何か新しいことをしようとして不安を感じた過去の別の時点に何箇所か遡るようにいい、それぞれの様子をまずカラーで見たのちに、わたしの合図で白黒に変えるよう指示しました。いずれの場合にも彼の「不安」は消え去り、その記憶はもはや元の影響力を彼に及ぼすことはありませんでした。この新しい学びはその後さらに利用され、彼の未来の行動の一部となっていきました。

　上記の例で注目していただきたいのは、ベンの「不安」感と、その共感覚イメージとの間にある際立った相関関係である。こめかみに圧迫感があるのに似て、想像上の風船の「両側は少し平らになっている」。また、イメージは単にカラーだというだけでなく、**具体的な色**、すなわち「緑色」である。
　ベンのために選択された共感覚によるシフトは、胃の締めつけという**感覚**を取り上げ、それから**イメージ**を引き出すことだった。彼はこの移行を行ないながら、「形」と「色」というふたつの視覚的サブモダリティの中に交差していった。ふたつの感覚系のそれぞれにおける表象はベンにとって等価（同型）であるため、彼が「色」の次元を変化させたとき、「締めつけ」という触運動覚の次元もそれに応じて変化したのである。
　注目すべきは、シフトに応じて発生する変化が**具体的に**何になるかは、前もって知ることができなかったという点である。どのサブモダリティを交差させ、どんな次元のシフトを行なうのかの選択は、主に、セラピストであり人間であるあなたの体験と直観が決める問題である。たとえば、ベンのケースでは、カラーを白黒にする代わりに、「緑」を「赤」に変えたり、風船を「ピラミッド」に変えることも可能だった。
　ベンに用いた共感覚によるシフトを図示すると、次の3段階になる。

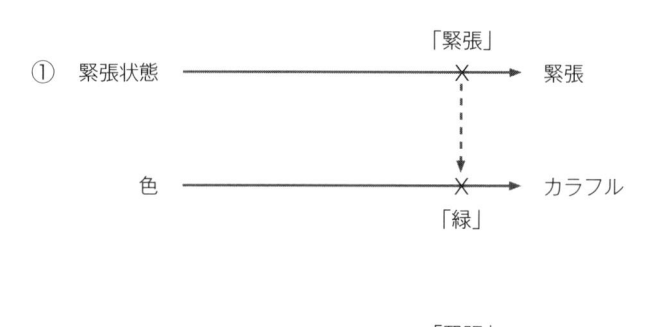

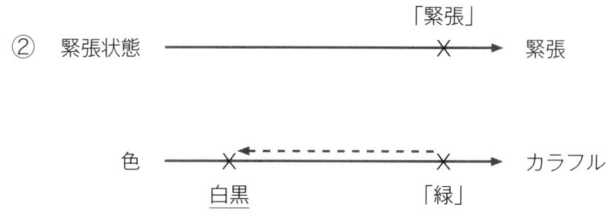

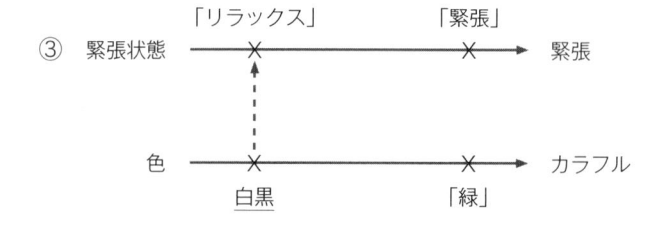

① 緊張状態 ──────────×──────→ 緊張
                    「緊張」
                      ↓
  色 ──────────────×──────→ カラフル
                    「緑」

② 緊張状態 ──────────×──────→ 緊張
                    「緊張」

  色 ──────×←─────×──────→ カラフル
         白黒   「緑」

③ 緊張状態 ─────×──────×──────→ 緊張
           「リラックス」 「緊張」
              ↑
  色 ─────×──────×──────→ カラフル
         白黒   「緑」

上記の3段階を組み合わせると……

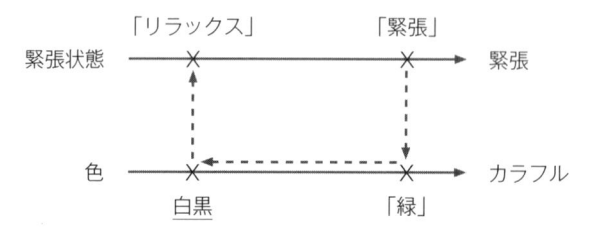

緊張状態 ─────×──────×──────→ 緊張
         「リラックス」 「緊張」
            ↑   ↓
色 ─────×←─────────×──────→ カラフル
         白黒   「緑」

さらに注目すべきは，白黒に転換したとき変化したのがベンの緊張感だけではないという点である。ベンのイメージの中にあった風船も変化し，「しぼんで小さく」なっている。ただし，風船の形は変わったわけではない。これを前の図に加えると，以下のようになる。

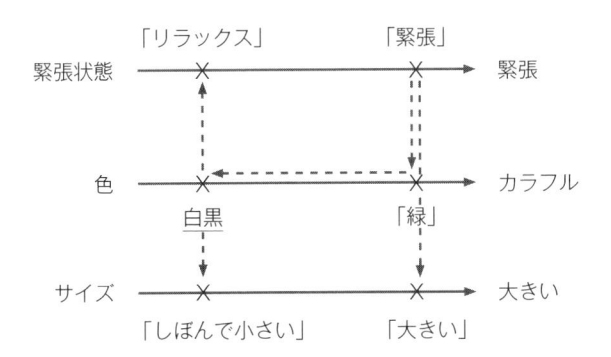

```
              「リラックス」      「緊張」
緊張状態 ────×──────────×────── 緊張
              ↓          ↑
              ↓          ↑
   色 ────×←─────────×────── カラフル
            白黒         「緑」
              ↓
              ↓
  サイズ ────×──────────×────── 大きい
          「しぼんで小さい」  「大きい」
```

　やはり，ある布置内でサブモダリティの次元をひとつ変化させると，その布置内の他のサブモダリティも，一部もしくは全部が，それに適応するためになんらかの形で変わらなくてはならないのである。
　ある体験の表象を変化させようとするクライエントを，共感覚によるシフトを利用して手助けするときの戦略は，以下のとおりである。

❶　クライエントが自分の「問題」体験を，関わっているサブモダリティの観点から具体的に特定できるよう手助けする。
❷　どのサブモダリティを交差させて変えるのか，どの感覚系（もしくはサブモダリティ）に交差していくのか，どのような次元内シフトを行なうのかを，自分の直観と経験を活かして選択する。
❸　元のサブモダリティを強化しつづけるよう指示した上で，新たな感覚系（もしくはサブモダリティ）にクライエントを交差させる。
❹　新たなサブモダリティの次元を，クライエントに変えさせる。

　この戦略は，すぐにも調整してメタファーに利用することができる。踏む段

階は同じだが，❶と❷はクライエントから情報を集めている間に行ない，❸と❹は，そうする代わりに，メタファーという媒体を通じてクライエントに提供する。メタファーの中でこれをどのようにするのか，ベンのケースを使って簡単な例を挙げよう。

　……ある日彼は，自分がとても窮屈な場所にいることに気づきました。もちろん行動を起こすべきときでしたが，彼は何をしたらいいのかを決めることに縛られすぎて，何もしませんでした。問題は彼にのしかかる一方となり，彼には，自分がどういう苦境にいるのかが見えはじめてきました。そして，じっと状況を見ていると，目の前がたくさんの色でいっぱいになりました。それらは彼の前でぐるぐる回り，鮮やかに舞っていました。やがて，ゆっくり……ゆっくり，色は薄らいでいき……すっかり消えて白黒になり，それこそが彼のすべきことだということを，彼にはっきり示したのです。それはどこから見ても，彼が次に打つべき手でした。彼は不思議なくらい自由な気持ちになり，それらの処置を取ったのです。……

上の例では，サブモダリティの配列は以下のようになっている。

　……とても窮屈な場所……
　……行動を起こすべきとき……
　……縛られ…何もしませんでした……
　……のしかかる…苦境にいるのかが見え……
　……見ていると…色でいっぱいになり……
　……色は薄らいでいき…白黒になり……
　……どこから見ても…次に打つべき手…不思議なくらい自由な気持ち…そうした処置を取った……

❖どういう場合に共感覚を利用できるのか？

　人を助ける立場にいるあなたを相手が探し出したのは，相手が自分の世界モ

デルを広げたり豊かにしたりするのを手伝ってくれる人を探していたからである。わたしたち人間が抱えるたいていの問題は，個々の世界モデルのもつ特定の制限に起因している可能性がある。

　たとえば，ある人は，熱いストーブの上部に触れて火傷を負ったために，どんなストーブにも近づいてはいけないという一般化を行なうかもしれない。この人は，自分の世界モデルに新しくこれを加えることによって，将来確実にストーブで火傷を負うことはなくなるだろう。しかし，自分ではストーブを使えなくなるという意味で，限界も設定されてしまう。

　世界モデルを発展させるこのプロセスは，嘘つきの夫に「男なんて信用してはいけない」と「教えられた」妻や，高圧的な父親に「雇い主の前では縮こまっていなくてはならない」と「教えられた」息子，しょっちゅう約束を破る両親に「希望なんて忘れてしまえ」と「教えられた」子供が使うものとなんら変わるところがない。これらはすべて限定的モデルの例であり，そうしたモデルを学んで使っている人に固有のものであることが，あなたにははっきりとわかっている。

　万人に共通するモデリング・パターンは，優位表象システムと特定の体験用の特定の表象システムとを個人的に進化させていくということである（ここまでの4パラグラフで簡単に述べたことはすべて，前出の種々のSECTIONで既に何度か述べた内容であることは承知している。しかし，これらの概念が繰り返しに耐えるのは，それらが治療的な介入のバランスを取るための，まさに支点を提供するからである）。

　では，表象システムと共感覚パターンの理解は，他者の変化を助ける際にどのように利用できるのだろう？

　共感覚によるシフトの利用がとりわけ役立つのは，クライエントの体験を別の感覚系を使って描くことによって，その表象を広げるときである。治療目標を達成するには，クライエントが自らの行動をこれまでより広い視野で捉えられるようにならなくてはならないことが頻繁にある。そうできるようになれば，「問題」処理にさっと使える情報が増えるからだ。

　このことが特に当てはまるのは，問題体験がひとつの感覚系でしか表現されていないケースである。ベンはその好例になる。ベンがわかっていたこととい

えば，何か新しいことをしようとするたびに「不安」を**感じ**はじめるということだけだった。彼は，自分のその体験と結びついている内的なイメージや声，においにいっさい気づいていなかった。このベンに役立つのは，不安という感覚と内的なイメージとを結びつけることだろうとわたしは感じた。というのも，彼の行動から，彼は自分の気づいていない内的なイメージに苦しんでいることがわかったからだ。

そうしたイメージは，意識的な気づきの外側にある間はベンの感覚に影響を与えつづける可能性がある。しかし，いったんそれらを「見る」ことができるようになれば，それらとどう取り組むかについて，彼は数多くの選択肢を自由に使えるようになる（それらの目標を変える，それらを「消す」，それらを漫画化する，それらをリフレーミングする，などといったことができるようになる）。

ベンが自分の「不安」体験に視覚を含めるのを手伝うために，わたしは彼に，共感覚を使って触運動覚から視覚にシフトしてもらった。彼はいったん内的なイメージを描くという選択肢を手に入れるや，感覚と実際に視覚化した場面とをかなり簡単に結びつけられるようになった。共感覚パターンはこのように，体験の表象に別の感覚系を含めるときに利用できる。

共感覚によるシフトは，ある体験を，より**適切な**表象システムに移行させるために利用することもできる。いかなる体験にも絶対的に「正しい」システムというものはないが，ほとんどの人に，ある特定の体験にはある感覚系のほうがふさわしいということがよくある。

たとえば，わたしのクライエントに建築の勉強を始めたばかりの男性がいたが，彼もベン同様，触運動覚がきわめて優位であり，内的なイメージにはほぼまったく気づいていない状態だった。彼には自分の体の動きを感じ取るこの上なく優れた能力があり，そのおかげで卓越した製図を作成し，きわめて創造的な設計をすることができた。ただし，これは，想像した建築物の表面と「作動機構」を言葉で描写する場合に限った話であって，創造したものを実際に図面に引く段になると，ひどく支障を来たした。彼には，建物の**感じ**を建物の**外観**に移行する手段がなかったのである。

その彼が，触運動覚の感覚から等価の視覚のイメージへと体系的に移行する共感覚パターンを使い，とうとう内的な視覚を「構築する」ことができるよう

になり，その結果，自分の感覚を楽にイメージで表現できるようになった。そのあと頭の中で見たものを紙に描くのはきわめて簡単だった。あなたもきっと，同じように不適切な感覚系を使うことで自分自身を限定している知人やクライエントを思い出すことができるだろう。

　共感覚によるシフトを有効に利用できる3つめは，**異なるふたつの体験を同じ感覚系で表現する**ことが有用だと判断した場合である。ここでいう「異なる」体験とは，実のところ，**同時に表現された正反対の——もしくは少なくとも相容れない——体験**のことである。普通，ふたつ以上の相容れないことを同時に体験（表現）しようとすれば「行き詰まる」。すなわち，一貫性を保った状態でいずれかの選択肢を実行することができなくなる（実験として，内容に興味をもってこのパラグラフを読みつづけながら……**同時に退屈する**ことができるかどうか，やってみよう）。

　自分が行き詰まっていることに気づくのは，通常，不意に「問題」を抱え込んだときである。「行き詰まり」を示す文法的特徴（シンタックス）は接続詞の「でも／〜が」で，これは実際に口に出ることもあれば，暗示に留まることもある。「リラックスしたいんです**が**，しなくてはいけないことが山ほど目について」，「彼女を愛したいんです。**でも**，愛していません」，「この頭痛が起きないように自分の体に気をつけなくてはいけないことはわかっています……（**でも**）頭痛が起きて当然なんです」など。

「リラックスしたい」と「しなくてはいけないことが山ほどある」とが問題になるのは，それらを同時にしようとするからだ。同時ではなく，適切な状況下であれば，このふたつはいずれも大きな価値をもちうる体験である。同時にしようとするから，一貫性のある情動と行動としての可能性と決定性とを互いに奪い合うのである。

　ここでセラピーのすべきことは，同時に発生している相容れない体験を取り出し，それらが順に並ぶようにすることである。そうすれば，各表象（体験）は，望まれたとき，必要とされたときに，自由に力いっぱいとことん働くことができる。

　（ところで，あなたの実験はどうなっただろう？……**実験はいったん《ストップ》しよう！**　さあ，あなたの実験の結果は？　次に，今度はまず，「どうしようもなく

退屈だと思いながら」同じところを読み，続いて「おもしろくてたまらないと思いながら」同じところを読み直して，何が起きる見てみよう）

　正反対の体験を自分で組織化するとき，その方法に見られる一貫したパターンは，相容れない体験を別個の感覚系で表現するというものである。概して人は，「家庭から離れたいような**気はする**」《が》，「留まるべきだという責任は**見定めている**」。この人に，対立するこれらの体験をそれぞれ順に描写するように指示すれば，前半は主に触運動覚の叙述語を使った描写になり，後半は主に視覚の叙述語を使った描写になるだろう。

　もうひとつ，「ビル」という名のクライエントの例を見てみよう。ビルの問題は，しなくてはならないすべての「事柄」について常時「不安を感じる」ことだった。ビルにとっての「不安」は，「そわそわして，緊迫感のある，吐き気を催しそうな胃の感覚」を意味していた。彼は自分の問題をさらに説明する中で，「不安を感じると，不安を感じたくないと思うんですが，自分のすべきことについてどうしても自分に『念押し』しないではいられなくなるんです」といった。具体的にどのようにして自分に念押しするのかを訊ねると，彼は，「頭の中の声を使っています」と答えた。

　ここで注目したいのは，すべきことを忘れないようにしておきたいビルのパートは聴覚を使って表現しているのに対して，ビルを諸事から切り離してリラックスさせたいパートは触運動覚を使って表現している点である。双方とも，**ある特定の状況では有用なパート**である。

　（今後は，クライエントや友人の体験，自分が自分に語る体験に耳を傾けるときには，そこで用いられている叙述語と，描写されている体験とを関連づけるようにしよう。そうすれば，やがてあなたは自分の波長をうまくそれらに合わせられるようになり，将来的には，相容れない体験とその表象とをすぐに識別できるようになる）

　この状況でセラピーのすべきことは，①相容れない体験が《順に並ぶようにする》こと，②それらにコミュニケーションの手段を与え，それらがその配列を保てるようにすることである。既に述べたように，相容れない体験は，それらが同時に発生するからこそ問題になる。あなたはたぶん，ひとつ屋根の下で，集団としては口げんかをし，個人，連れ合い，親子としては平穏かつ幸せに生きている他者と暮らしてきたのではないだろうか。

たとえばビルの場合，「不安」を感じることが役立つ場合もあるだろうと想像するのは難しくない（消化の悪いもの，あるいは有毒なものを飲み込んだ場合など）。頭の中の「声」も，要求された仕事をきちんとこなしていく方法を与えてくれるという点で役立つことがある。しかし，それらが同時に稼働すると，彼にとってはマイナスに働く。内的対話が差し迫った義務を念押ししつづけるため，ビルは不安になるのだ。そして，不安になればなるほど，義務を果たそうとする力も関心もそがれていく。こうなると内的警告はさらに増え，それにつれて不安も高まり，文字どおり**吐き気がするほど**これが繰り返される。

　相容れない体験を順に並べたら，残る仕事はそれらにコミュニケーションの手段を与え，同時にではなく，系統立って自己表現できるようにすることである。共感覚のパターンを使えば，これらを双方ともやり遂げられる。

　相容れない体験を順に並べ，それらにコミュニケーション手段を与えるという対の目標は，その相容れない体験を**同じ**感覚系に入れることによって共に達成することができる。それらの体験が共有することになる感覚系は，既に使ったものでも，まだ使っていない3つめの感覚系でもいい。この交差を行なうと，正反対の体験は自然に順に並ばざるをえなくなる。というのも，同じモダリティ内で同時にそれらを表現することはできないからだ（たとえば，「緊張」と「リラクセーション」を同時に感じられるかやってみよう）。さらに，それらは今や同じ感覚系にあるため，互いにコミュニケーションを取ることができるようになる。

　たとえば，ビルのケースでは，彼の一パートが彼の責任を訴える一方で，別のパートはリラクセーションの要求と連絡を取り合っている。ビルのこれらふたつのパートはそれまで別々のふたつの表象システムから稼働していたため，ビルは不幸にも双方を満足させようとし，いずれも失敗していたのである。

　しかし，わたしたちが手を貸して，たとえば，ビルが「リラックスしようとする」パートを聴覚で表現できるようにすれば，状況は一変する。ビルは，自分の責任を気にしつつ，同時にそれらに無関心でいることはできない。そして，ふたつの相容れないパートは今やひとつの表象システムを共有しているので，互いの存在を知らせる手段が手に入り，したがって調和した状態を保っていられるようになるのである（別の方法としては，ビルのふたつのパートを視覚の表

象システムの中で交差させることによって，それらに「観点」を与えることもできるだろう）。

　相容れない体験を順に並べて相手を助ける場合，基本的には，共感覚の交差を利用して，以下の戦略のいずれかを取る。

❶　一方の体験を他方の表象システムに移行させる。
❷　双方（すべて）の体験を，それまで使っていなかった表象システムに移行させる。

　クライエントは，変えたいと思っている体験を，自分の一パートとして描写する。共感覚の交差を行なう場合は，そのパートの描写に用いられているサブモダリティをシフトの対象に選択すれば，必ず介入の効果が高まることに気づくだろう。

　実際にメタファーを語るときには，使う共感覚パターンをまさに説明するような，そのパターン固有の変化を利用すれば，サブモダリティの交差が完成する。すなわち，あるサブモダリティである体験を描写していたのを，別のサブモダリティでその類似体験を描写するようにするだけでいい。ただ，**行なわれている変形について明らかにすることには慎重でなくてはならない**。例を挙げよう。

①　そして，リーサは非常にリラックスしていたため，声はとても穏やかでした。
②　赤い色の絵をいつも見ていたときのように，やはり彼はとても温かくなりました。
③　鐘になっているのは，生易しいことではありませんでした。鐘のひもをやたらに強く引っ張る人もいたからです。それに，いうまでもなく，強く引っ張られれば引っ張られるほど，鐘は大きな音で鳴りました。
④　注意深く聴いていると，どの音もそれぞれ異なる色を引き起こすらしいことに，ニールはすぐ気づきました。低音は濃い赤でした。ほどなく彼は目を閉じて，色のシンフォニーを観ることができるようになり

ました。
⑤ たとえ遠くからであっても、きらきら輝くその表面は、その物体の手触りがものすごくなめらかなことをローリに示していました。
⑥ くるんとカールしたその髪を見つめながら、これはどのくらい堅いんだろうと彼は思いました。そこで、手を伸ばしてそれをつかみ、カールを伸ばしてみました。それはまるで、バネを伸ばすかのようでした。
⑦ 彼はいつも凍えていました。彼が生きていたのは冷たい世界で、そこは、意外でもなんでもありませんが、やはり真っ青でした。しかし、彼はあまりに長くそこに暮らしていたので、今やすっかりその青に慣れてしまっていました。

いったん新たなサブモダリティへのシフトが行なわれたら、通常は、そのサブモダリティを使って描写することだけを考えて、そのあとに続く出来事や体験について語れば充分である。上記の例①であれば、交差の時点以降は、リーサの穏やかな声の観点から、状況に対する彼女の反応について語れば充分だということである（「彼は彼女を辱めましたが、彼女は落ち着いた声で返答しました」）。

ストーリーのいずれかの時点で、声のレベルがその次元内の「騒々しい」に変わったら、再びその声を、最初のサブモダリティ（触運動覚）と結びつけるのである（「不意にリーサは自分が彼に向って叫んでいるのを聞き、自分はそうするのをやめたいとは思っていないのだと知りました――それどころか、ひと言叫ぶたびに体の緊張が高まっていき、ついには、何か手を打たなくてはいけないことに気づきました」）。それ以降は、リーサがなんらかの変化を見せると、なんらかの結果が生じるようにしていく。

共感覚パターンをメタファーに組み入れる実際のプロセスはきわめてシンプルで明快だが、変化を起こすメタファーの潜在能力がどのようなものであれ、その潜在能力を高める力という点で、それはきわめて強力かつ包括的でもある。

では、ここでまたサミュエルの問題に戻り、メタファーの仕上げをすることにしよう。

SECTION 5
サミュエルのメタファー

サミュエルは，自分自身とケイトの状況を説明する際，以下のように話した。

その状況をどのように変えたいと思っていますか？
　　ケイトと一緒にいて，くつろぎたいんです。でも，顔を合わせると彼女が口論を仕掛けてくるので，わたしはすぐ，彼女に対して猛烈に腹を立てます。ふたりともひどく苛立ちます。

そういう状況になって猛烈に腹を立てたとき，あなたはどうするんですか？
　　そうですね，それを表に出さないようにします。表に出したら事態はさらに悪化すると思うからです。

前回あなたとケイトがひどい口論をしたときのことを思い出せますか？
　　はい。実は，つい昨夜のことですから。

わかりました。では，もう一度その体験を振り返りながら，体に感じたことをすべて，わたしにわかるように話してください。
　　えーと，なんかこう熱く感じるというか……顔がカッと熱くなるような感じで，体がこわばる気がしました。それから，奥歯を噛みしめていました。

頭の中に思い浮かべていたイメージはありますか？
　　う〜ん……そうだな。あったと思います。

では，どんなイメージだったか，わたしに説明してください。
　　ついにふたりが別れるというイメージがひたすら浮かんできました。わたしたちはとうとう頭に血が上り，お互いを殴りはじめるんです。ケイトがわたしに向かって叫び，わたしが怒鳴っているのが聞こえます。

そのあとどうなるんですか？
　そのあと，彼女が荷物をまとめて出ていき，わたしはただ，ぽつんとそこに座っています。

こういったことが起きていた間に，頭の中で別の声を聞いたという記憶はありますか？
　そうですね，はい……自分自身の声を聞きました。

なんといっていたか，どんな口調だったか，教えてください。
　わたしはひたすら，落ち着け，すべて丸く収まるから，と自分にいい聞かせていました……それから，しゃべる内容に気をつけろ，って。そんなようなことです。それと，わたしの声は，なんかこう穏やかというか……なんとか自分を落ち着かせようとしていたんでしょう。

　この短いトランスクリプトの中で，サミュエルは自分の問題状況の推移について，情報を多々提供しているだけでなく，その状況をサブモダリティ・レベルでどのように体験しているかも示している。彼は，「熱く感じ」，「体がこわばる気がし」，「奥歯を嚙みしめて」いる。また，一緒にいたふたりが互いを「殴り」合っているイメージ，その後，自分がぽつんと「座っている」イメージを心に描いてもいる。さらに彼は，ケイトが「叫び」，自分が自分に向かって「穏やか」な声で「落ち着け」といい聞かせているのを聞いてもいる。以上のことは，以下のように表わすことができる。

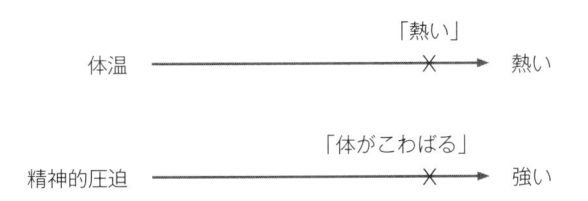

　　　　　　　　　　　　　　　「熱い」
　　体温　────────×────→　熱い

　　　　　　　　　　　　　「体がこわばる」
　　精神的圧迫　────────×────→　強い

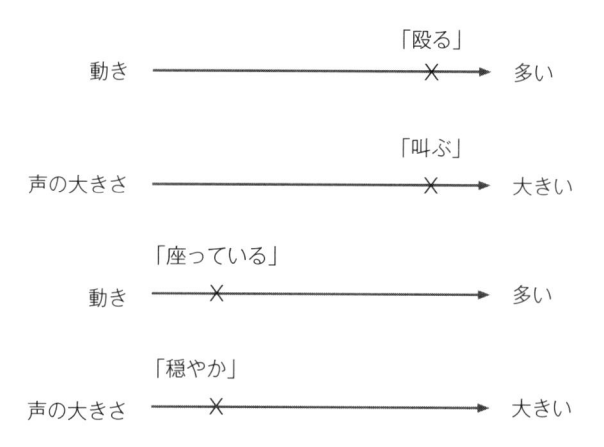

```
                        「殴る」
動き      ─────────────×────→ 多い

                        「叫ぶ」
声の大きさ ─────────────×────→ 大きい

           「座っている」
動き      ──×──────────────→ 多い

           「穏やか」
声の大きさ ──×──────────────→ 大きい
```

　この図にも彼の話にも示されているとおり，この状況における彼の体験は一貫性を欠いている。彼は「猛烈に腹を立てよう」とすると同時に「落ち着こう」としている。彼自身の話から推測できるのは，そのいずれもがうまくいっていないこと，また，彼が間違いなく不快なサイクルにはまって**行き詰まり**，それをどうにもコントロールできないと**見限っている**ことである。彼に力を貸し，彼が自分でそのサイクルを中断して，もっと満足のいく状況を作り出せるようにするために，わたしたちは共感覚の交差と次元内シフト双方を使うつもりである。

　サミュエルは，聴覚を使って自分自身を落ち着かせようとすると同時に，触運動覚と視覚を使って怒りを表に出そうとしている。その結果，一貫して落ち着いていることも怒っていることもできず，自分ではどうにもその状況を変えられなくなっている。ここでは，触運動覚への交差を使って，聴覚による体験から触運動覚による体験へと移行させる戦略を取る（彼が説明に使った声の大きさを表わすサブモダリティの「穏やか」と，精神的圧迫を表わすサブモダリティの「体がこわばる」を利用する）。

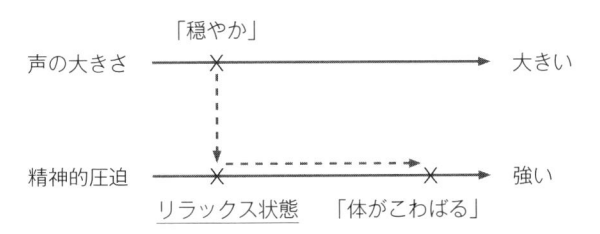

```
                    「穏やか」
声の大きさ ────────×────────────────→ 大きい
                    ┊
                    ▼
精神的圧迫 ────────×─────────×──────→ 強い
                  リラックス状態  「体がこわばる」
```

　このようにシフトすると，サミュエルは「リラックス状態」と「体がこわばる」状態を交互に**感じる**ことができるようになる。わたしはサミュエルが問題を説明するのを聞いて，彼の問題で重要なのは，ケイトとの言葉によるコミュニケーションに率直さを欠いている点ではないかと考えた。そこで，サミュエルが自分の考えをはっきり言葉で伝えられるよう手助けするために，今行なった共感覚によるシフトに，**リラックス状態**から「体がこわばる」状態への次元内シフトを組み合わせようと思う。このシフトには，聴覚による「穏やか」というサブモダリティの特徴も次元内でシフトさせる効果がある。ふたつは共感覚の交差で結びついているからだ（また，それゆえ，本質的に等価だからだ）。このプロセスは図に表わすと以下のようになる。

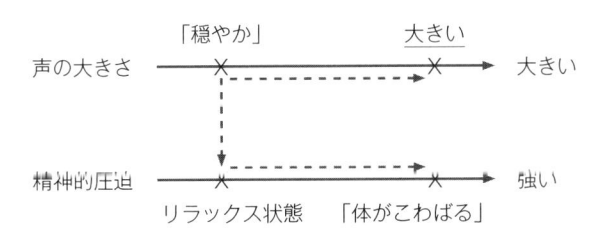

```
                    「穏やか」        大きい
声の大きさ ────────×────────────×──────→ 大きい
                    ┊            ↗
                    ▼         ／
精神的圧迫 ────────×─────────×──────→ 強い
                  リラックス状態  「体がこわばる」
```

　この戦略は，単に体験を順に並べるだけでない。サミュエルは，聴覚と触運動覚双方で使えるあらゆる反応をメタフォリカルに体験する機会をもてるようになる。その結果，彼の取りうる反応の範囲は新たに広がり（次元内シフト），そうした選択肢を順を追って利用できる状態にしておく手段も生まれる（共感

覚の交差)。

　サミュエルに役立つと考えられるサブモダリティの変換は，わたしたちがこれまでずっと開発してきたメタファーのモデルに沿って，以下のやり方で組み入れていく。

① 　メタファーの段階で，サミュエルは聴覚から触運動覚へと交差する。
② 　橋を架ける戦略の段階で，戦略の一部として，彼は**リラックス状態**から「体がこわばる」状態へと次元内シフトを行なう。
③ 　彼が怒鳴るという形で聴覚に戻ると，それに付随して変化が生じる。
④ 　目標の段階で，彼は，同一表象システムを共有する広範囲の行動を自由に使えるようになる。

メタファーの形式は次のようになる。

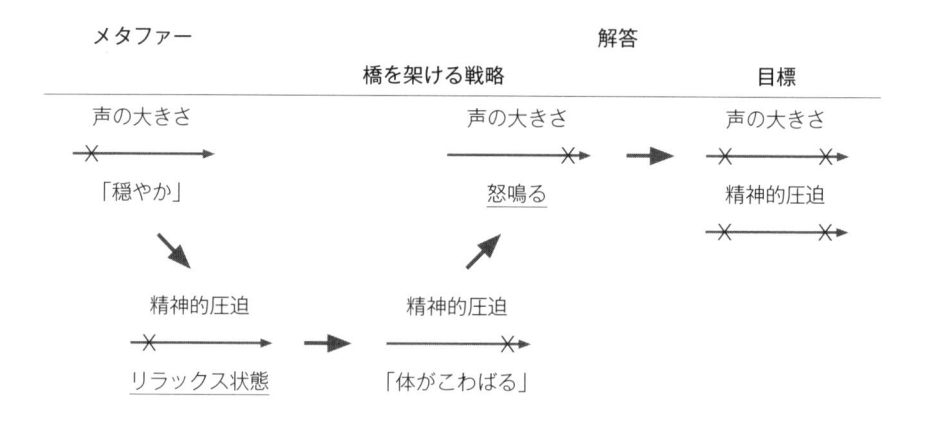

メタファー	橋を架ける戦略	解答 目標
声の大きさ ──✗──→ 「穏やか」 ↓ 精神的圧迫 ──✗──→ リラックス状態	声の大きさ ────✗→ 怒鳴る ↑ 精神的圧迫 ──────✗→ 「体がこわばる」	声の大きさ ──✗────→ 精神的圧迫 ──✗────→

では……

❖ サミュエルのメタファー

サブモダリティと交差

　アーサー王の有名な円卓の時代，イングランドにランスロットという名の道義心あふれる高潔の騎士がいました。間違いなく彼のことは聞いたことがあるでしょう。ランスロットの愛人は王妃グィネヴィアでした。実際，ランスロットとグィネヴィアは数多くの困難と勝利を共に味わってきた間柄で，とりわけ親しい友人どうしでもあり，互いを深く愛してもいました。

　ふたりは多くの点で似ていて，その他の点では大きく異なっていました。気晴らしや好物には共通するものが数多くあり，ふたりともそれらを楽しみましたし，ふたりとも会話をするのが大好きでした。ランスロットはそういう会話の最中には，いつも多少ためらうのでした。グィネヴィアがどういうことをいいたいのか，見きわめたいと思うからでした。もちろん戦場では無敵でしたよ。でも，グィネヴィアが相手となると，どうもそうはいかなかったのです。話そうと思うことが彼女より少なかったというわけではありません。ただもうグィネヴィアが，そこまでできるかというほど，高飛車で頑固だったのです。他方，ランスロットは穏や

穏やかな声で静かに話をし，そんなときは，

かな声で静かに話をし，そんなときは，自分がくつろいでいてリラックスしていると感じました。自分の声を聞いていると心が落ち着くことにもしばしば気づきました。ランスロットはよく独り言をいいました。「もしわたしの見方を聞くことが重要だとしたら，彼女は明らかに喜んでそうするだろうになぁ」

　一方は騎士で，他方は王族です。双方とも当然ながら数多くの役割と職務があり，それらに責任を負っていました。彼らは，面倒を見る必要のあることは適切に処理されるよう目を配りました。それぞれはそれぞれのやり方で国民の世話をし，幾多の点で国民の世話になっていました。ランスロットは自分のこの責務をおおいに誇りに思って見ていましたし，彼の万全の監視は，国民の敬意や好意，支持によって報われていました。彼はしばしばこういったことを語りながら，心がなごむ火の前で体を休めつつ，静かな会話に浸りました。

　実にランスロットの時間の大半は騎士としての職務に当てられましたが，彼はできるときには必ず，グィネヴィアとの時間を過ごすようにしていました。彼はグィネヴィアの顔が見たくて，たびたび城へ出かけていきましたが，そういうとき，主導権を握って，ふたりでどのように過ごすかを決めるのはたいていグィネ

自分がくつろいでいてリラックスしていると感じました……自分の声を聞いていると心が落ち着く……

こういったことを語りながら，心がなごむ火の前で体を休めつつ，静かな会話に浸りました……

ヴィアで，ランスロットはそれでいいと思っていました。ただもう，友人であり愛人である彼女といられるだけで幸せだったからです。こうした時間は彼ら双方にとって非常に特別なものでした。というのもふたりとも，ふたりの人間の間のこれほどまでに愛に満ちた親密な絆は相当な努力をしなければ結ばれないものであり，それゆえに，そうそうないものだとわかっていたからでした。

　そんなある日，ランスロットはアーサー王の御前に呼ばれました。王は疲れて重たげな目でランスロットを見ると，低い声でゆっくりいいました。「イングランドは再びおまえの働きを必要としている。知ってのとおり，我らは今，フランスと交戦中だ。そこで，イングランドと……わしは……おまえに頼みたい。かの国に赴き，戦場で陣頭指揮を執ってくれまいか」

　ランスロットはフランスに赴き，そうすることに幸せを感じました。彼は，自分には王国と自分自身に対する責任があり，それらは多くの点で，自分の他の役割の責任より強い光を放っていると見定めていたからです。彼の最大の後悔は，そうなるとグィネヴィアの顔を見る機会が減るということでした。

　彼はできるかぎり頻繁に帰国して，グィネヴィアの顔を見に行きました。しか

疲れて重たげな目で……見ると，低い声でゆっくりいいました……

し，グィネヴィアはひとりあとに残されたことを苦々しく思うようになりました。そこに気晴らしの喜びと楽しみはなく，ふたりの逢瀬は口論と緊張によって台無しになりました。かつては平静沈着を絵に描いたようだったランスロットが，今や神経をピリピリさせ，国民との関わり方まで異常に厳しくなりました。本国に戻るたびに彼の表情は険しくなっていきましたが，そういう中でも，表向きの言葉や行動はできるかぎり平静を保っていました。

　状況が破綻していく中，ランスロットは想像できることはすべてやって，ひたすら彼女を喜ばせようとしはじめました。しかし，グィネヴィアは，彼が彼女をなだめて喜ばせようとすると，そうしないときよりもさらに腹を立てるように思われました。そういうとき，彼女はたいてい，「どうして猫みたいにミャーミャーいうのをおやめにならないの？　ね？　**そこまで**飽きたのなら，ぐずぐずしていないで，いつでもフランスにお戻りなさいよ」などと，骨身にこたえることをいいました。双方がとても不快になりました。

　もちろんランスロットはフランスに戻りましたとも。彼は可能なときにはいつでもグィネヴィアの顔を見に戻りましたが，そうするたびに次第に大きくなって

口論と緊張によって台無しになり……
かつては平静沈着を絵に描いたようだった
……神経をピリピリさせ……厳しくなり
……表情は険しくなっていき……表向きの
言葉や行動は……平静を保って

次第に大きくなっていく互いの不快感……

いく互いの不快感と直面し，自分の訪問に対する期待感は少しずつ弱まっていきました。ランスロットは，もしふたりがこれまでの調子で会いつづけたら，いずれ別れることになるだろうと思いました。

　ある日，ランスロットはフランスでの戦いにうんざりし，再び帰国しようとフランスを発ちました。彼は意気消沈し，疲れ果てていましたが，グィネヴィアと一緒なら息抜きができるだろうと期待しました。しかし，ふたりが再会すると，また以前と同じ不快な状況を目撃することになりました。グィネヴィアは彼の真正面に座り，あれについて愚痴ったかと思うと，これについてぐずぐず泣きごとをいいました。ランスロットは体中の筋肉がこわばっていくのを感じました。と，そのとき，グィネヴィアが彼をからかいはじめました。彼は何度もたしなめましたが，たしなめるたびに怒りと葛藤で思わず怒鳴りそうになりました。

　そして，とうとうランスロットはこれ以上それに耐えられなくなりました。彼は不意に，サミュエル，立ち上がり，グィネヴィアの目の前で人差し指を立てて前後に振ると，怒鳴りました。「そこまでだ！　これはもう終わりにしなくちゃいけない！　マーリンの予言によれば，今度は**あなたが静かにして**，**わたしの話を聴く番だ**。振り返って見ると，今まで

ぐずぐず泣きごとをいい……

体中の筋肉がこわばっていくのを感じ……

怒りと葛藤で思わず怒鳴りそうになり……

立ち上がり，グィネヴィアの目の前で人差し指を立てて前後に振ると，怒鳴りました……！……

こういうことが起きるたびに，大声を張りあげて怒鳴りちらし，威圧してきたのは，明らかにあなただった。でも，今度はわたしがそれをする！ちょっとそこに座って，これからわたしがいうことを，耳を澄ましてよく聴くんだ」グィネヴィアは，ランスロットが意外にもこうして感情を爆発させたためにすっかりたじろぎ，おとなしく座って彼の言い分を聴きました。

 ランスロットは大声を張りあげながらその場を行ったり来たりし，身ぶりで気持ちを表わしつづけました。「見てのとおり，わたしはあなたから引き離されて少しも楽しくない。でも，自分のしていることが重要なことだというのもわかっている。そして，その結果，わたしたちはひどい不協和音を発している」ランスロットは両手を頭にやり，続けました。「わたしはこの問題に何か光明を投じられるような方法を捻り出そうと頭を悩ませてきたが，どうしたらいいのか，皆目わからない」

 それからランスロットはグィネヴィアの隣に座って彼女の腕に優しく手を置き，彼女の目をじっと見つめながら，冷静な力強い声でいいました。「たったひとつ，するべきだとわかっていることがある。あなたがわたしにとってとても大切だということ，わたしがあなたを愛している

！……座って……耳を澄まして……（ケイトにとっては，K→A）

爆発……

大声を張りあげ……

優しく……
冷静な力強い声……

ということ，わたしが遠くに行っているからといって，あなたを気にかけていないということにはならないということ，なぜならわたしはあなたを大切に思っているからだということ——これらをあなたに伝えなくてはならないということだ。ここにいようと，あちらにいようと，わたしはいつだってあなたのことを考えている。そして，ずっとあなたをそばに置いておけるものなら，そうしたいと思っている」

　これを聞くや，グィネヴィアの目に涙があふれ，彼女は彼を抱きしめました。「今までずっと」と彼女はつぶやくようにいいました。「あなたは，あっちに行っているときは，わたしを思うことなんて絶対にないと自分にいい聞かせていたの……しばらくわたしから解放されて，たぶん喜んでいるんだわって。でも，もう違うってわかったわ」　グィネヴィアは少しの間考え込んでいるふうでしたが，やがて指をぱちっと鳴らすと，微笑んでいいました。「ランスロット，憶えてる？　わたしたちが以前どんなふうだったか……」

「もちろんだよ」と彼は彼女の言葉を遮りました。「あまりに昔のことだ」

「あらまあ，何をぐずぐずしているの？　行きましょうよ！　わかってるでしょ，ランスロット，気持ちを引き締めないと，

あっという間にもうろくしちゃうわ。ほら，去年……」そして，ふたりは出かけていきました。グィネヴィアはお説教をしながら，ランスロットは大笑いしながら。

　いうまでもなく，それ以降，ふたりの愛と友情は深まりました。それどころか，ランスロットはふたりがこれまで以上に親密になったことを見て取りました。というのも，ふたりとも，サミュエル，人は自分が事態の進展をどう見ているかということや自分の感じたことをそのまま相手に伝えていいこと，伝えるのをやめなくてはいけない理由はまったくないことを学んだからです。ふたりの生活は再び美しいハーモニーを奏でるようになりました。彼は，なんらかの理由でまた緊迫した状況になったとしても，自分にはその成り行きにストップをかけるためのリソースがあり，方向を正せるのだということを理解しました。そして，ふたりは，以前のように一緒にいたいだけ一緒にいたわけではないけれども，今や一緒にいるときには，ふたりの時間を無駄にすることなく，かつてないほどに
　　互いに楽しく
　　　　過ごすようになりました……

また緊迫した状況になったとしても……

ストップをかけるためのリソースがあり……

第VI章
メタファーを利用する

PROLOGUE

E・B・ホワイト『スチュアートの大ぼうけん』より

「ネズミは、害になります」
「たしかにな。しかし、ネズミの目から見たら、毒こそ害になる。議長は、一つの問題のあらゆる面を見なくてはいけないのだ」
「先生は、ネズミの目を持っているんですか？」アンソニーがたずねました。「先生はちょっとネズミに似てますよね」
　スチュアートは答えました。
「ネズミといってもいろいろだが、わたしはドブネズミではなく、ハツカネズミの目を持っているといってもいいだろう。この二つはおおいにちがうのだ。わたしは、あらゆるものを見ることができるからね。その点、ドブネズミは気の毒だよ。明るいところには出てこられないのだからね」
「ドブネズミは、明るいところがきらいなんです」アグネス・ベレツカがいいました。
「それは、明るいところに出るたびに、だれかにけとばされるからだよ。もし何もされないなら、明るいところに出てきたいのかもしれないぞ。さあ、ほかに規則を考えられる人？」
　アグネス・ベレツカが手を挙げました。
「けんかをしないような規則があったほうがいいと思います」
「実際的とはいえないな」スチュアートはいいました。「男はけんかがすきなんだ。しかし、いい線まできてるぞ」
「つかみあいはいけないってことかしら？」アグネスがおずおずといいました。
　スチュアートは首を横にふります。
「そんなら、意地悪はぜったいにいけない、っていうのは？」ミルドレッド・ホフェンスタインがいいました。
「とてもいい規則だ」スチュアートはほめました。「わたしが議長でいるかぎり、ほかの者に意地悪をした者は、罰をくらうことになるよ」
「そんなの、うまくいきませんよ」ハーバート・プレンダーガストがいいました。
「生まれつき意地悪な人っているんです。アルバート・ファーンストロムはいつもぼ

くに意地悪をするもの」
「わたしは,この規則がうまくいくとはいっていないよ。でも,いい規則だから,ためしてみよう。今,ここでやってみるんだ。だれか,ほかの人に意地悪をしてみなさい。ハリー・ジェイミソンくん,きみがキャサリン・ステイブルフォードさんに意地悪をしてみなさい。いや,ちょっと待って。キャサリン,手に持っているのは何?」
「バルサム香の入った小さなクッションです」
「『すてきなあなた,いとしいあなた』って書いてあるやつかい?」
「はい,そうです」
「きみには,とてもだいじなものなの?」
「ええ,そうです」
「よし,ハリー,では,それをとりあげなさい」
　ハリーは,キャサリンの席に走っていって,小さなクッションをとりあげると,自分の席にもどりました。キャサリンは悲鳴をあげました。
「さて,そこでだ。議長は規則の本を見ることにする」と,スチュアートはいうと,本をめくるふりをしました。
「ほら,あったぞ。四九二ページだ。『意地悪はぜったいにいけない』と書いてある。それから五六〇ページ。『なんだろうと,かっぱらってはいけない』と書いてある。ハリー・ジェイミソンは,この二つの規則をやぶった。意地悪とかっぱらいを禁止する規則だ。さあ,ハリーがこれ以上意地悪になって,どうしようもなくなってしまわないうちに,立ちなおらせないと!」
　スチュアートは,ものさしをするするとすべりおりましたが,それはまるで,緊急出動のときに棒をすべりおりる消防士さんみたいでした。そして,ハリーのところへ走りました。ほかの生徒たちも立ちあがって,ぞろぞろとハリーをとりかこみます。
　スチュアートは,小さなクッションを返しなさい,と命令しました。これは試しにやっていることだと知ってはいたものの,ハリーはなんだかこわくなりました。そこで,あわててキャサリンにクッションを返しました。
「ほら,規則はうまくいったじゃないか」
　スチュアートはいいました。
「意地悪をしない,というのはすばらしい規則だよ」

E・B・ホワイト『スチュアートの大ぼうけん』
（さくまゆみこ訳,あすなろ書房）pp. 113-117

SECTION 1
語り方

❖ メタファーの趣旨は隠すのか，隠さないのか？

　メタファーを利用する際に，それが「治療効果をねらったもの」であるという事実を「取り繕おう」とする必要はまったくない。それどころかクライエントがメタファーの筋立てや登場人物と自分の状況との関係や一致点に気づいてもまったくかまわない。治療用メタファーの主な機能のひとつは，クライエントが森の外に出て，それまで自分がさまよっていた森を見られる機会を用意することである。一方，クライエントは，メタファーの意味を明確に把握する**必要**もなければ，意識して把握したりする**必要**もない。というのも，もしメタファーが真に同型であれば，必要なつながりや変化は無意識レベルで発生していくからだ。

　メタファーの意味は，クライエントが意識レベルで気づくほうが役立つのか，無意識レベルで気づくほうが役立つのか。これは，クライエントの気質と，セラピストが**習得した**スキルによって決まる（問題の本質そのものが重要要因になることはめったにない）。クライエントによっては，メタファーが暗示する変化やメタファーを通して体験した変化を実行することに対して，意図的にせよ意図的でないにせよ抵抗しそうだとわかる行動を示す者もいる。そうしたクライエントには，趣旨をわからないようにしたメタファーを使うほうが役立つだろう。変わりたいからと助けを**求めてくる**からには，そのように変わることに心から関心があるはずだと，つい思いがちだが，一部のクライエントにとっては，変化を促すカウンセラーの努力の裏をかくことのほうが簡単だったり，どうかすると，達成感が得られたり**も**する。

　趣旨を隠したメタファーは通常，「別の」患者や「ほかの」体験についての逸話，あるいは——もっと効果的には——ちょっと見にはなんの関係もなさそうな逸話という形になる。したがって，結婚に関する問題を抱えたクライエン

トは，セラピストの子供たちが一匹のカメをめぐってけんかをするユーモラスな話や，余談として，ある木に「実を結ばせよう」としたセラピストの苦労話を聴くことなるかもしれない。エリック・バーンの「イエスバット（はい，でも）」ゲームをするクライエントや，さんざんセラピストめぐりをして，自分の得意なやり方でセラピストをやっつける方法を身につけたクライエント，「無理やり」セラピーを受けさせられたクライエントは，見たところ関係なさそうなこうした発言に対する防備がほとんどない。しかし，自分が変わることに一貫して関心を抱いているクライエントについては，メタファーを使うときにその趣旨を隠す理由は――著者の経験では――まったくない。

　趣旨を隠したメタファーを使う際には，もうひとつ制約がある。同型のコンテクストと第Ⅲ，Ⅳ，Ⅴ章で説明した体験パターン双方を利用するスキルを，セラピストが**習得している**必要があるという点だ。「習得している」の書体が異なるのは，たとえば数学を学習するのと同じように，治療効果のあるメタファーの構築と利用は学習するものであることを再び強調するためである。

　まずは，関連する語彙と基本操作を学ぶ。つまり，「数」，「足し算」，「引き算」を学ぶのである。これらをマスターすると，もっと複雑な操作が加わる。「掛け算」，「割り算」などだ。そのあとには，「分数」，「負の数」などの細かい区別が続く。**そののちに**，微積分に進むのである。いずれの段階でも，新しい学習内容に取り組む間に，前段階の学びは無意識になり，手際よく処理されるようになる。

　したがって，メタファーを構築して利用しようとすれば，最初は必ず，集中と立案，趣旨を隠さないプレゼンテーションが必要となる。しかし，これらのスキルは，既に身につけているさまざまなスキルと統合されるため，メタファーの構築が，子供時代の出来事の回想と同様，ごく簡単に，ごく自然に行なわれるようになる。構築が簡単に行なわれるようになれば，メタファーの利用法についても，自由に選択肢を増やせるようになる。

　メタファーにサティア・カテゴリーや表象システム，サブモダリティを追加すると，思わぬ有用な結果が生じる。そのひとつは，こうした体験パターンは非常に微細なレベルで働くので，その発生や意味に気づくクライエントは，いるとしてもごくわずかであり――当然ながら，それらを理解するクライエント

も，いるとしてもごくわずか——だろうということだ。これはつまり，この微細なレベルで発生した変化だけで望みどおりの変化が起きる場合には，メタファーの趣旨を隠す隠さないは無関係だということである。

　例を挙げよう。著者は以前，非常に聡明で分別のある青年におとぎ話をしたことがあるが，話を聞いたあと彼は，「この話は好きではない」，「面白味がなく，見えすいている」といった。しかし，彼がその話をどのように受け取ろうとも，発生させようとした変化は**現実に発生した**。その変化は，表象システムとサブモダリティのレベルで重要な意味をもつものだったからだ。**おとぎ話自体は，そうした体験上のシフトを発生させるための手段にすぎなかった。**

❖おとぎ話か，逸話か？

　よくできたおとぎ話は現代のストーリーと同様，人に楽しみや感銘を与え，人を動かさずにおかないものであることが，経験からわかっている。おとなのためのおとぎ話だからといって，「面白味のないもの」である必要はない。ストーリーがおとぎ話になるのは，奇跡的な出来事や奇跡をもたらす登場人物のおかげであり，ときには，命のないものに人間の情熱を吹き込む力のおかげでもある。老若を問わず，救いの神(デウス・エクス・マキナ)に助けられたことのない者，特別な人や一風変わった人に会ったことのない者，さらにいうなら，車に話しかけたことのない者は，ほとんどいないだろう。また，おとぎ話は，もっとも基本的な構築レベルにおいても，同型性が明らかである必要もない。

　逸話も，おとぎ話といえばおとぎ話だが，通常はおとぎ話よりも短い上に，ごくありふれた出来事の中に「普通の」人びとが配されている。率直な提案——たいていはすばらしい意見——をするにしても，相手を楽しませるようなやり方でするならともなく，そうでなければ，逸話は多くの場合，趣旨を明らかにすることを避ける。

　例外は，「わたしの友人のジョンが……」と始める場合である。これはクライエントの問題を，形を変えて——もちろん解答を追加して——語るだけで，まるでそれが「誰か別の人」の問題であり，それが解決されたかのように語る方法である。たとえば，「2，3日前にここに見えたクライエントさんが，同

じような問題を抱えていましてね……彼がその問題をどう解決したかですが，それが実におもしろくて……彼がどうしたかというと……」といった具合に進めていく。

　これといくらか似ているのが，クライエントの問題にとって「たまたま」メタファーとなるようなおとぎ話なり逸話なりをクライエントに読んで聞かせる方法である。クライエントには，これは自分の子供たち（もしくは自分自身）のために書いたものだと説明し，クライエントの「感想」を聞かせてもらえるとありがたいと伝える。もし相手が常連のクライエントなら，前もってストーリー――もしくは少なくとも要点――を書いておいてもいい。実際に話を書くまでもなく，もしあなたが器用なら，白紙や無関係の書類の山から選んだものを「読む」という手もある。

　これらの例は，メタファーを創造的に利用する数多くの方法の一部にすぎない。趣旨を隠した逸話の利用は，メタファーのコンテクストや喩えを柔軟かつ創造的に選択するまたとない機会である。

　逸話を使ったセラピーの技に――たぶんほかの誰よりも――熟達しているのが，ミルトン・H・エリクソンである（Haley, 1967, Haley, 1973）。エリクソンの治療の様子を描写したものは――エリクソンがトランス状態のクライエントに次から次へとストーリーを語るだけでセッションがほぼ終わるというのがほとんどだが――面白いだけでなく，貴重でもある。以下の例は，メタファーを利用するエリクソンのすばらしい力量を伝えている。

　　　ある母親が電話で，10歳になる息子の毎晩のおねしょについて言ってきました。両親は，おねしょを治すためにあらゆることをしてきました。彼らは，私のところに文字どおり息子を引きずってきました。片方ずつ両親に手を引っ張られ，彼は足をばたばたさせてやってきました。彼らは診察室で彼をうつ伏せにしました。私は両親を部屋から出し，ドアを閉めました。少年はわめき散らしていました。
　　　少年が一息ついたところで，「なんてひどいやり方だ，こういう方法は好きじゃない」と私は言いました。これは彼を驚かせました。彼は息つぎする間，躊躇していたので，私はもっと叫んでもいいよと言いました。彼

が叫び，一息ついたとき，私が叫びました。彼が私を見たので，「私の番だ」と言いました。続いて私は「さあ，君の番だよ」と言いました。彼が叫びました。私も再び叫び，彼の番だと言いました。そして，「さて私たちは，順番を守ることはできるが，すぐつまらなくなるんじゃないかな。むしろ，順番になったら私は椅子に座ることにするよ。あそこに空いている椅子があるね」と，私は言いました。私が自分の順番のときに椅子に座ると，彼も自分の順番のときに彼の椅子に座りました。期待どおりになっていました。私は最初に順番で叫ぶことにして，そのあとでそのゲームを順番で椅子に座ることに変えました。私は言いました。「ねえ，君の両親は君のおねしょを治すように私に命令したんだよ。彼らは，私に命令できるなんて，自分のことを何様だと思っているのだろうか」。彼はこれまで両親から十分罰を受けていたので，こう言うことによって，私が彼の立場に立っていることを示しました。私は，「むしろもっとほかのことで君と話がしたい。おねしょのことを話すのはやめよう。さあ，10歳の子どもとどのように話したらいいだろうか。君は小学校に行っているね。君は小さくて引き締まった手首をしているね。足首も引き締まっている。私は医者だから人の身体がどのようにできているかとっても興味があるんだ。君の胸はとても丸みがあって厚い。君の胸にくぼみはないし，なで肩でもない。君の胸はすばらしく張っている。きっと走るのが得意なんだと思うな。小柄な体型なら，筋肉をうまく協応させることができるに違いない」と言いました。私は筋肉の協応について説明して，君はきっと力ではなく技術が必要とされるスポーツが得意だろうと言いました。どんな間抜けでもできるようなスポーツではなく，技術を要するスポーツだろうと指摘しました。どんなスポーツをやっているのかと聞くと，野球とかアーチェリーをやっていると言いました。アーチェリーはどのくらい上手かと聞くと，「かなりうまいね」と彼は答えました。私は「へえー，もちろんアーチェリーは，目，手，腕，胴の協応が必要だよね」と言いました。そして，弟がフットボールをやっているという話になりました。弟が，彼を含めた家族の中の誰よりも大きいということでした。「筋肉と骨格だけに取り柄があるような人間ならば，フットボールはいいスポーツです。大きくて育ちすぎの奴

の多くはフットボールが好きなんだよ」
　そして，私たちはそんなことや筋肉の協応について話し合いました。私は「弓を引いて方向を定めるとき，瞳孔はどうなるのかな？　閉じるんです」と言いました。私は筋肉には平たいものや長いものや短いものがあることを説明し，そして円形の筋肉があることも話しました。「例えば，お腹の下の方にある筋肉なんかがそうだよ。君がものを食べるとその筋肉が閉じて，消化し終わるまでその食べ物は胃にあるんです。胃が食物を外に出したいときには，そのお腹の下の円形の筋肉が開き，空にしてしまう。そして閉じて，次に食物が来るのを待つんです。そのお腹の筋肉は君が小さい頃はどの辺りにあった？　ずっと下の方だったよね」
　結果として，私たちは１時間話をしました。そして次の土曜に，彼はひとりで来ました。おねしょについては触れることなく，あれこれとスポーツの話をしました。私たちはボーイスカウトやキャンプなど少年の興味をそそるような話ばかりをしました。４回目の面接をしたとき，彼は大きなこぼれるような笑みを浮かべてやってきました。そして彼は「ねえ，僕のお母さんは昔からの自分の習慣を長いあいだやめようとしてきたけど，やめられないんだ」と言いました。彼の母親は煙草を吸っており，禁煙しようと努力していました。「そうだね。長年の習慣をすぐにやめられる人もいれば，口ばっかりで，止められない人もいるね」と私は言いました。そして，私たちはほかの話題に移っていました。
　それからおよそ半年後，彼は私に顔を見せに立ち寄りました。そして，彼は高校に入学したときにもまた，立ち寄ってくれました。今，彼は大学生です。
　私はただ，下腹部の円形の筋肉がお腹を空っぽにしたいときまで閉じ，食物を留めておくという話をしただけでした。象徴的な言葉としてもちろん，手，目，胴の協応という素晴らしい話もしました。結局，おねしょ自体には触れずに症状は消えてしまいました。

ジェイ・ヘイリー『アンコモンセラピー』（高石昇，宮田敬一監訳，二瓶社）pp. 235-237

注目していただきたいのは，エリクソンがこのメタファーの中で，共感覚による交差と次元内シフトの双方を使って，少年に「閉じること」を教えている点である。メタファーを使っているエリクソンのトランスクリプトやレポートをぜひ精読されるよう心からお勧めする。それらは，多層から成る包括的で効果的な治療介入の好例だからだ。また，メタフォリカルなコミュニケーションの多様性と使途の広さを示すものであり，無条件に面白いものでもある。[1]

✣引用

「『引用』について話すって，何をいうつもりなんだろう？」と，あなたは思っている。以下はその答えである。

「そうそう，以前，わたしはある人をトランス状態に誘導したことがあるんだが，その最中，その人に向かって，『あなたは**まばたきをする**必要性を強く感じることができます』っていったんだよ」
「あ，ちょっと待ってください。今『まばたきする』っていいましたよね。そのとき，ぼくもまばたきしましたよ！」
「そうだろ」
「わかりかけてきたぞ。別の誰かの言葉を引用していることにするだけで，直接暗示や直接的な言葉を，そうとはわからないようにぼくのクライエントに──でなくても，誰にでも──いえるってことだ」
「そのとおり。ときには，ストレートな意見をいいたいけれど，その内容について自分では責任を認めずに済ませたいってことがあるかもしれない。たとえば，きみがわたしのボスで，サイモン・ラグリー〔『アンクル・トムの小屋』に出てくる奴隷商人〕みたいに残酷無比だったとしよう。で，もしわたしがきみに──ボス，あんたは人間のクズだ！──といったら，きみは間違いなく怒って，すぐにわたしを首にするだろう。でも，もしわたしが何気ない感じで──ボス，ある男がわたしのオフィスに入ってくるなり，わたしにひどく当たるので，そいつにいってやったんですよ。『おい，おまえは人間のクズだ！』ってね──といったとしたら，わたしはボスであるきみをクズ呼ばわりできて満足

だし，ボスはクズ呼ばわりされはしたけど，**それでも**，わたしはボスにそういったわけじゃない。その『男』に向かっていったんだ」
「なるほど。となると，ポイントは，ぼくのクライエントは**ぼく**のいった意見には議論を吹っかけて，『そんなもの信用できない』ということはできても，『別の誰か』がいったことにはついては何もできないってことですね」
「まさにそのとおり」
「じゃあ，ぼくがセラピストとしていいたいことは，メタファーの登場人物のセリフにして，ストーリーの中でクライエントに向かっていわせるだけでいいんですね。たとえば，こんなふうにいえますかね。『あの男，自分が書きに書いた書類の山を全部ぼくに渡したんです。書きに書いたってのは，やたらめったら単語が多いってことです。やつはちょっと薄ら笑いも浮かべてましたね。だから，ぼくはあっという間に読みとおして，それから，彼を見上げて，〈これで全部ですか〉って訊いてやりました……彼は返す言葉がなくて──びっくりした顔をしただけでした。で，彼にいったんです。〈ところで，これについては，ぼくはとっくにいろんな形で知っていました。あなたは物書きとしては，いまいちですよね〉って』」
「こりゃ，やられたな」
「ま，こんなもんです」

❖催眠

　催眠を特徴づける属性のひとつは，それが学習に非常によく適した意識状態だということである。トランス状態に入ると，たいていの人は新しい考えに対して驚くほど受容的になり，過去の体験と現在の気づきに関して，しばしば，通常よりもかなり多くの主観的情報を意のままにするようになる。したがって，トランス状態はメタファーを利用するのに理想的な状況である。結果的に発生するトランスデリベーショナル・サーチはより徹底したものになるだろうし，解答も，より統合されたものになる可能性が高まるからだ。
　メタファー──特におとぎ話──を使う際，著者はしばしば物語の導入部として，クライエントを浅いトランスもしくは中程度の深さのトランスに──当

然ながら許可を得て——誘導する。確かに必須というわけではないが，もしセラピストに催眠の資格があり，クライエントがその気であれば，物語にトランス状態を加えることによって，強力な治療プロセスを用意することができる。

　もう一点，クライエントをトランス状態に誘導することの利点で，見過ごしてはならないのは，セラピストがメタファーの構築と展開に自由に時間をかけられるようになるという点だ（クライエントが「トランスの中に次第に深く」入っていく時間は，ゆっくり座ってメタファーを設計するのに絶好の時間となることが多い）。

　また，ストーリーを——おとぎ話にせよ逸話にせよ——物語るというまさにその行為には，催眠を誘うようなところがあるということも理解しておかなくてはならない。あまり馴染みのない筋立ての出来事を心の中に描き，相手とのコミュニケーションに細心の注意を払い，出来事の継起と解答を予測するというプロセスは，きわめて催眠に近いともいえる。

　この効果は，第Ⅱ章で説明したさまざまなコミュニケーション・パターンを併用することによってさらに大きくなる。これらのコミュニケーション・パターンには，催眠で用いられる基本的なコミュニケーション・パターンが一部含まれている。削除，不特定動詞，名詞化は，メタファーの意義と徹底性を確かなものにして，トランスデリベーショナル現象へのクライエントの依存度を最大にするために用いられる。

　これはつまり，最初は「普通の状態」だったクライエントにおとぎ話や逸話を語ると，クライエントがいくらか「トランス状態っぽく」なることがあるという意味でもある。すなわち，リラックスしていて穏やかな，見た目には非常に集中した状態，もしくは，何かに夢中になっている状態になるかもしれないのである。これは，わたしたちが皆，定期的に体験する状態であり，既に述べた理由で有益であり，セラピストにさまざまな形でメタファーを利用する機会を提供してくれるものである。

❖キャリブレーション

　あるメタファーが有意で，包括的かつ効果的なものになるのは，それがクラ

イエントの問題状況を同型的に描写している場合である。換言すれば，治療効果のあるメタファーとは，問題状況を詳細に説明し，問題状況と等価であると同時に実用的でもある喩えということになる。

　本書の大半は，あなたのメタファーをあらゆる作動レベルで確実に同型表現にするために必要なスキルを提供することに充てられている。同じ人間として，また，人間観察者として，たぶんあなたは既にもうひとつ，メタファーを利用する上で不可欠ではないにせよ貴重な別のスキル——他者の状態をその行動から見きわめ，自分自身の行動を意図的に調整する力，すなわち，キャリブレーションを行なう力——を身につけている。

「キャリブレーション」という用語は，人が入っていく**意図的でない情動／行動のループ**を表わすものとして，第Ⅱ章で紹介している。ここでもこの用語の定義は同じだが，2点，例外がある。そのひとつは，ここでは特に，二者間のコミュニケーションにそれを適用していること，今ひとつは，それをツールとして**意図的**に利用していることである。ここでは，**メタファーがクライエントにとって確かに有意で包括的であるかを時々刻々把握するための手段**として利用しているのであり，常にわたしたちは「メッセージは理解してもらえているだろうか？」という質問に答えているのである。

　他者とコミュニケーションを取るとき，あなたは自分が今いっていること，していることに対する相手の反応を，意識的あるいは無意識的にモニターしている。相手が不意にうんざりした様子を示せば，話題を変えるかもしれない。混乱しているようなら，発言内容を繰り返したり膨らませたりするかもしれない。集中して聴いているようなら，そのまま続けるだろう。そのときあなたは相手の行動から状態を見きわめて，自分の行動をキャリブレーションしているのである。

　クライエントにメタファーを語るとき，相手がトランス状態であれ覚醒状態であれ，進行中の話に対する相手の反応をモニターすることが重要である。クライエントの表情の変化や肌の色合いの変化，しぐさや姿勢，ときには発声も，いつどこでストーリーが混乱し，的をはずれ，評価されず，逆のことをいっているのかを，常時フィードバックしてくれるだろう。

　相手が眉をひそめたら，自分の話は充分に明快でないことがわかる。鼻にし

わを寄せたら，間違った関連づけをしていることがわかる。そうした指標を役立てて，語りの中で変えるべきだと思うことはすべて変えるのである。同様に，肌の紅潮や涙，微笑みも，話の展開を可能にする的を射た発言や関連づけを示す指標である。

✤誘導ファンタジー

メタファーを構築して利用するという仕事を，**クライエント**にさせることもできる。どう考えても，当人が自分で創るメタファー以上に有意義なメタファーを，他者が代わりに創ることはできない。というわけで，「誘導ファンタジー」の出番である。

誘導ファンタジーでは，クライエントが自分自身で選択した空想(ファンタジー)を追求していくが，その際，クライエントはセラピストのコメントと質問を受けて，そのファンタジーの中の重要な意味をもちうる部分に注意を向けていく。このテクニックには既に先達がいて，詳細は他所で説明されている。

ここで誘導ファンタジーというものに注目していただいたのは，それが明らかにメタファーの利用であるのみならず，本書で身につくスキルを使えば，それが成しえることをはるかに洗練したものにできるからでもある。ファンタジーの「誘導係(ガイド)」は，サティア・カテゴリーや表象システム，サブモダリティ・パターンを理解することによって，そうした繊細なレベルで表現される体験パターンに注目するようになる。また，聡明なガイドとして，こうしたパターンにクライエントを注目させたのちに，それらのパターンに適切な変化を発生させることによってクライエントを助けられるようにもなる。

誘導ファンタジーといくらか似たやり方として，メタファーを利用する際に，セラピストが構築したメタファーの**解決**をクライエントに任せるというのもある。問題の性質とクライエントの気質によっては，セラピストが始めたメタフォリカルなおとぎ話の「仕上げ」——すなわち，解決／解答——をクライエントに頼んでもいい（このやり方は特に子供に有効である。というのも，子供は普通よく注意して話を聴いているので，登場人物の実在を難なく受け入れ，簡単に創造的な解答を引き出すからだ）。

「わたしの友人のジョンが……」と始めるやり方は，このタイプの利用法にとりわけ適している。この場合には，セラピストはクライエントに，同型あるいは「類似の」問題をもつ——さらにいえば，「同一」の問題をもつ——「別の」クライエントなり友人なりの状況を説明するだけでいい。そして，どうしたらいいのかわからないふりをして，といっても，クライエントの現状からすれば，そういう状況は「ふり」ではないかもしれないが，ともかくクライエントに，あなたならこの状況をどうしますかと訊ねるのである。

もしクライエントに解答があれば，それはクライエントが自分自身の問題状況を解決するためのまぎれもない青写真となるだろう。その解答は，クライエント自身の世界モデルから出たものに違いないからだ。実際には，そうした青写真は現像する必要すらないかもしれない。というのも，クライエントはしばしば，意識的にせよ無意識的にせよ，自分の問題の解決法を設計するのは自分自身だとわかっているからである。

SECTION 2
アンカーとトリガー

❖ アンカー

あることを見たり，聞いたり，感知したり，嗅いだり，味わったりすると，あっという間に過去のある体験や出来事を思い出すという現象は，どんな人にも折々起きている。ある花の香りをたまたま嗅いで，何年も思い出すことのなかった女性を思い出したこともあるだろう。あるいは，ボスに人差し指を突きつけられ，大声で怒鳴られたとたん，幼い自分に戻って，父親とぶつかったことを思い出したかもしれない。砂の上を歩くと，あの「男」と過ごしたあの「時」がよみがえり，いうまでもなく，クリスマスには必ずこれまでのクリスマスの思い出をくまなく捜し回るだろう。こうした体験のかけらは，それより大きな，そして，そういうことでもなければ忘れている過去の体験を引き起こす**アンカー**である。

上記の例でアンカーになっているのは，花の香り，光景と声の調子，砂の感触，特別な休日だ。過去の体験を誘発するこうしたアンカーは，当然ながら，本質的にはサブモダリティの表象であり，過去のあるページに向かわせる力をもつそれらの表象の布置である。そうしたページには，楽しい体験や有用な体験が描かれていたり，録音されていたり，浮き彫りにされていたりする。一方，苦痛なだけでなく，既に役にも立たなくなった体験がアンカーによって掘り起こされることもある。

　アンカーについて，もう一点，重要なことがある。**それらは目立たない知覚ではあるが，本人がそれらを自覚していなくても機能する**という点だ。アンカーは一日中わたしたちの誰に対しても，過去の体験に立ち返る合図を出している。感じ取りながらもやむをえず無視している日々の感覚や知覚の多くは，期せずして，さまざまな過去の体験を表わしている目立たないサブモダリティの布置のひとつであったりする。それゆえ，音を立てて上空を飛んでいった飛行機には気づかないまま，食卓でふと「かつてのあの旅行」を思い出したり，誰かが紙袋を丸めたことに気づかないまま——もしくは，その事実と結びつけることなく——友人たちと過ごしたチップスとディップの夕べを思い出したりするのである。不意になぜか憂うつな気分になったが，子供が見ていたテレビで女性が泣いていたことには気づいていないといったこともある。

　アンカーは，過去の情動／行動にすばやく立ち返る手立てを提供することができ，わたしたちにはしばしば，うきうきするような刺激的な驚きを与えてくれるが，逆に，今は不適切だったり苦痛だったりする過去の情動／行動を呼び起こしつづけることもできる。そうした望ましくないアンカーの「引き揚げ」に取り組む方法が，本書の主要テーマである。

　一方，アンカーを**意図的に**利用して，治療に使うメタファーの効果を高めることもできる。クライエントはなんらかの体験を説明しようと思ったら，まず感覚系のいくつかを使ってそれを表現しなくてはならない。ある体験（たとえば，ある「記憶」）を描写しているとき，当人は**あるレベルでその体験を味わっている**。というのも，「体験の描写」と「体験」は同一のプロセスだからである。したがって，自分の個人的な体験を説明しているとき，その人はある程度，報告中のその情動／行動を実際に再体験している。

クライエントが報告しているものはさまざまなサブモダリティの布置であり，したがって，各サブモダリティは全体（体験）の一アンカーとして作動する力をもっている。クライエントがそのとき過去の体験に完全に「立ち返って」いることに——クライエントの表情や声の調子，言葉から——気づいたら，セラピストは，**その機会を利用し，サブモダリティ・レベルの目立たないなんらかの感覚を布置に導入することによって，その体験をアンカリングすることができる**。たとえば，クライエントのひざをきゅっとつかんだり，目立たない音——鼻をすする音，舌打ちの音，テーブルを叩くコツンという音——を立てたり，声の調子を変えたりするのである。もし相手と目が合っている状態であれば，前かがみになる，顔をしかめるなど，目立たないけれども明白な体や顔の動きを取り入れることもできる。

　こうしたアンカーは１，２度繰り返されると，元々ある「アンカー」同様，アンカリングされた体験を**呼び起こす力**を獲得する。アンカーの「点火」——すなわち使用——に対する反応は最小限かもしれない。にもかかわらず，クライエントの体験全体には少なからず影響を及ぼす。

　新たに創られたこうしたアンカーについて重要なことは，**これらがセラピストのコントロール下にある**という点だ。クライエントが自分の問題に関係のある体験をひとつひとつ説明していく間に，セラピストは自分が記憶喚起をコントロールしたいと思う事柄にアンカーを設定する。クライエントがそうした体験のひとつをぶれることなく表現するたびに，セラピストはアンカーを繰り返して，そのサブモダリティの布置に確実にそれが組み込まれるようにしていく。[2] これは，セラピストであるあなたがメタファーを利用する際に役に立つ。いったんアンカーが「設定される」と，それらを選択して点火することによって，アンカリングされた情動／行動と同型のメタファー各部を，クライエントが確実に「たっぷり体験する」のを手伝えるからだ。

　例として，サミュエルの問題を見てみよう。まず，サミュエルが人間関係以外の責任を説明するたびにセラピストは**鼻をすすり**，自宅でのふがいなさについて語るたびに**舌打ちする**というようにする。少し先を見越して，ケイトと過ごした実に楽しい時間について語るようサミュエルに頼み，**ひざをぎゅっとつかんで**それらをアンカリングすることもできる。次に，わたしたちがサミュエ

ルに物語をするときには，ランスロットの騎士としての責任について説明するたびに，1，2度**鼻をすすり**，ランスロットがグィネヴィアの怒りに直面する場面では，適切な箇所に**舌打ち**を挿入する。こうしたアンカーを点火する目的は，サミュエルが，今耳を傾け目の当たりにしているメタフォリカルな出来事から，個人的に重要な意味を引き出しやすくすることである。物語を始める前に，先を見越して楽しい体験をアンカリングしているので，今度は手を伸ばしてサミュエルの**ひざをつかんだ**状態で，ランスロットとグィネヴィアの仲直りを描写することもできる。

アンカーは，相容れない情動／行動を**統合**——かつ，その結果として無害に——するために利用することもできる。この場合，アンカーは，先に説明したのとまったく同じやり方で，まったく同じ場合に用いることになる。違いは，メタファー内の変化が発生する時点で，双方のアンカーを**同時に**点火することである（橋を架ける戦略）。すなわち，サミュエルのメタファーでは，ランスロットがついにふたつの体験を統合する時点——彼がグィネヴィアとのコミュニケーションの取り方を変えたあと——で，**鼻すすり**と**舌打ち**を同時にするのである（試してみていただきたい……とても興味深い）。

その結果，両極にあったと思われるサミュエルのふたつの体験——「責任」を果たすことと「ふがいない」状態であること——は崩壊せざるをえなくなり，ひとつの新しい体験に変化する。この新しい体験は，それに先行する体験のもっとも有用な面を結びつけたものである。この戦略を図にすると，以下のようになる。

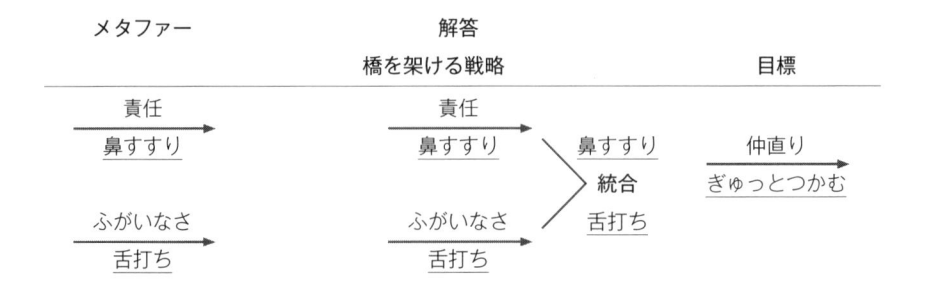

メタファー	解答 橋を架ける戦略		目標
責任 → 鼻すすり	責任 → 鼻すすり	鼻すすり 統合 舌打ち	仲直り ぎゅっとつかむ
ふがいなさ → 舌打ち	ふがいなさ → 舌打ち		

この戦略で注目していただきたい重要なポイントは，**変化が発生する時点で，ふたつの相容れない情動／行動は，同時におのずと現われざるをえなくなる**ということである。これらふたつは同時には発生しえないため，崩壊して，ひとつの新しいサブモダリティの布置に改まることを強いられる。この新しい布置（体験）は必然的に，元のふたつの各布置にあった相容れないサブモダリティの知覚から成っている。

　この時点以降は，元の各体験を成立させていた元のアンカー（サブモダリティの知覚）は，もはやそれらの体験を呼び起こすことはない。元の体験は，元のサブモダリティの集合体として存在しなくなったからだ（ふたつの相容れない体験をつぶしたあと，それぞれのアンカーを個別に点火し，元の反応が発生するかどうか，試してみよう）。

❖トリガー

　アンカーとトリガーは実際のところ，ひとつのプロセスの相補的なふたつのパートである。「アンカー」が環境事象に対するその人の知覚であるのに対して，**「トリガー」はその環境事象そのものである**。したがって，上記の例でいうなら，鼻をすする行為，手でぎゅっとつかむ行為はトリガーで，サミュエルの聴覚が捉えた鼻をすする音，触運動覚が捉えた締めつけてくる手の感覚はアンカーである。

　環境事象はいずれもトリガーとして機能する可能性はあるが，特定の体験がアンカーとして設定されていなければ，トリガーにはならない。この区別は重要である。繰り返し発生する環境事象は情動および行動と切り離せないものであるという事実に，注意を喚起してくれるからだ。

　第Ⅱ章で論じたとおり，対処（コーピング）の問題が発生した場合は，環境（トリガー），その環境の体験（アンカー），結果としての反応のいずれかを変化させることができる。これらのレベルのいずれかひとつで変化を発生させれば，その影響はほかの2レベルにも広がっていくが，わたしたちは既に述べた理由から，この世界でのクライエントの体験というレベルでクライエントと共にワークを行なうのが，たいていのケースでもっとも現実味のある選択だと考えている。

しかし，メタファーやセラピー一般にトリガーを組み入れて変化を促す方法はいろいろある。ひとつめは，**不快な情動／行動のトリガーを，心地よい情動／行動，もしくは，もっと有用な情動／行動を引き起こすものに切り替える**というやり方である。あなたはクライエントが問題状況の詳細を説明するのを聴くうちに，その体験を引き起こす唯一の原因ではないにしても，その体験の誘発に常に効力を発揮している特定の環境事象（トリガー）があることに気づくことが多いはずだ。そうしたトリガーには，指差し，荒々しい声，人の名前，戦争の傷のうずき，パイプの香りなどがある。あなたの考えているトリガーが不快な――あるいは少なくとも有用でない――情動／行動を引き起こす原因だとするなら，その状況を変えるひとつの方法は，そのトリガーを使って別の体験を引き起こすようにすることである。

　トリガーの基準の変更は，メタファーに簡単に取り入れることができる。まず，クライエントが問題状況をもっともよく起こすもの，もしくは，唯一の原因として示しているトリガーを選び，それをメタファーの中で，「現実の」状況での機能的位置と同じ位置に組み入れる。次に，メタファーの登場人物たちが変化を遂げたら，**それまで問題を起こしていたトリガーを，今発生した変化を将来的に発生させるトリガーとしてリフレーミングする**のである。

　たとえば，このようにする（書体の異なる部分では声調を強めている）。「その日から，**ボスが声を荒げるたびに，**ウィリは思い出しました。この特別な体験を通して，大声を上げる孤独な人びとについて実に多くを学んだことを」

　トリガーをリフレーミングするこの一瞬の間に，クライエントに役立つ強力なツールが作り上げられている。クライエントはこのツールを手に入れることで，適切な学習体験にすぐ戻る必要が生じたとき，まさにすぐそうできるのである。

　これまで述べてきたトリガーはセラピストのコントロール下にはない。このようなトリガー，および，セラピストのコントロール下に**ある**トリガーを利用して，**将来の適切な時点で変化を発生させることもできる**。クライエントの問題の性質から，実際の変化は，現実の問題状況のコンテクスト内で発生したら徹底されるだろうとわかる場合があるかもしれない。この場合は，クライエントの現実の問題状況を**特徴づけている**さまざまな環境事象をひとつ選び，それ

を，メタファーで発生する**変化のトリガー**として，はっきりわかるようにメタファーに組み入れるだけでいい。

たとえば，このようにする。「そして**ウィリは**，若者に**指を差された**ときすぐに，それまで学んできたことの意味を**理解しました**。若者が自分を指差した**ために今まで起きていたことは万事**収まるべきところに収まったのだから，ウィリはもう変わってもいいのだと……」

これで，クライエントが変化に役立つトリガーを携えて問題状況に戻る舞台が整い，クライエントは，そのトリガーが引かれたとき，メタファーでの提案に従って変化を開始することができる。先のケースとの違いは，そうした変化が実際の問題状況のコンテクスト内で——かつ，そのコンテクストに関して——起きているという点である。

いうまでもなく，あなたはセラピストとして，自分がコントロールできるトリガーを設定することもできるのだから，後刻，そしてたぶんより適切な時期に，変化を開始させることもできる（例としては第Ⅶ章の「ヴィヴァーチェのメタファー」，「ふたつのしゃっくりの話」参照）

SECTION 3
スタッキング・リアリティ

ここでいう「リアリティ」とは，今本書を読んでいるあなたが身を置くまさにその環境内で発生し，かつ，五感によってあなたに明らかにされている気づきの集まりから成る現実のことである。あなたが直観的にモニターしながら今知覚している外界の出来事は，すべて等しく，「正当だ」，「具体的だ」，「説得力がある」，「明らかだ」などと思われている。本書の目的にとって重要なのは，このページのリアリティと，たとえば，内的な空想の世界のリアリティとは区別できることを認識することである。ただ，これらふたつの世界は確かに「どこか」違っているという点に合意できれば充分であり，その差異の具体的な中身にまで合意する必要はない。

積み重ねられた<ruby>リアリティ<rt>スタックされた</rt></ruby>とは，複数の意味レベルで同時に表現された体験のことである。スタッキング・リアリティ——リアリティの積み重ね——の一

例として，「犬」という言葉を取り上げよう。

あなたが目を使って入手できるひとつのリアリティは，印刷された「犬」という字形である。頭の中で「犬」のイメージを作れば，ふたつめのリアリティを加えたことになる。では，ここで，「犬」を思い描いている子供をイメージしよう。これでリアリティは，また上へと，3つ積み重なった。あなたがこれを今ある特定の環境で読んでいるという事実も加えれば，少なくとも今，4つのリアリティが積み重り……というように続いていく。（スタッキング・リアリティの概念を思うと，わたしはいつも，壁の絵が掛かっている壁の絵が掛かっている壁の絵……を連想する）

この概念はなぜ有用なのか。体験の多くはさまざまなリアリティ・レベルで表現されること，そして，それらのリアリティ・レベルでの表現はいずれも同じように忠実に体験を表現していることを認識できるからである。まさにリアリティのもつこの等価性のおかげで，治療用メタファーは，変化を効果的に媒介するものとして機能するのである（そして，ついでながら，そのおかげであなたは判じもののようなこのページを理解できるのである）。

既にお気づきかもしれないが，おとぎ話や逸話を語っているとき，あなたは必ず，少なくとも3つのリアリティを積み重ねている。特定の物理的環境内であなたがクライエントと話をしているというリアリティ，クライエントが自らの問題について描写したというリアリティ，その問題のためのメタファーをクライエントが思い描いているというリアリティ，の3つである。

スタッキング・リアリティの概念を理解すると，クライエントとのワークにおいて，意図的かつ同時的に複数の気づきレベルで自由に動けるようになるという利点がある。知覚による体験は意識的な体験とは異なり，相対的に制約を受けないため，複数のリアリティ・レベルで働く治療用コミュニケーションに抵抗することは，事実上難しい。例として，わたしが語ったおとぎ話を「好きではない」といった青年のケース（SECTION 1）を思い出していただきたい。彼は，そのメタファーの筋が示すリアリティを「面白味がない」として却下することはできたが，メタファー内の表象システムとサブモダリティの変化に関するリアリティをはねつけることはできなかった。それらは彼の気づいていないリアリティ・レベルで働いていたからだ。

もしたまたま，クライエントが実際に問題状況と同型もしくは同一の状況に巻き込まれている場に居合わせたとしたら，あなたは，メタファーのもっとも効果的な利用法のひとつを行なう機会を手にしたのである。すなわち，クライエントは自分が変えたいと思っている体験のひとつに関わっているため，逸話に含まれている提案を即実行する機会を得たのである。その結果として得られた変化は，その場でさらに利用することができる。以下は，このようにして行なうスタッキング・リアリティの好例である。

　　デボラはメタファーの利用について訓練を受けたカウンセラーで，ある晩，知り合って間もないトムとサマンサと一緒に食事に出かけました。サマンサは小学校の教師で，デボラがそのことを知っているとは知りませんでした。サマンサは絶えずトムに何をすべきかを指示していて，そうするのが自分の責任だと思っているのが一目瞭然でした。
　　3人がレストランに着くと，サマンサはいつもの無愛想な態度でトムにいいました。「ほら，コート，脱いでいいのよ」　そこで，デボラは冗談めかしてトムにいいました。「あなた，そうしていいって知らなかったのね」
　　いつもならサマンサのいうことに従っていたトムでしたが，たちまちそのルーチンから抜け出し，それまで自分がいかに何も考えずに，ただサマンサのいうなりになっていたかに気づきました。その結果，ふたりは口論を始め，トムは自分の存在を主張しました。しかし，この対立は双方にとって後味の悪いものになりました。サマンサがトムの行動に責任をもつという関係がどのようにしてできあがったのか，双方とも理解できなかったからです。
　　その夜，デボラは食事中に，自分の友人で教師をしていた人のちょっとした話をしました。この友人は終日あまりに多くの時間を子供たちと過ごしたために，自分ではそんなつもりはなかったのに，まるで子供に話をしているかのように大人にも話している自分に，しばしば気づくようになったという話です。
　　サマンサは2，3度，目をぱちぱちさせたあと，いいました。「あの，**実はわたしも学校の教師で，わたし，自分もそれと同じことをしているよ**

うな気が……」
　その後は，ふたりのルーチンがどのようにして始まったのかが明らかになり，その関係がサマンサの「支配する必要」やトムの「従属する必要」の産物ではなかったことがわかって，ふたりとも気持ちが楽になりました。

　この逸話に関して，もう一点，指摘しておいたほうがいいと思うのは，**反応の可能性**がどのようにして構築されたかという点である。デボラは最初の対立のあとしばらく時間を置くことによって，サマンサとトムに時間を与えている。ふたりがきっと自らの内面を探り，自分たちに何が起きているのかを理解する手立てを見つけようとするだろうと考えたのである。
　しかし，ふたりは当初それを理解できなかったため，のちに逸話が語られたとき，ふたりが「逸話の伝えうる内容」に反応する可能性は，口論の前や真っ最中より間違いなく高まっていた（口論の前や真っ最中に語っていたら，「逸話の伝えうる内容」はたぶん，「新事実」ではなく，「情報」と捉えられただろう）。デボラはメタファーを使うことによって，ふたりが自分たちの問題に対する解答に自ら気づく機会も与えたのである。
　SECTION 1 では，引用の利用について，こっそりメタファーの外に出て，直接的な意見をクライエントに伝える方法であると述べた。引用を利用しているとき，あなたは実際にリアリティのスタッキングを行なっている。引用を含むメタファーを語る場合，もっとも単純な形でも，以下の4つのリアリティが積み重ねられている。

❶ 診察室内であなたがクライエントに語りかけているというリアリティ
❷ ストーリーが同型であるというリアリティ
❸ クライエントに対して直接的な意見（引用）が語られているというリアリティ
❹ 上記の3つをクライエントが内的に思い描いているというリアリティ

　スタッキング・リアリティの手段としては，引用に似たものとして，「臓器言語」を挙げることもできる。「臓器言語」とは，人体組織や生理的機能の名

称として，また，その他の体験を描写するものとして，複合的な務めを果たす言葉のことである。たとえば，わたしがあなたに，「手を組んでいただきたいのですが」といったとしよう。この発言の背景がわかっていなければ，「手」は人体の一部にもなりうるし，協力関係の意味にもなりうる。

同様のやり方で，臓器言語を使って複数のレベルで重要な意味をもつ発言をすることができる。慢性的な吐き気に悩まされているクライエントには，「……こなし切れなくて……」といった言い回しを含んだ発言が可能だろう。同様に，人は「**神経**が太い」こともあれば，「**小手先**でごまかす」こと，「**腹**が立つ」こともある。「地に**足**が着かない」こともあれば，「**気持ち**を引き締めて**身構える**」こともあり，「なんにでも**首**を突っ込む」かと思えば，「**口**が利けなくなり」，「**面の皮**が厚く」，「**手足**を伸ばす場所を必要とし」，「**口先**だけの同意をし」たり，ちゃんと「**人の心**があったり」する。

臓器言語がとりわけ役に立つのは，生理的な不調という形で出ている問題を抱えたクライエントの力になるために，メタファーを語って聞かせるときである。

アナログ・マーキングは，メタファーに内在するリアリティにさらにリアリティを積み重ねることができるもうひとつのツールで，第Ⅱ章で説明したとおり，コミュニケーションの中の特に重要な概念を強調するために，セラピストの声の調子や表情，身体的接触に特定の変化を加えることをいう。メタファーを語っているとき，こうしたアナログの合図を利用すれば，物語の別の面を特徴づけることができる。

たとえば，ひとつのストーリーの中で，主人公がトラブルに巻き込まれたことを語るときには荒々しい声に変え，希望や夢について考えているときには低い声，変化について考えているときには高い声にするといったこともできる。これは，優れた語り部が昔からやってきたことである。**メタファーの別の側面をアナログ・マーキングすることで，そのストーリーが別のリアリティの中でも「語られている」ことを，アナログ・キューの同型パターンを使って伝えるのである。**

アナログ・マーキングとスタッキング・リアリティは，複合的メタファーを語る——すなわち，ひとつの問題について複数のメタファーを語る——場合に

も利用できる。たとえば，クライエントがやってきて，以下のように問題を説明したとしよう（問題は単純化してある）。

　　試験を受けに行くたびに，失敗するんです。内容は理解しているんですが，教室に着くと，やっぱり理解していないかも……と心配になりはじめて，そうなるともう心臓がどきどきしてパニックになり，何ひとつ思い出せなくなります。結局，教室を出るか，そのままいても，試験を落とすだけなんです。

この問題は以下の「出来事」──「ユニット」，「段階」，「TOTE^{トート}」など──に分けることができるだろう。

　　問題の出来事　　1．内容は理解している
　　　　　　　　　　　2．教室に着くと自分の力が信じられなくなる
　　　　　　　　　　　3．パニックになり，憶えていたことを忘れる
　　　　　　　　　　　4．教室をでる，かつ／もしくは，試験を落とす
　　　　　　　　　　　5．（解答なし）

　メタファーを利用する際のテクニックのひとつに，上記のような形で問題を取り上げ，いくつか短い逸話──すべて問題と同型のもの──を語るというやり方がある。しかし，これが効果を上げるためには，問題の各ユニットにアナログ・マーキングを使う必要がある。その方法は，❶問題の出来事と同数の逸話を語り，❷各逸話の中で，問題の出来事のひとつを──**同じキューを使って**──順にアナログ・マーキングしていくのである。上記例でいうなら，最初の逸話の中で最初の出来事をマーキングし，2番目の逸話の中でも**同じやり方で**2番目の出来事をマーキングし，以下同様にしていくということだ。
　そのプロセスは図に表わすと以下のようになる。

元の問題の出来事
$(1 \quad 2 \quad 3 \quad 4 \quad 5)$

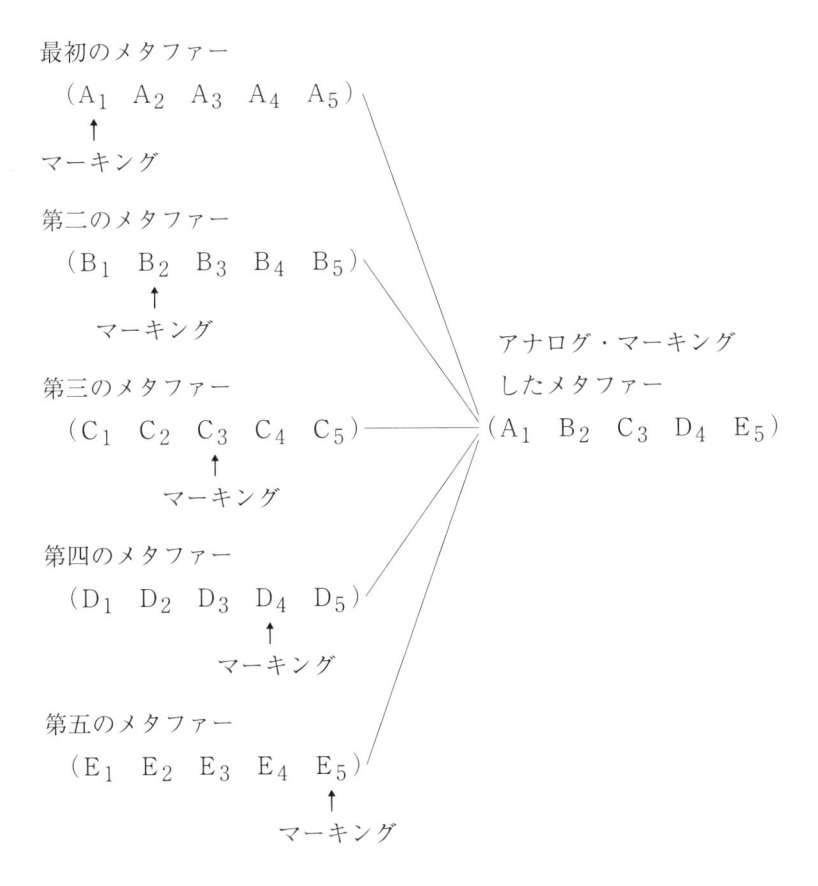

最初のメタファー
$(A_1 \quad A_2 \quad A_3 \quad A_4 \quad A_5)$
↑
マーキング

第二のメタファー
$(B_1 \quad B_2 \quad B_3 \quad B_4 \quad B_5)$
↑
マーキング

第三のメタファー
$(C_1 \quad C_2 \quad C_3 \quad C_4 \quad C_5)$
↑
マーキング

アナログ・マーキング
したメタファー
$(A_1 \quad B_2 \quad C_3 \quad D_4 \quad E_5)$

第四のメタファー
$(D_1 \quad D_2 \quad D_3 \quad D_4 \quad D_5)$
↑
マーキング

第五のメタファー
$(E_1 \quad E_2 \quad E_3 \quad E_4 \quad E_5)$
↑
マーキング

　このようにアナログ・マーキングすることによって，同じキューでマーキングした各出来事は無意識のうちに互いに結びつけられる。最後に解答に相当する出来事がマーキングされたとき，クライエントは無意識のうちに，前5つのメタファーの否定的な状態が「つぶされて」発生した**第六の**メタファーを思い描いているだろう。

第VII章
何もかもいっぺんに

PROLOGUE

T・H・ホワイト『永遠の王』より

　それから彼は続けていった。「でもさあ，剣は，どうやって手にはいるだろうか。いったいどこで盗めるかしら。ぼくの馬はのろまな旅用の馬だけど，どこかの騎士を待ち伏せて，無理やりとりあげられるだろうか。こんなに大きい町だもの，まだ店をやっている刀鍛冶か鎧造りがどこかにいるにちがいない」
　そこで馬の向きを変えると，通りをゆっくり駆けだした。その通りの行きどまりには，静かな教会が立っていた。教会の正面の扉の前は広場のようになっている。その広場の中央にひとつ，どっしりとした石があり，上にか̇ な̇ と̇ こがのっている。そのか̇ な̇ と̇ こをつらぬいて，まあたらしい立派な剣がひとふり突き立っていた。ウォートはひとりごとをいった。
「これはきっと，戦争の記念碑のようなものだな。でもこれで我慢しなくちゃ。だれだって，ケイがどんなに困っているかを知ったら，戦争の記念碑を使わせないとはいわないだろう」
　ウォートは教会の屋根つき門の柱に，手綱を縛った。そうして砂利道を歩いていって，剣をつかんだ。
「おいで，剣よ。ぼくに情けをかけておくれ。もっとよい目的のために，おまえがいるんだ」
「おや，これは驚いたぞ——この剣をつかんだら，不思議な感じがしてくるよ。いろんなものが，ずっとはっきり感じられるぞ。ほら，あの教会の美しい怪物像（ガーゴイル），それから教会についている修道院の怪物像もだ。側廊にずらっと並んだ立派な大紋章旗がゆれるところは，なんてすばらしいんだろう。あのイチイの木はなんて気高く，赤い花びらのような枝々を高くさしあげて，神をたたえているんだろう。なんて清らかな雪だろう。ナツシロギクと野バラみたいな香りがするぞ——それにほら，聞こえているのは音楽かしら」
　それはパンフルートかリコーダーかの音楽だった。教会の庭の光はたいそう明るく，だがそれなのにまぶしくはなく，二十ヤードむこうのピンさえ見わけられそうなくらいだ。

「この場所にはなにかがあるんだ。だれかいる。おうい，みなさん，そこでなにをしているんですか？」

　返事はない。けれど音楽は高らかで，光はとても美しかった。

ウォートは叫んだ。

「みなさん，ぼくはこの剣がいるんです。ぼく自身のためじゃなく，ケイのために。きっと返しにきますから」

　やっぱり返事をする者はない。ウォートはかなとこのそばに戻った。剣の柄頭に金色の文字があるのが見えたが，読まなかった。柄頭の宝石が，うるわしい光にきらきら輝いた。

「おいで，剣よ」

　ウォートは柄を両手でつかむと，石に踏んばって力をこめた。リコーダーの合奏が流れるように響いたけれども，まだ，なにひとつ動かない。

　手のひらに柄がくいこみ，だんだん痛くなってきたので，手を放し，うしろにさがった。目のなかで星がチカチカした。

「ずいぶんしっかり刺さっているぞ」

　もういちど握りなおして，全身の力をこめてひいた。音楽はさらに力強くなり，教会の庭を包む光はアメジストのように燃えだした。しかし剣は刺さったまま。

「ああマーリン，どうか，この武器をとるのを手つだって」

　さあーっという音がして，それとともに長い和音が鳴りひびいた。教会の庭の四方から，何百という昔なじみの友人たちがあらわれた。教会の壁のむこうから，いつか見た記憶のある人形芝居のパンチとジュディの亡霊のように，いっせいに顔を出したのだ。アナグマたち，ナイチンゲールたち，荒くれ者のカラスたち，野ウサギたち，ガンたち，ハヤブサたち，魚たち，犬たち，上品なユニコーンたち，単独性のスズメバチたち，ワニたち，ハリネズミたち，グリフィンたち。そのほか千もの，彼が会ったことのある動物たちがそこにいた。教会の壁のまわりに，ウォートを愛し，助けてくれる者たちの姿が浮かびあがった。そうして全員が順ぐりに，おごそかに話しかけてきた。教会の小旗に描かれた紋章のなかから出てきた者たちがいた。あたりの川沼や，空や，野からやってきた者たちがいた——けれどもみんな，いちばん小さいトガリネズミでさえもが，ウォートを愛する気持から応援に来てくれたのだ。ウォートは力がわくのを感じた。

「気をひきしめて，しっかりやれ」と，一匹のルース（またの名をカワカマス）が紋章のついた小旗のなかから出てきていった。「以前，余がそなたをとって食おうとし

たときのように，やるのだぞ．力は首筋から生まれでるものだということを，思いだすのだ」
「その前腕はどうしたんだね」一頭のアナグマが，まじめな声でいった．「胸の前であわさっているやつのことだよ．さあ，あたしのかわいい胎児さん，がんばって自分の道具を探したまえ」

　イチイの木のてっぺんに止まったコチョウゲンボウが叫んだ．「どうしたね，ウォート大尉，足の掟の第一はなんだ？　けっして放さないこと，だとか，いつか聞いたような気がするぞ」
「失速しかけたキツツキみたいな動作をしないで」一羽のモリフクロウが，いとおしそうにうながした．「休まずに努力をつづけることさ．そうすればまだ，やりとげられる」

　マガンがいった．「ほら，ウォート，あなたはいちど，あの広い北海を渡ることができたんだもの．ほうぼうの小さな筋肉のいくつかを，いっしょに動かすことができるわね？　体の力を，精神の力でひとつにするのよ．そうしたら剣は楽に抜けてくるわ．がんばるのよ，ホモ・サピエンス．あなたのつつましい友人たちが，みんなで喝采をしようと待っているの」

　ウォートは三度めに，大きな剣に歩み寄った．右手をそっとのばして，すうっと静かにひきぬいた——まるで鞘から抜くように．

Ｔ・Ｈ・ホワイト『永遠の王——アーサーの書（上）』
（森下弓子訳，創元推理文庫）pp.362-365

SECTION 1
ふたつのしゃっくりの話

　メタファーというものがどのように聞こえて，どう利用できるのかを，より完全にわかってもらうために，この第Ⅶ章では，逸話の形を取るメタファーの例，および，治療に使ったおとぎ話のトランスクリプトを紹介している。前者——ふたつのしゃっくりの話——は，実は，メタファーの利用について訓練を受けたセラピスト訓練生（ウィリ・スウェンスン）がわたしのために書いてくれたものである。

　ウィリの話は，ひとつの問題——しゃっくり——を軽減するために，異なるふたつの戦略を提示している点が特に興味深い。ウィリはふたりの人物が自らの内的リソースを存分に活かし，起こすべき変化を起こせるようなコンテクストを設定しているが，その際にふたりの状況を優雅に利用できたのは，ふたりが必要としているものを敏感に察知する力があったからである。

❖ふたつのしゃっくりの話

　わたしが自宅に近い有名レストランでウェイターの助手として有給で雇われていたときに出会った紳士は，よくあるたいへん不快な問題——「しゃっくり」——に苦しんでいました。あるときウェイターが紳士のディナープレートを片づけて，いつもどおり，「ほかに何かご注文はございませんか？」と訊ねると，紳士はもう少しお酒がほしいと答えたあと，いくらかうんざりしたような声でおどけたふうに，「しゃっくりを楽にするようなものを置いているなら，もらえるかね？」といいました。わたしが反応したのは，ほかでも

ない，彼のメッセージから伝わってくるそのうんざり感に対してでした。

　わたしは彼のテーブルに近づいていき，非常にまじめな声で訊ねました。「しゃっくりを止めたいのですか？」紳士の返事は，そう，止めたいんだ，でした。そこで，わたしは彼に，もし良かったらわたしに物語をさせてもらえませんか，と頼みました。そして，わたしが物語をしている間，わたしが話したあれこれを頭のなかでイメージしていただきたいんです，といいました。彼は最初，怪しんでいるような言葉を口にしましたが，結局了解しました（一緒に食事をしていた人たちがぜひそうしろといったからです）。

　わたしはすぐ，近くのテーブルの空いていた椅子を引き寄せ，紳士とほぼ真正面に向き合うように座りました。声の調子は，先ほど彼がほんのしばらく怪しんでわたしに話しかけたときの，半分酔ったような大きな声に似せ，わたしがこれから，以前水漏れした自宅の蛇口の話をすること，それがどのようにして修理されたかも話すことを彼に伝えました。

　紳士は，まだ抵抗を示したい気持ちが残っていたので，友人たちのほうに向き直ると，自分がまだ怪しんでいることをべらべらと話しはじめました。わたしはこれに対する反応として，手を伸ばして彼の腕を——少し力を込めて——つかみ，これから自分が話そうとしているストーリーについての発言を繰り返しました。彼はこれに即座に反応して，わた

「紳士」に質問をして，しゃっくりを止めたいという彼の思いを再び言葉にすることで，ウィリは彼から，治療する者とされる者の関係に入る約束を取りつけている。ウィリはこのあと，「紳士」のすべきことを具体的に話しはじめる。

ウィリが終始，紳士の行動から判断して，自分の行動をキャリブレーションしていることに注目しよう。表情の反応に注意を払えるように——またウィリの表情が彼に見えるように——ウィリは互いを見られる位置にしっかり座り，声の調子も紳士のそれに合わせている。実際，ウィリはまず紳士の声の調子を採用することで，紳士から注目と信頼を得よう——すなわち彼の世界モデルを使って彼に接しよう——としている。

「抵抗」に対して，はっきりわかるように「対処する」代わりに，不意に——それゆえ抵抗できないようにして

しに注意を向けました。わたしはストーリーを語りはじめましたが，途中紳士がおしゃべりで邪魔をしようとしたため，このテクニックをさらに2回使いました。つまり，わたしは彼の腕をぎゅっとつかみ，「イメージを思い描く」ことを思い出させたのです。わたしがこれをするたびに，彼は注意深い状態に切り替わりました。

紳士がしっかり耳を傾けつづけるようになったとき，わたしは声の調子を――物語をするときに有用だと思っているものに――替え，話す速度を彼の呼吸に合わせました。さらに，呼吸と同じリズムで頭を上下にも動かしました。

彼に語ったのは，あるとき蛇口が水漏れしているのに気づいたわたしが，その水漏れに**悩まされるようになった**という話です。水漏れの様子の描写には**ポタッ……ポタッ……ポタッ**という言葉を使い，できるだけ目立たないように，その**ポタッ**を，紳士のしゃっくりの瞬間に合わせて挿入しました。蛇口の状態を言葉で表現するのに加えて，数多くのアナログ表現や動作――たとえば，手を伸ばして蛇口を閉めるなど――も使いました。

そうして話は進み，わたしがとうとう**誰か助けてくれる人を呼ぶ**ことにし，**水道屋さんに電話して，水漏れを止めてほしい**と頼んだところまで来ました。それから，水道屋さんが水漏れを**止める**ために来てくれるのをどのようにして**待った**かを話しました。

――腕をつかんで紳士の注意を引くことによって，ウィリは抵抗を完全に迂回している。また，そうしたときにタスクについて発言することで，その後，紳士の注意を喚起するアンカーとして，腕をつかむ動作を利用できるようにしている。

ウィリは話す速度や頭の動作なども利用しているが，これは「ペーシング」に該当する。反応のこのマッチングは，一種のバイオフィードバックとして紳士に働き，彼の意識に警告を与える効果をもっている（詳細な説明は，バンドラー＆グリンダー（1975）参照）。

この話をする間，ウィリはずっと，声調によるアナログ・マーキングを使い，紳士にとって重要な部分が目立つように――語りの中で強調――している。また，声調でマーキングした**ポタッ**を，しゃっくりに合わせていうことによって，そのふたつが無意識に結びつくようにしている。

水漏れを止めるために到着した水道屋さんは道具の入ったバッグをもっていました。わたしが蛇口の様子を説明すると，止められます，と彼はいいました。わたしは，「**どうやってするんだろう？**」と独り言をいいました。水道屋さんは，「**よく見ていてください**」といいました。

　わたしはその後，言葉とアナログ双方を使って，水道屋さんが道具バッグから取り出したかなり大きなスパナで蛇口を分解していく様子を描写しました。

　水道屋さんは蛇口を5つの部品に分解しました，とわたしはいいました。その説明をしながら，再び「どうやってするんだろう？」とつぶやきました。水道屋さんは，水漏れの原因はこの大きな赤い座金（ワッシャー）だといいました。わたしはこのワッシャーのサイズや厚さ，手触りを描写しました。水道屋さんはわたしに，ワッシャーに裂け目が入っているのを「**よく見てください**」といいました。

　わたしが再び水道屋さんに，蛇口を直せますかと訊ねると，彼は直せますよと答えました。わたしはまた，どうやってするんだろうとつぶやきました。水道屋さんは，ワッシャーを交換するだけで直りますといいました。わたしは水道屋さんに訊ねました。「**新しいワッシャーをもっていますか？**」

　水道屋さんはもっていると答え，新しいワッシャーをはめ，蛇口を元どおりにしました。彼は，直りましたといいました。わたしは，

　ここでは引用を利用して，紳士に──「どうやって？」と──自問させ，「よく──頭の中で──見ていてください」という命令を埋め込んでいる。

「でも，どうしたら直ったってわかるんだろう？」と思っていることを伝えました。「方法はひとつだけ，試してみることですよ」と彼はいいました。そこで，蛇口をひねってみると……水がほとばしり出たので，わたしはすぐに蛇口を固く閉め，水を止めました。それから，腰をかがめてよく見ると，蛇口からはたったの一滴も水は漏れていませんでした。水漏れは完全に止まりました。

　これで水漏れの問題はなくなりましたが，なくなったのはそれだけではありませんでした。紳士のしゃっくりも出なくなっていました。わたしは紳士に，まだしゃっくりが出るか訊ねました。紳士はしゃっくりが止まっていることに気づき，驚きました。

　わたしはさっと立ち上がって自分の仕事に戻り，紳士の質問に答えるのは控えました。しかし，彼の表情と顔色が見違えるほど変化して――先ほどよりはるかにリラックスして――いることをわたしは見逃しませんでした。そして，彼がレストランを出るとき，わたしは彼に，またいつかしゃっくりに悩まされるようになったら，自分の腕をぎゅっとつかみ，わたしの水漏れする蛇口のことを考えるだけで楽になりますよ，と伝えました。

　わたしがしたのは，この紳士の問題――「しゃっくり」――に役立つメタファーの創作でした。これをやり遂げることができたのは，彼の内的体験にできるだけ近いメタファーをデザインし，同時に，ストーリーはどこ

にでもあるものにして，彼がその内的体験を，自らにとってもっとも的確かつ心地よいやり方で，メタファーに提示されたパターンにはめ込むことができるようにしたからです。

　いい換えると，ひとつのメタファーが重層的なコミュニケーションを前提としているということです。少なくとも，メッセージのコンテンツがあり，そのメッセージのコンテクストがあります。明らかに，紳士の問題のコンテンツとメタファーのコンテンツははっきり違っていました。一方はしゃっくりで，もう一方は水漏れする蛇口です。ところが，コンテクストはかなり似ていました。双方とも，問題を抱えた男性がいて，その問題が男性に大きな苦痛を与えていました。双方とも，その男性を助けにくる人がいて，その助っ人は，助けられるかどうかについて前向きな発言をしました。

　普通に考えれば，紳士はわたしがどのようにしてやり遂げるのか，怪しんでいたに違いありません。メタファーの中の人物も，水道屋さんはどのようにして蛇口を直すのだろうと訝っていました。それに，わたしがストーリを語っている間，紳士はときどきしゃっくりをしていて，わたしはそのたびに頭を上下に動かすか，**ポタッ**という言葉をはさみました。ただ，いずれもあまり目立たないようにして，紳士に抵抗が生じないようにしました。

　わたしは最初，彼と同じ酔ったような声で彼に話しかけましたが，やがて調子を変え，

いろいろに変化をつけました。というのも，ストーリーのいくつかの特定部分をマーキングすることで，それらを個別のメッセージとして紳士に処理してほしかったからです。この効果は，さまざまなアナログの動作を加え，紳士の呼吸に合うように語りのテンポを調整することで，さらに高まりました。
　これらの戦略の目的は，わたしのストーリーを，ある無意識レベルでの彼の体験パターンにできるだけ一致させ，ストーリーがある時点で彼の世界モデルの限界──かれが「行き詰まっている」場所──に達するようにすること，そして，まさに同じパターン化によって，彼がメタファーに提示された解答を理解できるようにすることでした。当然ながら，彼は体験のあるレベルで彼なりの解答を出すでしょう。
　メタファー内の問題を明確なイメージとして紳士に示すために，わたしは言語的コミュニケーションと非言語的コミュニケーション双方を使って，終始，念入りな描写を続けました。これは主に，彼の意識的な注意をそらすためでした。
　そして最後に，わたしは彼の腕をぎゅっとつかんで，今回のわたしとの体験を彼にアンカリングしました。というのも，それは，この体験のいたるところで行なったインプットの一部だったからです。ですから，彼はいつかまた，そのアンカーを使って同様の体験を再生し，自分を助けることができるでしょう。

＊　＊　＊

　変化の媒体としてメタファーを使うのは，変わりたいと願っている人の内的体験のコンテクストにできるだけぴったり沿うためです。前掲例はその大部分において，自分のストーリーと紳士の問題との間に──「コンテンツ」ではなく──コンテクスト・レベルで一対一対応を作成するわたしの創作力に頼ったものでした。しかし，わたしは，当人の無意識レベルでの参加意欲こそが，変化を発生させるメタファーの最終的な成否を決定すると信じています。
　次の例は，メタファーが効果的に働くためには，変わりたいと願っている当人が，変わるためのコンテクストを決定しているのは**自分**だと信じる必要があったというケースです。したがって，以下で展開するのは，この必要を満たすメタフォリカルなコンテクストの構築です。

　　　　　　　＊　＊　＊

　以前同様，わたしの働いているレストランで，またディナー・パーティがありました。今回しゃっくりに悩まされていたのは女性です。彼女は自分の窮状をウェイターに伝えました。ウェイターはわたしのスキルを多少は知っていたので，わたしなら「彼女のしゃっくりを消す」ことができるだろうと彼女に教え，わたしを呼んで，そうするようにいいました。わたしは彼女に訊ねました。「水漏れする蛇口の話をしますが，それを聞きながら，頭の中でそのイメージを思い描こうという気持ちになれますか？」
　彼女の反応は，過日の紳士の反応とは違っていました。あのときは，問題への介入について，意識的な合意も無意識的な合意もしっかり得られましたが，彼女はわたしの質問に対して，言葉では肯定的な返事をしながら，声の調子はいかにも怪しんでいるふうでした

し，返事をしたあとすぐ，ぷいと横を向いてタバコに火を点けました。わたしは彼女の返事から，少なくとも彼女の一部はわたしに助けてもらうのを不本意だと思っていること，また，そのパートはこれからわたしがしようとしていることを阻止できるかどうかに大きな関心を寄せていることを理解しました。

　わたしは再び例の話をしましたが，今回は良い結果を出せませんでした。女性はいくらか勝ち誇ったような声で，しゃっくりはまだ出ているわ，といいました（確かにそのとおりでした）。

　わたしはその時点で，わたしの努力を——どのような理由であれ——無効にする必要のある彼女のパートのことを考慮に入れ，別のメタファーを構築しました。同時に，コンテクストは，パワー・ゲームのレベルで行き詰まったからというより，問題解決に有利になるようにという点から再点検しました。そして，わたしが選択したのは，わたしも彼女も先ほどのストーリーが彼女を助けることはないと最初からわかっていたと彼女に告げること，できるだけのことをやったわたしは今落胆していると認めることでした。

　こうすることで，わたしはふたつのことをうまくやることができました。ひとつは，彼女の抵抗するパートに対して，それが望むもの——わたしを「失敗させること」と「支配」——を与えられたこと，今ひとつは，そのパートはわたしに抵抗できるかどうかに関心を

　この２例目について触れておくべきもっとも最重な点は，たぶん，ウィリがこの状況に対して**進んで柔軟に対応しようとしている**ことだろう。そうすることによって彼は，人を助ける立場にある者として，非常に良い働きをしている。

　女性の「抵抗するパート」にあっさり同意することによって，ウィリは簡単に女性を，彼に協力せざるをえなくなるというダブル・バインドの状態にしている。すなわち，彼女はウィリを負かすために，今度はしゃっくりが出

もっていたため，ストーリーに効果がないことを双方がわかっていたという今のわたしの発言に対して，それが抵抗を続けられるようにしたことです（それゆえ，そのパートは実際に――議論をしかけてくるという形で――抵抗したのですが，ということは，彼女は誠実に協力しようと**した**ということになります）。

　ここでわたしは彼女のテーブルを離れ，しゃっくりを止めたいと思っている彼女のパートと，わたしに誠実に協力してしゃっくりを止めようとすることでわたしに抵抗しているパートとの間に，さらに提携が進むようにしました。少ししてからわたしは戻り，彼女に，「わたしのストーリーは効き目がなかったのでお訊きしますが，あなたのしゃっくりは何色ですか？」と訊ねました。彼女はこれに対して「紫」だと答えました。わたしは質問の口調で，「あなたのしゃっくりは紫？」といい，その場を離れました。

　わたしはまた少しして戻り，彼女に，ヘリウムガスで膨らませた紫の風船を手にもったことがあるかどうか，その手を離すと，ヘリウムガス入りの風船はどうなるかを訊ねました。そして，すぐその場を去りました。

　3分ほどして戻ると，女性はひどく驚いた様子で，しゃっくりは止まったと思うといいました。そして，実際に出なくなっていました。

　このケースでは，彼女が「紫」という色の形で，自分のしゃっくりに役立つメタファー

ないようにしなくてはならなくなったのである。

ウィリはここで共感覚の交差を利用している。彼はこのようにして，一触即発のしゃっくり問題から自分も彼女も離れ，代わりに「紫」について話し合えるようにしている。

ウィリは自分の介入――トランスデリベーショナル・サーチを開始させること――に必要な時間しかその場に留まらないことによって，議論したり脱線したりする機会を彼女に与えないようにしている。

ウィリは風船を媒体としてサブモダリティのシフトを行ない，メタファー

を自分で構築できるようにしました。その後は，そのメタファーと，何か別の紫色をしたもので，しゃっくりを止めるメタフォリカルな手段として役立ちそうなものとを結びつけるだけで済みました。

　思うに，彼女はヘリウム風船を離したときに起きることに指示指標があると考えたのでしょう。わたしたちはあのときにはもう，しゃっくりのことも，それを止めることも話題にしてはいませんでした。ヘリウム風船を手から離したらどうなるかということを話していたのです。この風船がたまたま紫で，偶然にも彼女のしゃっくりも紫だったというだけのことです。

を完成させている。

SECTION 2
ヴィヴァーチェのメタファー

　これは，視力を改善したいと考えて助けを求めてきた若い女性——「ヴィヴァーチェ」と呼ぶことにしよう——に語ったメタファーのトランスクリプトである。最初の面談で，彼女の視力障害の原因が，少なくとも一部は明らかになった。彼女は，娘の面倒をよく見て，父親に自分のことを恥じる理由を与えないようにしなくてはならないという責任を感じていた（父親はヨーロッパからの移民で，女性の取るべき態度についてはかなり保守的な考えの持ち主だった）。この責任感の**イメージ**が原因のひとつだった。

　自分のさまざまな責任に焦点を絞っているヴィヴァーチェのこのパートは，逃げ出してダンスをしたり人と交際したりする必要があると**感じている**別のパートと反目し合っていた。これらふたつのパートは，「責任」のパートがなだめ，「逃げ出し」たいパートが非難するという関係にあった。

　このメタファーは同時にいくつかの治療的役割を果たした。そのひとつは，

対立するパート双方を満足させる方法——双方のパートが彼女のために望んでいることを手に入れる手段——をヴィヴァーチェに暗示することだった。ふたつめは，ヴィヴァーチェ自身がもっと有益な対応の仕方で父親に対応し，もっと有益な見方で父親の行動を見る方法を暗示することだった。3つめは，彼女が今後たどる可能性のあるプロセスをメタフォリカルに描写することによって，その後のセラピーの傾向を設定することであり，4つめは，彼女に新たな目の使い方を提案することであった。これらの役割をすべて完遂するために，「スタッキング・リアリティ」がメタファー内で幅広く利用されている。

❖第一の役割

　ヴィヴァーチェの「責任」のパートは，どうあっても家族の世話はしっかりしたいと思っていた。けれども，実際には望んでいることを果たせていなかった。というのも，家族に縛られていることに対するヴィヴァーチェの怒りが，家族の必要を誠実に効果的に満たそうとするのを妨げることがあるからだった。
　ヴィヴァーチェの「逃げ出し」たいパートは，くつろぎと気晴らしを必要としている自分自身の世話をしっかりしたいと思っていた。けれども，このパートもやはり望んでいることをし損ねていた。というのも，自分自身のために使える時間は，家でのさまざまな責任が頭に浮かんできて，しばしば中断されるからだった。
　メタファーでは，これらふたつのパートの差異が明確に描写されている。この対立を解消する答えが得られるのは，それぞれが他方と**率直に対応する**ようになり，双方が**聴覚**を使って互いにコミュニケーションを取るようになり，**共感覚パターン**を利用して互いの各表象システムからの情報を共有するようになったときである。
　橋を架けるこれらの戦略を使った結果，今やふたつのパートは効果的にコミュニケーションを取ることができるようになり，ふたつは互いを役立て，高め合っている。このパターンをまとめると次のようになる。

問題	橋を架ける戦略	目標
ふたつのパート間の対立が原因で，双方が満足できずにいる	対立するパートが互いのコミュニケーションの性質を変える	双方のパート（とヴィヴァーチェ）が望んでいるものを手に入れられるようになる

もしくは（メタファーの中で……）

問題	橋を架ける戦略	目標
レットとホーは仲のいい姉妹であろうとし，父親の面倒をよく見ようと務め，果樹の園への小道も見つけようとしていた	ふたりはそれぞれの目標を達成するために，相手に頼るようになる	レットもホーも自分の目標を達成し，その結果として成長しつづける

解答

メタファー		橋を架ける戦略		目標
レット：	<u>非難する</u> → 触運動覚	<u>率直に対応する</u> → 聴覚	＋共感覚 パターン →	<u>率直に対応する</u> 触運動覚 聴覚 視覚
ホー：	<u>なだめる</u> → 視覚	<u>率直に対応する</u> → 聴覚	＋共感覚 パターン →	<u>率直に対応する</u> 視覚 聴覚 触運動覚

✣第二の役割

　メタファーのある時点で，レットとホーの父親は目が見えなくなるため，それ以降，彼は娘たちの変化を「見る」ことができなくなる。父親は最後に，娘たちの果樹の園に自分を連れていってくれないかと**頼む**。この遠出で3人はたくさんおしゃべりをしている。このことが暗示しているのは，ヴィヴァーチェの父親に生じた変化は，聴覚を通じてもっともよく促進されたということである。その場に着くや父親は──元々探究心のある男だったので──独りで歩き回る。ストーリーの中では，父親の失明は，レットとホーの自由を侵害しようという彼のパートの意図と結びつけられては**いない**。単に，3人が皆ベストを尽くして取り組んでいる出来事として描かれている。

✣第三の役割

　メタファーの全体的な筋立ては，ヴィヴァーチェがわたしに助けを求めてくるまでの彼女の過去，治療，彼女に期待できそうな変化の描写から成っている。したがって，ストーリーの中で，レットとホーは当初，好みも能力もぴったり一致していたが，父親の「目が見えない」ようになって初めて，進む方向が異なってくる。やがて若い男性が現れて居候し，「必要な雑用や修理」をして一家を助ける。この男性はセラピストである（と同時に，別のレベルでは，ヴィヴァーチェの一パートであり，このパートは彼女の他のパートと接触してコミュニケーションを取る力をもっている）。男性は，レットとホーが男性の導きで果樹の園に入ったのちに姿を消す。もう必要でなくなったからだ。娘たちはその後も，自分たちの好きなように果樹の園を利用しつづける。このようにして舞台は整った。

　また，ストーリーのコンテクストの中で，わたしは具体的なアンカーを設定し，のちにヴィヴァーチェが適切な形で用いて変化を開始できるようにしている（レットに「ウィンク」をしたのと，ホーの「頬をつねった」のがそれである）。

　（実のところ，今述べたアンカーも含めると，このメタファーには少なくとも7つ

のリアリティがスタッキングされている）

❖ 第四の役割

「新たな目の使い方」については，目の筋肉とスキャニング・パターンを**意図的に**使うこと，視覚情報のさまざまなサブモダリティに注目しはじめること，共感覚パターンを利用することによって，目に入ってくる情報をより多く取り込みはじめることなどを提案している。

❖ ヴィヴァーチェのメタファー

　こことよく似たある場所に，ひとりの男とその娘がふたり住んでいました。男は大変聡明で，ふたりの娘をおおいに誇りに思い，ふたりにはできるかぎりのものを与えていました。3人は森の中の小さな家に住んでいました。
　ふたりの娘は，レットとホーという名前でした。レットとホーはまだ子供で，どんな冒険をするのも一緒でした。毎日森に飛び出していっては，小さな発見をしたものです。松ぼっくりを人に見立て，木々を壁の代わりにし，空を屋根の代わりにして，ままごとをしました。もちろんふたりはあらゆる種類の妖精が見えていましたし，そうした妖精たちといつも会話をしていました。おなかが空けば，遠くまで行かなくても，大好きなベリーをいっぱいつけた茂みがすぐに見つかりました。

　ここがその場所とどんなふうに「よく似た」場所なのか，あるいは，「ここ」が具体的にどういう場所であるのかさえ，特定されていないことに注目しよう。
　「できるかぎりのものを与えて」も不特定のままである（具体的に何を与えたのか？）

　当初，レットとホーは似たようなものを必要とし，必要としているもの表わし方が同じであるだけでなく，ふたりともすべての表象システムが充分に発達していることをはっきり示している。

　「冒険」や「発見」といった言葉を使い，それこそが**今**ヴィヴァーチェがしていることだという暗示を彼女に与えていることに注目しよう。

ふたりは存分に遊び尽くすと家に帰り、父親に駆け寄ってしっかり抱きつきました。父親も娘たちを抱きしめ、大きな声で笑うと膝をついて座り、その日のふたりの散歩について、いつでも詳細を聞けるようにしました。

父親はいつも娘たちの冒険に魅せられました。というのも、彼には学問はありましたが、多くの点で世間には疎いところがあったからです。彼は外出してぶらつくようなことはめったになく、森の外はいったいどんな様子なんだろうとよく思っていました。

そして、そんなふうにして歳月は過ぎていきました。レットとホーは共に成長し、さんざんやり尽くした遊びに興味を失い、新しいものがそれらに取って代わりました。

その後、ある日、父親がまったく予期できず説明もつかない状況で、目が見えなくなりました。それからも月日は過ぎていき、レットとホーも変わりはじめました。

レットは相変わらず一日の大半を森の中をさまよって過ごしました。走りながら頰に冷たい空気を感じたり、低い木の枝々が脚にちくちくするのを感じたりするのが大好きでした。緑の松葉の毛皮のような房をさするのにも、木々のごつごつした幹に手を走らせるのにも、けっし

ここでも、父親がどのような点で「世間には疎い」のかについて特定されていないため、その「多くの点」について、ヴィヴァーチェは自分に役立つものを、自由にそこに埋め込むことができる。

父親が「まったく予期できず説明もつかない状況で、目が見えなく」なるのは、ヴィヴァーチェが父親の保守主義に苦しめられることと一致する。というのも、父親がなぜあのような考え方をするのか、ヴィヴァーチェにはその「理由が見きわめ」られなかったからだ。

この時点で、ヴィヴァーチェは明確に性質の異なるふたつのパートを発現させる。レットは「逃げ出し」たいパートで、ここでは触運動覚がきわめて優位なタイプに描

て飽きることがありませんでした。ベリーの茂みに出くわすと，ときにはひとつかみ摘み，それらをつぶすこともありました。その感触がおもしろいからというのが唯一の理由でした。そして疲れると，苔に覆われた丘の斜面や，松葉でふかふかのカーペットに寝そべるのでした。

　一方，ホーは自分の居場所は家の中だと見定めていました。森は相変わらず好きでしたが，今は，家から眺めて楽しんでいました。一日のうちにもさまざまな色と影が刻々と変化して混じり合う光景は，特にすばらしいと思っていました。けれども，自分が家庭や家事に注意の焦点を絞っているときにこそ，最大の喜びが生まれることも知っていました。彼女は料理が大好きでした。彼女にとって，たくさんの材料が組み合わさってオーブンの中に消え，明らかに変化して出てくるのを見ていることには，常に何か特別のものがありました。彼女にはまた，家周りでするべきことを見きわめる才能があり，したがって，家は常に整理整頓を絵に描いたような状態でした。それに，いうまでもなく，父親に目を配る責任の大半を引き受けてもいました。

　時は過ぎていきました。ホーとレットは，互いにほとんど関わりをもたないことが多くなりました。そして，ふたりはある点ではうまくやっていましたが，あ

かれていて，「感じ（る）」，「冷たい」，「ちくちくする」などの叙述語を使っている。

　こちらのホーは「責任」のパートであり，視覚がきわめて優位なタイプに描かれていて，「見定めて」，「眺めて」，「焦点を絞っている」などの叙述語を使っている。

る点ではそうではありませんでした。レットはホーにこんなことをいうこともよくありました。「そんなに家でばかり過ごしていたらいけないわ。そんなもの，しばらく放っておけないの？ それに，父さんにもあそこまで世話を焼いたらだめよ。父さん，自分でちゃんとできるわよ，わかってるでしょ？」

　そんなとき，ホーはこう答えました。「ただ，父さんには目を配ってあげる人がそばに必要だわ。わたしにはわかるの。それに，わたし，本当に気にしてないのよ。ここでしていることが好きだし，あなたがわたしのことを心配するのをやめてくれさえすれば，何もかもパーフェクトになるのに」

　けれども，そうはいっても，ときにはホーも森の中に飛んでいきたいという気持ちが心の中で蠢いているのを感じることもありました。でも，自分のすべきことは家庭にあることがはっきりしていたので，そうした蠢きはできるだけうまくぼんやりさせておくのが常でした。

　ある日，ひとりの若い男性が森の奥から出てきて，家に近づいてきました。ホーが最初に彼を見て，家に招き入れました。男性は，自分は旅の途中だが，自分の知るかぎり，この旅は永遠に終わりそうにないと説明しました。そして，レットが何度もあれこれ聞き出そうとしまし

　この一節から，レットとホーがもはや常に意見が一致しているわけではないという事実がわかる。

　レットが「いけないわ」，「おけないの？」，「だめよ」という言い方をしているのは，彼女のコミュニケーションの取り方が，非難するブレイマーのものであることを示している。

　ホーはここで，「ただ」，「さえすれば」，「なるのに」などの言葉を使って，自分のコミュニケーションの取り方が，なだめるブレケイターのものであることを示している。

たが，彼は多くの点で非常に秘密主義でした。父親とレットとホーは彼の立場を理解し，彼の過去について，それ以上は質問しませんでした。男性は，必要な雑用や修理をする代わりに，しばらくここに置いていただきたいといい，3人はそれを承諾しました。

　男性は，来てまだ日が浅いころ，森からはじかれたように飛び出してきて，ホーを呼びました。彼女は男性が息を切らしているのを見て，どうしたのかと訊ねました。

　「ああ，ホー」と，彼はいいました。「あなたの助けが必要なんです。わたしたちみんなにとって，とても大切なことがあるんです。わたしといっしょに来てもらいたいのですが，その見通しはつきますか？」

　ホーは承知し，いっしょに森の中に入っていきました。途中，彼がいいました。「わたしたちにはレットの助けも必要です。彼女を呼びましょう」

　ホーはできるかぎり大きな声を出して，男性といっしょにレットの名前を呼びました。ほどなくして下生えを踏みつける音が聞こえ，それに続いてすぐにレットが現われました。茂みの中を通ってきたのです。彼女も探索に加わりました。

　かなり歩いたあと，男性はふたりを止めていいました。「ここです」

　地の文は，ホーがときには「森の中に飛んでいきたいという気持ちが心の中で蠢いているのを感じることもあった」としたあと，若い男性の出現へと話をつないでいる。この男性はセラピストである。

　「まだ日が浅いころ」として，これがいつの出来事なのかを意図的に明らかにしていない。

　ホーが聴覚的に「呼ばれている」点に注目しよう。

　ここでも，「（大切な）こと」とするだけで意図的に詳細を明らかにしていない。

　ここでも，レットが聴覚的に呼ばれている点に注目しよう。また，聴覚的な叙述語の使用が増えている点にも注目しよう。

　「かなり歩いたあと」も，「ここ」同様，意図的に詳細が明らかにされていない。

3人は大きな峡谷の崖っぷちから少し離れたところに立っていました。峡谷の底は深い森になっています。3人が今出てきたばかり森は，崖っぷちから何フィートかのところで終わっていて，その不毛の土地の帯は峡谷に沿ってずっと続いていました。
「でも，いったいここはなんなの？」と，レットとホーは声をそろえて訊ねました。
　男性は哀しげな表情を浮かべていいました。「そうですね，お話ししましょう。実は，もう少し若かったころ，わたしは路上である男に出会いました。わたしたちは言葉を交わしはじめ，しばらく一緒に旅をすることにしました。あるところに来ると男は帽子を取り，わたしが彼の耳をちらっと見たことを確認すると，すぐに帽子を戻しました。彼の耳はいかにも奇妙な色をしていました。わたしがそのことを訊くと，彼は自分は魔法使いだと告白しました。
「わたしはしばらく混乱しましたが，やがて訊ねました。『わたしにはあなたが魔法使いだとわかってしまいましたが，そうなったということは，もうわたしとは一緒に旅はしないということですか？』
「ところが，彼のほうこそ，わたしが**彼といるのをいやがるんじゃないかと心配していたことがわかりました**。彼はすっ

　若い男性が語ったこのストーリーの中のストーリーは，実は，ヴィヴァーチェとセラピストとの治療を介した関係についての，別のメタファーである。このサブストーリーは，何事かが自分にとって「ふさわしい」ときには自分の感覚を使ってそれを知ることができるということを，ヴィヴァーチェに暗示するための手段としても利用されている。

かり安心しました。わたしたちはまた一緒に旅を続け，やがて四つ辻まで来て別れることになりました。彼はお別れの贈り物だといって，あらゆる種類の美味しい不思議な果物をつける，ある特別な木々について教えてくれました。そして，どこに行けばそれが見つかるかは説明できないといい，でも，どんなふうにそれが見つかった**とき**がわかるのかは教えてくれました」

「どんなふうにわかるのかしら？」と，ふたりの娘はつぶやきました。

「独特の感覚が生じて……この辺だというのがわかるんです」

　３人はその果物の木々を探して一帯をくまなく見て歩きました。レットはすぐに疲れて座り込み，髪を梳きはじめました。ホーはその間も，何か印が見つからないかと丁寧に探しつづけました。彼女は慎重に崖っぷちまで歩いていき……森が茂っている谷底を熱心に覗き込みました。

　そして，それを見たのです。

　眼下の森の，重なり合った葉の小さな隙間から，太陽の光が鮮やかな色の表面に反射するのを見たのです。じっと見ていると，光がその表面で戯れる様子から，それがなめらかで，カーブを描いて球形になっていること，それが固いこと……そして，絶対に取りに行くだけの価値が

よく発達したホーの視覚は，役立つものという枠組みをここで与えられている。つまり，彼女はその視覚のおかげで果樹を見つけることができるのである。しかし，彼女の果樹の捉え方は，視覚のサブモダリティと触運動覚のサブモダリティとの間の重要な交差と結びついていることに注目しよう（光がその表面で「戯れる」様子から，

あることがわかりました。今や彼女には，それがとても温かな深い赤だということもわかりました。彼女は心がちりちりするのを感じながら，一条の光がそこに落ちるのを眺めました。

「あそこにあるわ」と，彼女は落ち着いた声で，峡谷の中を指差しました。レットと若い男性はその指の差す先をたどり，とうとうそれを見ました。

「見つけましたね」と彼はささやき，ホーの右の頬を優しくつねりました。「さあ，今度はどうやったらあれを取れるかです」

3人は崖っぷちに立ち，峡谷を取り巻いているらしい険しい崖を見降ろしました。ホーはしばらく険しい崖を丁寧に見て，小さな道か入り口がないか調べていましたが，すぐに目が疲れ，出っ張った岩に腰を下ろすと足をぶらぶらさせはじめました。

レットがとうとう自分のすべきことを悟りました。「わたしがあそこに降りるわ」と歌うようにいいました。いいながら，崖の端から降りはじめています。何か足場が見つからないかと，足で慎重に岩肌を探り，同時に，安定した石なり岩なり，手の届くところにあるものをしっかりつかんでいます。

数フィート降りたところで，足場になるものがなくなり，何度か滑り落ちまし

それが「なめらかで」，「カーブを描いて」いて，「固い」ことがわかり……また，それが「赤」で，それゆえに「温かい」こともわかり……など）。

男性はここでホーの頬をつねりながら，声の調子を使ってアナログ・マーキングもしている。したがって，ささやきながら頬をつねるという行為は聴覚と触運動覚を使ったアンカーとして，ヴィヴァーチェが「ものを見つける」ときに役立てられるようになった。

よく発達したレットの触運動覚は，役立つものという枠組みをここで与えられている。つまり，彼女はその触運動覚のおかげで果樹の園への道を拓くことができるのである。

た．彼女が自分の足元を見たのは，そのときです．よく見てみると，影を探すことによって，割れ目らしきものと足場になりそうなものとをはっきり見わけられることに気づいたのです．おかげで，かなり楽に降りつづけられるようになりました．

　ある地点で，彼女は崖っぷちで待っているふたりに大声で呼びかけました．「わたしをよく見ていて！　そうしたら，あなたたちも簡単についてこられるから」　若い男性はそこで，左目でレットにウインクしました．

　彼とホーはレットの使っている優雅な動きをすべて注意深く観察していましたが，ほどなくふたりも峡谷をきびきびと降りはじめました．

　谷底に降りると，3人は散らばってそこここを歩き回り，小鳥の群れのようにおしゃべりをしました．そうこうするうちに，あの特別な果物の木々に出くわしました．そして，それは本当に特別でした．

　そこにはあらゆる種類の変わった木々や茂みが育っていました．そして，その一本一本から珍しい形や色の無数の果物が垂れ下がっていました．中には，さわると，形や色を変えるものもあります．その表皮にまで，特別な構造がありました．優しくつかむと，ざらざらしていた

以前のホーと同様，レットがこうしてうまく降りていけるのは，触運動覚を視覚と連動させて利用できているからである．

「道」を見わけるレットの体験も，「ウインク」のセンテンスを声の調子でアナログ・マーキングして語ることによって，のちに使うときのためにアンカーにされている．

果樹の園にあるさまざまな「果物」は，意図的に詳細を特定せず描写されている．それによって，ヴィヴァーチェには，その果物を自分の好きなように想像する最大限の機会が与えられる．

　ここでは，果物の描写にいかに広く共感覚パターンが利用されているか，全体にいかにサブモダリティが利用されているかに注目しよう．

表皮がすべすべになるものがあるのです。実のぎゅっと詰まったものもあれば，ふんわりしているものもあり，大きさも大小さまざまです。これを振れば，からから鳴るし，あれをむしれば，「ポンとはじけます」。ほかにも，開くときにパリパリと実に楽しげな音を立てるものもありました。

　3人は一日中，さまざまな果物を味わったり，味を試してみたりして過ごしました。多くは嬉しくなるくらい美味しいか，満足できる味でした。中には，かなり苦いものもありましたが，苦いものには，ほかにたくさんの使い道があることを，3人はすぐ発見しました。本当に驚くべき木々です。

　3人は毎日この果樹の園に通いました。そして，峡谷の絶壁を昇り降りするたびに，3人の通った跡は少しずつ削られていき，とうとうこの特別な場所まで，楽しい小道を歩いてすぐに着けるようになりました。果樹の園に入ると，3人はすばらしい会話を楽しみ，その中で，お互いについてたくさんの発見をしました。

　ホーは，森への散歩のおかげでとてもリラックスでき，元気も出るので，以前より家事が楽になり，楽しめるようにもなったことに気づきました。そして，レットは，森について学んださまざまなことをどんなふうに家庭にもち込んだらい

「苦い果物」が「使い道がある」ものとしてリフレーミングされている。

果樹の園は，訪ねるたびに行きつくのが楽になる場所として，また，「会話」が「発見」につながる場所として描かれている。

いのかを，すぐに見定められるようになっていき，そういう意味で，森はふたりにとって不可欠なものになりました。

　ある日，ホーとレットは目を醒まし，若い男性がいなくなっていることに気づきました。ふたりは気をもんだりはしませんでした。彼がいつかいなくなることはずっとわかっていたからでした。……ふたりには，3人で見つけたあの果樹の園が彼のものではないこともずっとわかっていました。

　ですから，レットとホーはあの園への楽しみと発見の遠出を一緒に続けました。

　ある朝，父親がいいました。「ところで，ずいぶん先延ばししていたが，遅すぎることはないはずだ。娘たちよ，父さんにもあの果樹の園への道を教えてもらえないだろうか」

　ホーは父親の右手を取り，レットは父親の左手を取りました。ふたりは一緒に父親の手を引き，3人で楽しくおしゃべりしながら，森を進んで行きました。峡谷に着くと，父親がいいました。「少しひとりで行かせておくれ……自分で見つけなくてはならないことがあるんだよ」

　そういうと，父親は小さく歩を進めながら，崖っぷちまで進んでいきました。ぎりぎりのところまで行くと，片足を虚空に垂らし，微笑みました。「これまでずっと，あれこれ思っていたんだが」と

レットとホー双方を向上させる全表象システムの力が，ここでもリフレーミングされている。

彼はいいました。「おまえたちが今手を取ってくれるなら，父さんはすぐにもおまえたちの果樹の園を訪ねられるよ」

ふたりは父親の手を引いて，小道を降りていきました。谷底に着くと，父親が再びいいました。「さあ，手を放しておくれ。父さんは自分で見つけるつもりなんだ」

レットとホーは最初は心配しましたが，よく話し合った末に，そうするのはだいじなことだと結論を出しました。そういうわけで，ふたりが果樹の園に座っている間，父親は谷の底をさまよっていました。ときどきバンッと音を立てて木にぶつかりました。つまずいて転ぶこともありました。レットとホーは父親がどこにいるのか，ずっとわかっていました。というのも，父親が自分自身に向かってクスクス笑いながら話しかけたり，自分のことをおもしろがって笑うのが聞こえていたからです。

その父親もついに果樹の園を**自分**で見つけました。そして，その日の午後はずっと，木から木へと歩き回り，味わえるものはなんでも味わって過ごしました。レットとホーは心から嬉しく思い，すっかりのんびりして，すぐに父親のことを忘れてしまいました（父親のほうも，そのときには，思い出してもらうことにはほとんど関心がありませんでした）。代わり

に，それぞれの夢を思い描き，それぞれの希望を語りつづけました。

　そして，そうした日々が続きました。3人は，あの小さな果樹の園に行く必要があるとき，そこに行きたいと思うときには，いつでも戻っていきました。頻繁にそうすることもありました。しばらく間が空くこともありました。ただ，3人にはずっとわかっていました。それはそこにあると……。

おわりに

　ある日高校からの帰り道，轡(くつわ)をつけた馬がわたしたちの横を勢いよく走り抜けて，ある農家の庭に駆け込むと……飲み水を探しているようでした。ひどく汗をかいていました。どこかから逃げ出してきたんでしょう。でも，農家の人は馬に気づいていなかったので，わたしたちがそれを隅に追い込みました。それから，わたしは馬の背中にひょいと乗り……なにしろ馬は轡をつけていましたから……手綱を取って「進め！」といい……街道に向かいました。わたしには，馬が行くべき方向に行くとわかっていました……わたし自身はどっちに行ったらいいのかわかっていませんでした。馬は早足だったのが，そのうちに疾走するようになりました。ときには街道にいることを忘れて，牧草地に入っていこうとすることもありました。そういうときには少し手綱を引いて，今は街道を走らなくてはいけないことを馬に気づかせました。そして，ついにわたしが馬に乗った場所から４マイルほど来たところで，馬はある農家の庭に入っていきました。すると，農夫がいいました。「なるほどな，こいつ，そうやって帰ってきたか。どこで見つけたんだね？」
「ここから４マイルほど向こうです」とわたしはいいました。
「ここが戻る場所だって，どうやって知ったんだね？」
「ぼくは知りませんでした……馬が知ってたんです。ぼくはただ，馬の注意を道に向けつづけただけです」とわたしは答えました。
　……心理療法はこんなふうにするものだと，わたしは思っています。

ミルトン・H・エリクソン医学博士
アリゾナ州フェニックスにて
1978年３月21日

解説

　本書『NLP メタファーの技法（原書名：*Therapeutic Metaphors*）』誕生の背景には，ある物語が存在します。それは，若者が二人の老賢者の導きによって天命を知り，旅に出，多くの艱難辛苦を経験しながらも友を得て成長し，最終的に何らかの宝物を手に入れて帰還する，という物語です。若者を導く老賢者の一人は人類学者のグレゴリー・ベイトソン（1904〜1980），そしてもう一人は，心理療法家のミルトン・H・エリクソン（1901〜1980）です。

　一人目の老賢者ベイトソンは，カリフォルニア州パロアルトにある MRI（メンタル・リサーチ・インスティテュート）で短期療法，家族療法の研究に従事し，「二重拘束理論」，「人間関係における対称／補完の類型」などの体系化に大きな足跡を残しました。その後，カリフォルニア大学サンタクルーズ校のクレスギー・カレッジに講師として赴任したのは1972年のことです。

　当時，サンタクルーズ校では，言語学准教授だったジョン・グリンダーと学生だったリチャード・バンドラーらが中心となり，ゲシュタルト療法のフレデリック・パールズや家族療法のヴァージニア・サティアの治療法を研究し，彼らの治療法がどのようにして人間の認識や行動に魔法のような変化をもたらすのかを解明しようとしていました。その研究成果は後に「NLP」（Neuro-Linguistic Programming：神経言語プログラミング）として体系化されます。本書の著者であるデイヴィッド・ゴードンは，ロバート・ディルツ，ジュディス・ディロージャ，レスリー・キャメロン，スティーブン・ギリガンらとともにベイトソンをメンターとし，NLP の共同開発者のひとりと見なされている人物です。

　NLP の創始者であるグリンダー＆バンドラーは，初期の生成文法を使ってパールズとサティアの言語パターンを「メタモデル」（モデルについてのモデル）として体系化し，『*The Structure of Magic Vol.I*（邦訳：魔術の構造）』を1975年に，その続編となる『*The Structure of Magic Vol.II*（邦訳：魔術の構造）』を1976年に出版しています。これと前後してベイトソンはグリンダー＆

バンドラーらに対して，二人目の老賢者であるミルトン・H・エリクソンに会いに行くことを勧めています。

　ミルトン・H・エリクソンは，短期療法の成立に大きな影響を与えた人物です。彼は，メタファーを多用する独特の言葉遣いで，夜尿症の少年を即座に治療したり，末期癌の患者の痛みを緩和したり，アルコール依存症の患者を治療したりと，多くの実績を残した非常に卓越した心理療法家です。同時に，自身の心理療法を体系化しなかった人物としても知られています。

　晩年の10年間，彼はアリゾナ州フェニックスの自宅兼診療所で心理療法家向けのワークショップを開催し，多くの訪問者を受け入れました。後にエリクソンの後継者と目されることになる陣営からは，アーネスト・ロッシ，ジェフリー・ザイク，スティーブン・ギリガン，ビル・オハンロン，スティーブン・ランクトンらが，NLPの陣営からは，ジョン・グリンダー，リチャード・バンドラー，ジュディス・ディロージャ，ロバート・ディルツ，デイヴィッド・ゴードンらがエリクソンのもとを訪れました。エリクソンの魔法のような心理療法を体験したワークショップの参加者たちが，なんとかしてその魔法を解明しようとさまざまなアプローチを試みた様子は，彼らの著作を通して知ることできます。

　一方，当のエリクソンは「クライエント一人ひとりがこの世で一人しかいないユニークな存在である」という信念を持ち，クライエントへの対応を一人ひとりに合わせて臨機応変に変えていました。クライエントの望むゴールを達成するためには，偶発的に起こる出来事さえ利用するアプローチ（Utilization）も採用していました。そのため，エリクソンがクライエントと行なったセッションはJazzの即興演奏のように変幻自在で，その模様は録音テープ，ビデオテープ，速記録などの形で膨大に残ってはいるものの，セッションの秘密を解明し，技法を一般化していく作業は困難を極めました。

　話は遡って1950年代，最初にエリクソンの秘密の解明に挑んだのは壮年のベイトソンでした。ベイトソンは，MITのノーバート・ウィナーによって創始されたサイバネティクスの知識を使ってエリクソンの技法を観察し，エリクソンが，帰納法や演繹法といった論理的思考法に加え，物事を自由に関連づける

「アブダクション」と呼ばれるロジックも活用していることを発見します。帰納法や演繹法を活用しているとき，観察者は必然的に意識を物事やそのカテゴリーに向けることになります。一方，アブダクションを活用している時は，必然的に意識を物事の関係性や構造に向けることになります。ベイトソンは，エリクソンがメタファーを使ってクライエントの意識が物事やそのカテゴリーから物事の関係性や構造に向くように促し，思い込みの枠組みから出たり，資源・資質を探したりするように促していたことを突き止めます。

　それから20年ほどの月日が流れ，次にエリクソンに挑んだのがアーネスト・ロッシです。ロッシはエリクソンとの共著になる『*Hypnotic Realities*（未邦訳）』を1976年に出版し，メタファーに限らずより包括的にエリクソンの技法の体系化を試みています。また，同時期にグリンダー，バンドラー，ディロージャが『*Patterns of the Hypnotic Techniques of Milton H. Erickson, M.D. Vol.I, II*（邦訳：ミルトン・エリクソンの催眠テクニックⅠ，Ⅱ）』の2冊の著作を出版することになります。同書では初期の生成文法を使ってエリクソンの言語パターンが抽出されており，後にNLPで「ミルトン・モデル」と呼ばれるメタモデルを体系化してゆく過程が示されています。『ミルトン・エリクソンの催眠テクニックⅠ，Ⅱ』はエリクソンを分析した著作の中でも良書のひとつですが，必ずしも特定のクライエントを前にして具体的にどのようにメタファーを作成すればよいのかに焦点が当てられていないために，セラピストがクライエントに対して実際にメタファーを作成して語り聞かせるには不明な点があります。そこで登場するのが本書『NLP メタファーの技法』ということになります。著者は，ロッシ，グリンダー＆バンドラーとほぼ同時期にエリクソンの魔法の解明に挑んだデイヴィッド・ゴードンです。

　ゴードンはエリクソンが使っているメタファーに焦点を絞り，エリクソンがどのような枠組みのもとでどのようにメタファーを構築し，クライエントに語りかけるのかを探求していきます。ゴードンが最も重視したのは，どのようにすればクライエントの世界観に則したメタファーを構築できるのかという点です。一般的に，短期療法におけるメタファーは非常に戦略的で，ビジネス系のコンサルタントが使うFIT&GAPと同等のフレームワークのもとで活用され

ます。つまり，メタファーは，「何を変えるか？（現状）」，「何に変えるか？（理想）」，「どのように変えるのか？（過程）」を曖昧な言葉遣いにもかかわらず正確に示唆し，クライエントに理想までの道筋と具体的な行動を思い描いてもらうための補助線となります。そして，このフレームワークのもとでのメタファーの役割は次のようになります。

思考の抽象化と外在化

クライエントはセラピストが語ったメタファーを無意識に自分の経験に関連づける。クライエントは無意識に「経験のコンテンツ」から「経験の関係性」に焦点を移し，抽象的かつ外在化（自己の問題をいったん切り離して第三者的に客観視する）して思考することができる状態になる。これにより，クライエントは現在の問題と関連している気持ちや身体感覚を問題から切り離して考えられるようになる。

外在化した状態でメタファーを理想の状態へ展開

クライエントはそのメタファーによって，「何を変えるのか？（現状）」，「何に変えるのか？（理想）」，「どのように変えるのか？（過程）」を示唆される。そして，理想の状態へ向けてどのような道筋でメタファーを展開すればよいのか，思考の枠組みを超えて考え始める。

思考の具体化と内在化

理想の状態へと展開されたメタファーのプロセスを自分自身の問題にどのように適用するのか，クライエントは問題解決のために具体的に何をすればよいのか，再度，気持ちや身体感覚を持った状態で自分の視点からアイディアを想い描く。

しかし，セラピストにとって非常に大きな課題があります。それはセラピストがクライエントが自らを理想の状態，あるいは既存の枠組みを超えた解決に導くようなメタファーをどのようにつくればよいのかということです。ゴードンは，本書で独自に構築したモデルを提示しています。この中で，特に重要な肝となるのは，クライエントの経験した出来事や登場人物を同型的（アイソモルフィック）に関連づけ，クライエントが無意識に入っていけるようなメタファーを作成し，それを

理想の状態へ向けて展開する具体的な方法です。このことが理解できるだけでも本書を読む価値があると思いますし，実践すれば，クライエントの認識や行動に無意識のレベルから変化が起こり，クライエントを理想の状態に導くあなたのセラピストやコーチとしての技量は必ず向上するでしょう。余談ですが，メタファーを即興でつくる必要はありません。エリクソンに倣えば，一回目のセッションでクライエントの世界観をよく傾聴し，二回目のセッションまでにそれを反映したメタファーを周到に準備するというスタイルになるでしょう。

　さて，ここまで本書の成り立ちを書いてきましたが，本書は一部の心理療法家や愛好者向けの著作なのでしょうか？　答えは「NO」。メタファーは心理療法の場でも活用されますが，心理療法に関わらない一般の方にも本書は役立つと考えます。メタファーはエリクソンが使っていた間接表現を継承しており，物事を相手に婉曲的に伝えることを好む日本人の感性に近いと考えられます。このような方法を使って，相手に言いにくいことをそれとなく伝えたり，人が抱える問題の解決を支援したり，過去から現在の延長ではない未来のありたい姿を思い描いたり，経営者が自社のビジョンを語りかけたり，大勢の人を前に効果的な演説をしたりするときなど，さまざまな場面で役に立つと思います。

　本書は二人の老賢者の感化を受けデイヴィッド・ゴードンが辿った旅で得た最上の宝物です。二人の老賢者は既にこの世からいなくなってしまいましたが，本書を老賢者のアドバイスの代わりに，あなたが探求の旅に出る番であることを告げているのかもしれません。1975年から1980年までに出版されたNLPの著作は，価値の高いものが多く，学術論文にも引用されるほどです。その例に漏れず，1978年に出版され，30年以上の時を超えて今もなお輝き続けている『Therapeutic Metaphors』の翻訳出版に尽力された編集者の岡本眞志さん，翻訳者の浅田仁子さんをねぎらいたいと思います。浅田さんの翻訳で読むことができるのは本当に嬉しいかぎりです。

NLP University 公認マスター・トレーナー＆コーチ
松尾　浩

原注

第Ⅰ章
▶1　わたしたちはここで，言葉自体は体験を表わす（「象徴する」）ものである——体験そのものではない——という考えを含めるために，「メタファー」という概念を使っている。メタファーをこのように理解することは，治療効果をもつメタファーを作って利用するのに不可欠というわけではないが，治療上の一般的なコミュニケーションと，ことにサブモダリティ（第Ⅴ章）を理解するために重要である。Collin Turbayne の *The Myth of Metaphor*（Yale University Press, 1962）は，「メタファー」のこうした利用について，さらに幅広く論じている。

▶2　メタファーによる意識的学習と無意識的学習は，利用に関する第Ⅵ章でさらに詳細に論じるつもりである。現段階では，わたしたちが人間として物事を「学んだり，理解したり，知ったり」するとき，いつ，どこで，どのようにしてそれを知るようになったのかを意識していないことが多いということをいっておくだけで充分である。無意識のコミュニケーションと学習の本質に関する優れた論考は，バンドラー，グリンダー，ディロージャの『ミルトン・エリクソンの催眠テクニックⅠ＆Ⅱ』（浅田仁子訳，春秋社）を参照されたい。

第Ⅱ章
▶1　バンドラー＆グリンダーの『魔術の構造』（尾川丈一，高橋慶治，石川正樹訳，亀田ブックサービス）第Ⅰ部第2～4章を読まれることを強くお勧めする。これらの章には，クライエントから有益な情報を最大限集めるための明確なモデルが紹介されている。このスキルは，お使いの治療法がどういうものであれ，きわめて重要な出発点である。あなたが行なうあらゆる介入は，あなたが自分のクライエントとその問題状況について知ったことを，意識的にせよ無意識的にせよ，基盤としているからである。

▶2　本セクションに紹介しているトランスデリベーショナル現象およびコミュニケーション・パターンに関するさらに完全な説明と論考は，『魔術の構造』第Ⅰ部，および，『ミルトン・エリクソンの催眠テクニックⅠ——言語パターン篇』にある。これらの書物は双方ともリチャード・バンドラーとジョン・グリンダーの共著で，『ミルトン・エリクソンの催眠テクニックⅡ——知覚パターン篇』は，グリンダー，ディロージャ，バンドラーが著している。

第Ⅲ章
▶1　ここで言及できるのは，さまざまな関係者をひとつのメタファー内で描写できるのと同じく，ある人のさまざまな「パート」も，ひとつのメタファー内で描写できるという点である。これは，ヴィヴァーチェのメタファー（第Ⅰ章＆第Ⅶ章末尾に掲載）で用いられている形成戦略である。このメタファーに登場する人物の何人かは実際にヴィヴァーチェのいくつかのパートを同型的に「具体化したもの」になっている。

▶2　「デジタル」は，ここで用いられているとおり，言語のことをいっている。

▶3　「アナログ」は，ここで用いられているとおり，しぐさや声調のことをいっている。

▶4　もし彼が最初から自分を指差して声を荒げていたとしたら，彼の発言は「一貫しないコミュニケーション」の例となっていただろう。一貫しないコミュニケーションは，発言内容がアナログによるコミュニケーションとマッチしていない場合，あるいは，アナログ・コミュニケーションのさまざまな要素どうしがマッチしていない場合に，必ず発生する（たとえば，声は穏やかなのに，こぶしを握りしめている，など）。その人のコミュニケーションが一貫していない場合は通常，複数のパートが同時に表現されている。これは非常に重要な概念であり，読者にはぜひ，バンドラー＆グリンダーの『魔術の構造』第Ⅱ部にある，不調和のもつ治療上の意味に関する詳細な論考を参照していただきたい。

第Ⅳ章
▶1　「触運動覚」のカテゴリーには，運動感覚（動作），触覚（感触），方向情報が含まれている。表象システムとその治療的意義についての幅広い論考は，グリンダー＆バンドラー著『魔術の構造』第Ⅱ部の第1章を参照していただきたい。
▶2　こうした概念の基盤となっている神経生理学のさらに詳しい説明は本書末尾の付録に収められている。
▶3　この治療戦略の詳細は，バンドラー＆グリンダー『魔術の構造』第Ⅱ部にある。

第Ⅴ章
▶1　ミラー（1956）によれば，ある一時点における意識的な体験は，情報の「ビット」数または「チャンク」数でいうと，おおよそ7±2に限定されるという。1「ビット」の情報量は，識別が行なわれるレベルによって決定される。たとえば，初めて7桁の電話番号を覚える場合，数字のひとつひとつが，情報の1ビット／チャンク／ユニットとなるが，いったん番号を覚えてしまうと，今度は，7桁から成る数字のひとつながりが情報の1ビット／チャンク／ユニットとなる。情報の「チャンク化」レベルが次第に複合的になるにつれ，一般化は，構成要素への分解（詳細）を犠牲にして行なわれる（たとえば，以下の情報レベルを考えてみよう。電話番号簿→電話番号掲載ページ→そのページの，複数の番号が並んでいる一行→その行にあるその番号）。
▶2　詳細を識別する知覚の能力をいう場合，わたしたちは今後もこの「分解能」という用語を用いるつもりである。
▶3　ここで使われているように，知覚の「範囲」とは，識別された知覚体験の多様性の程度のことである。したがって，「狭い」範囲には，視覚しか含まれていないかもしれないが，「広い」範囲には，視覚，聴覚，触運動覚まで含まれている可能性がある。
▶4　ここで言及されているプロセスは，ホログラムと同じ形で機能していると考えることができる。情報を記録したホログラムのフィルムを一条のレーザー光線が適切に通過すると，その結果生じるイメージは，元々記録されていたイメージと同じものになる。驚くべきことは，一条のレーザー光線がそのフィルムの**どの部分**を通過しても，元々のイメージとまったく同じものを同様に映し出す点である。人間の記憶処理のモデルとしてホログラムを支持する神経研究については，プリブラムの『脳の言語──実験上のパラドックスと神経心理学の原理』（岩原信九郎，酒井誠訳，誠信書房）に卓越した説明がある。
▶5　それらと結びついている過去のある体験を喚起できる出来事は，「アンカー」として知られている。錨として働くこれらの出来事が発生すると，同じ一連のイメージや音，感覚，

味わいが誘発され，誘発されたものが結びついて最初の体験を発生させる（ただし，こうして発生した体験は，必ずしも元の体験と同じ強度ではない）。例として，あなたも自分で以下の各言葉をひとつずつ取り上げ，それに対する反応として発生する内的な体験に注目してみよう（ひとつひとつに時間をかけること）。
　　ママ
　　ヴェトナム戦争
　　クリスマス
内面に注目していると，ある一連の内的イメージや身体感覚，内的な音が意識に上ってくるのに気づいたのではないだろうか。つまり，上の3つの言葉がアンカーとなり，今あなたに3種類の体験が発生したのである。治療用メタファーのコンテクストでアンカーがいかに役立つかは第Ⅵ章で説明する。
▶6　ある基本的なレベルで感覚系がサブモダリティとして組織化されているということは，知覚の内省的報告のみならず神経生理学においても明らかである。たとえば視覚において，ある皮質細胞はある特定の型にのみ反応し，また別の細胞はさまざまな形の方向性にのみ反応し，さらに別の細胞はある種の動きにのみ反応することが突き止められている。ほかにも，強度にのみ反応する細胞，「色」の周波数にのみ反応する細胞もある。サブモダリティによって組織化されている知覚をもっとも啓発的に紹介しているものとしては，Bach-y-Rita の *Brain Mechanisms in Sensory Substitution* (1972) を参照していただきたい。
▶7　視覚，聴覚，触運動覚の項に挙げた用語については，その大半の選択が正当であるのはたぶん明らかだろう。この種の分類はこれまで行なわれたことがなかったため，嗅覚の項に挙げた用語については，正当とする経験的証拠はほとんどなく，現時点では多かれ少なかれ恣意的である。「香り」は，ここで用いられているとおり，においのタイプについていっている（エーテルのような，バルサムのような，など。詳細は Haagen-Smith, 1952 参照）。「エッセンス」は，においの純度をいっている。より完全な論考は付録に収録してある。
▶8　以下は，こうした関係について参考になるものの例である。
　　London (1954) ——色と音の高低
　　Podolsky (1938) ——色と温度
　　J. Stevens and L. Marks (1965) ——明度と音の強度
　　Helen and Freedman (1963)　　位置
（これらは付録の文献目録にある）
▶9　参考文献（付録の文献目録）
　　Pedley and Harper (1959)
　　J. Stevens and L. Marks (1965)
　　Stevens and Rubin (1970)
　　Payne (1958)
▶10　ここで用いられているように，「布置」は，ある体験を特徴づけているさまざまなサブモダリティの集まりのことである（バンドラー&グリンダーのモデルに親しんでいる読者のために書き添えると，わたしたちがここで「サブモダリティの布置」と呼んでいるものは，ふたりのいう「等価の複合観念」と同じである。グリンダー&ディロージャ&バンドラーの『ミルトン・エリクソンの催眠テクニックⅡ——知覚パターン篇』，バンドラー

&グリンダー&サティアの *Changing with Families* 参照)。

第VI章

▶ 1　*Advanced Techniques of Hypnosis and Therapy*（Jay Haley 編）の中に,「A Study of an Experimental Neurosis Hypnotically Induced in a Case of Ejaculatio Praecox」というタイトルのエリクソンの論文があるが，その第Ⅰ部と第Ⅱ部を読まれることを特にお勧めする。この論文では，本書で紹介しているすべてのパターンが，それらを組織化して利用するエリクソン独自の技量と結びついているのがわかるはずである。

▶ 2　通常，ひとつの体験は1度か2度アンカーするだけでいい（ただし，クライエントがその体験をもっとも強く味わっている時点を選んでアンカーした場合に限る）。確実にアンカーできたか疑わしい場合は，問題のなさそうなときにそのアンカーを点火し，アンカーを設定した体験に存在するアナログ・キューが何か発現したかどうかを調べればいい。

▶ 3　「TOTE」は,「Test（テスト）Operate（作業）Test（テスト）Exit（出口）」を表わす略語で，ミラー，ギャランタ，プリブラムが，知覚プロセスや行動プロセスの基本的ユニットに対してつけた名称である（1960）。「問題」の区分の呼び名は，このTOTEでも他の用語でも構わないが，重要なのは，問題というのは本来の発生順に区分できるプロセスだという点であり，そのように区分することによって，問題はよりアクセスしやすくなり，理解しやすくもなるという点である。

参考文献

Bach-y-Rita, Paul. *Brain Mechanisms in Sensory Substitution.* New York: Academic Press, 1972.

Bandler, Richard, and Grinder, John. *The Structure of Magic, Vol. I.* Palo Alto, California: Science and Behavior Books, 1975.［リチャード・バンドラー，ジョン・グリンダー『魔術の構造』（亀田ブックサービス，2000）］

Bandler, Richard, and Grinder, John. *Patterns of the Hypnotic Techniques of Milton H. Erickson, M.D., Vol. I.* Cupertino, California: Meta Publications, 1975.［リチャード・バンドラー，ジョン・グリンダー『ミルトン・エリクソンの催眠テクニックⅠ──言語パターン篇』浅田仁子訳（春秋社，2012）］

Bandler, Richard; Grinder, John; and Satir, V. *Changing With Families.* Palo Alto, California: Science and Behavior Books, 1976.

Bettelheim, Bruno. *The Uses of Enchantment.* New York: Alfred Knopf, 1975.［ブルーノ・ベッテルハイム『昔話の魔力』波多野完治，乾侑美子訳（評論社，1978）］

Campbell, Joseph. *The Hero with a Thousand Faces.* New York: Pantheon Books, 1949.［ジョセフ・キャンベル『千の顔をもつ英雄　上下巻』平田武靖，浅輪幸夫監訳（人文書院，1984）］

Fromm, Erich. *The Forgotten Language; An Introduction to the Understanding of Dreams, Fairytales, and Myths.* New York: Rinehart & Co., 1951.［エーリッヒ・フロム『夢の精神分析──忘れられた言語』外林大作訳（東京創元社，1971）］

Grinder, John, and Bandler, Richard. *The Structure of Magic, Vol. II.* Palo Alto, California: Science and Behavior Books, 1976.［リチャード・バンドラー，ジョン・グリンダー『魔術の構造』（亀田ブックサービス，2000）］

Grinder, John; DeLozier, Judith; and Bandler, Richard. *Patterns of the Hypnotic Techniques of Milton H. Erickson, M.D., Vol. II.* Cupertino, California: Meta Publications, 1977.［ジョン・グリンダー，ジュディス・ディロージャー，リチャード・バンドラー『ミルトン・エリクソンの催眠テクニックⅡ──知覚パターン篇』浅田仁子訳（春秋社，2012）］

Haley, Jay (ed.). *Advanced Techniques of Hypnosis and Therapy.* New York: Grune and Stratton, 1967.

Haley, Jay. *Uncommon Therapy: The Psychiatric Techniques of Milton H. Erickson.* New York: W. W. Norton & Co., 1973.［ジェイ・ヘイリー『アンコモンセラピー──ミルトン・エリクソンのひらいた世界』高石昇，宮田敬一監訳（二瓶社，2001）］

Kopp, Sheldon. *Guru: Metaphors from a Psychotherapist.* Palo Alto, California: Science and Behavior Books, 1971.

Miller, G. A. "The magical number seven, plus or minus two: Some limits on our capacity for processing information." *Psychological Review* 63 (1956): 81-97.

Miller, G. A.; Galanter, E.; and Pribram, K. *Plans and the Structure of Behavior.* New York: Holt, Rinehart, and Winston, Inc., 1960.

Pribram, Karl. *Languages of the Brain*. Englewood Cliffs, New Jersey: Prentice-Hall, Inc., 1971.［K. H. プリブラム『脳の言語——実験上のパラドックスと神経心理学の原理』岩原信九郎, 酒井誠訳（誠信書房, 1978)］
Satir, Virginia. *Peoplemaking*. Palo Alto, California: Science and Behavior Books, 1972.
Turbayne, Collin. *The Myth of Metaphor*. London: Yale University Press, 1962.

付録——サブモダリティの研究

　この付録は，サブモダリティに関してわたしが行なった予備的研究の要約であり，したがって，このテーマを包括的に説明したものとして捉えるべきものではありません。その代わりに，既知のものをこのように体系化し直すことで，心理学や神経生理学，神経解剖学，コミュニケーション理論，その他の関連分野のコンテクスト内において，サブモダリティ・パターンの深遠な含意と因果関係をさらに探求しようという気持ちが皆さんの中に搔き立てられますようにという期待を込めて，提供しています。

　読み進めるうちに明らかになりますが，この研究方法を取り入れると，行動や知覚，神経生理に関する過去の研究の意味を再評価して役立てられるようになり，未来の研究を体系化する新手法に至る道が示されるようになります。この分野は大きく開かれています。

❖ 表象

　心理学および心理学的研究の主な役割のひとつは，客観的な世界と体験世界との関係を明らかにすることである。客観的な（簡単にわかる）世界の体験を媒介するのは，感覚体験を媒介するもの，すなわち，視覚，聴覚，触運動覚，嗅覚，味覚である。

　同じ人間として，わたしたちはひとりひとり，本質的に等価の感覚器官を与えられている。目，中耳と内耳，パチーニ小体〔手足の皮膚などの圧受容器〕，嗅球，味蕾は，誰のものであっても解剖学的かつ生理学的に同一であり，あらゆる実用的な目的に役立つようになっている。相関行動に関する神経生理学的なエヴィデンスが集まるにつれ，感覚のメカニズムに役立っている皮質下や皮質の神経経路や投射野が，一般的な人間の大脳のまさに特徴を示すものであることも明らかになりつつある。

　しかし，このように同様の「装備」を使っているにもかかわらず，その「装

備」を使っているふたりの人間が，この世界の特定の出来事をまったく同じように知覚することはありえないのもはっきりしている。周囲の知覚について個人間に生じる差異は，**入力（感覚）チャネルに対する選択的注意のレベル**と，**感覚入力に伴う体験の変異**レベル双方で説明することができる。

ここでいう「入力（感覚）チャネルに対する選択的注意」とは，人が**通常**いっときにひとつかふたつの感覚系に注意する（を意識する）現象のことである。人間がいっときに意識できる情報は最大7±2「チャンク」に限られているため，あるチャネルを通って入ってくる情報が重要もしくは不可欠な場合，選択的にその感覚チャネルに注意を向ける能力がときには必要になり，そうした能力をもっていることがときには有利になる。このように感覚チャネルを選択的に注目することによって，その瞬間にできる最大の情報をそこから意識的に収集できるからだ。

その一方で，それ以外の感覚系に含まれている情報で，実際的な重要性の低いものは無視される可能性がある。夢中になって会話をしていた（聴覚）が，ふと，結局しばらく前から知人は横に立っているだけだったことを発見した（視覚）という経験は誰にもあるだろう。あるいは，とても面白い本を読んでいて，**あとになって**夕食の支度ができているといわれていたことに気づいたというような経験があるかもしれない。注意を集中させるこの能力がなかったら，わたしたちは無関係な情報を意識内にたくさん抱え込んでしまい，実際に重要な情報を区別して収集するためには，環境内の重複性に対して，はるかに大きく依存せざるをえないだろう。

上記の例にあるとおり，注意の集中先としてどの感覚モダリティが選択されるかは，その人が求めている情報の種類によって決まることが多い。たとえば，先の熱心な会話主は，その状況において重要な情報の大半を得るために聴覚に依存する「必要があった」。もしここに，スケッチする表情を探している画家が——「奇跡的にも」登場して——居合わせたとしたら，この画家は間違いなく，目に映るふたりの表情に注意を向けるほうを選び，会話の主題は無視するだろう。すなわち，そうした「注意」は**神経学的にパターン化されているのではなく**，本人の意図と環境というコンテクストによって生じる結果なのである。

しかし，選択的注意という現象は，必ずしも**その場限り**というわけではない。

既に表象システムを扱った第Ⅳ章で述べたように，誰しもこの世界を知覚して理解する手段として，いずれかの感覚系に依存することを学習する。こうした特定の表象システムへの依存は人間一般に見られる特徴であり，さまざまな個人間の体験パターンや個人内の体験パターンを生み出している。これらのパターンについては，第Ⅳ，Ⅴ，Ⅵ章で既に論じている（これらのパターンに関するより詳細な論考はバンドラー＆グリンダー『魔術の構造』，バンドラー＆グリンダー『ミルトン・エリクソンの催眠テクニックⅠ』参照）。

　というわけで，わたしたちがそれぞれ同じ環境を異なる形で体験するのは，各人が意図的に，もしくは，その人の特徴として，その環境の異なる側面に注意を向けるからである。これは料理教室のようなものである。そこでは各人が，一部はよく似た材料，一部は異なる材料を，よく似た割合やさまざまな割合で選択するため，結局はそれぞれ異なるものをオーヴンに入れることになる。

❖意味

　しかし，体験の差異化はそこで終わらない。知覚体験が有用であるためには，**意味のある**ものでなくてはならない。すなわち，知覚体験は環境に関するなんらかの有用な情報を伝えなくてはならない。ニューロンの発火は――パターン化した神経活動であっても――環境に関する情報は何も伝えない。そのニューロンとつながっている感覚終末器官の活動について伝えるだけである。神経発火のそのパターンを意味にあるものにするのは，その人がその発火パターンによってそれまでに得てきた体験である。つまり，ある知覚を意味のあるものにするのは，その人がその知覚によってそれまでに得てきた体験だということだ。

　たとえば，MADという単語は，英語を話す人なら，たいてい，そのアルファベットの配列が意味のあるものであることを簡単に認識する。一方，似たようなアルファベットの配列をもつMDAとなると，同じくらい簡単に意味のないものだと認識される。重要なのは，語彙の点から英語を教わる以前には，MADという配列はMDAという配列とまったく同様に意味のないものだという点である。有意性は，**知覚体験の相関関係**によって発達する。胎児は，情報を保存できるようになるや，たとえば以下のような形でその環境を有意に知覚

できるようになる。

　ろうそくの炎は，子供がそれに触れるか，それに近づくかするまでは，熱くも冷たくもない。はっきりしているのは，それがある色と形をもっているということだけだ。しかし，いったんそれに触れたら，その色と形は相関する体験——「痛い」や「熱い」——を有意に示すものとなる。その子供がのちに「ほのお」という言葉を聞いても，同時に炎を示されるまでは，それは意味のない音の集まりである。やがて学校に入ると，また別の意味のない体験——「ほのお」という文字の配列——を与えられる。これらの文字が炎の絵と共に示されたり，同時に発声されたりしたあとは，やはり意味のあるものになる（すなわち，それ以前の体験と関係づけられるのである）。

　この炎の例は，相関的な学習の例というだけでなく，注目すべき重要な点をふたつ指摘している。

　ひとつは，知覚体験の相関関係は複数の感覚モダリティの**間**で発生する場合もあれば，ひとつの感覚モダリティの**内部**で発生する場合もあるという点だ。上記例の第一段階で，子供は視覚による知覚を触運動覚による知覚に関連づけている。第二段階では，聴覚による知覚を視覚による知覚——および，たぶん触運動覚の「記憶」——に関連づけている。第3段階では，視覚による知覚を別の視覚の知覚や聴覚の知覚に関連づけている。したがって，**「ひとつの体験」は，さまざまな感覚モダリティの内部や感覚モダリティどうしの間に生じた知覚の相関関係を通して構築される**のである。

　注目すべきふたつめは，子供が行なう知覚の各区別は，用いられた各感覚モダリティの特定の側面のみによって描写されるという点だ。これはつまり，区別はモダリティ・レベルで発生するのではなく，**サブモダリティ**のレベルで発生するということである。わたしたちは何かを「見る」と，今見ているものが何であるかを，その対象物の視覚的な質的特性の観点から決定する。その色や大きさ，形，明るさ，位置などを見きわめるのである。これらの「質的特性」は視覚の**サブモダリティ**である（「サブモダリティ」のより詳細な論考は第Ⅴ章参照）。

　上記の例で子供は初めて炎に触れるや，ろうそくの炎の外観に関する自分のサブモダリティを，熱さや痛みという触運動覚の感覚に関する自分のサブモダ

リティに関連づける。この体験から生じうる相関関係のひとつは「赤い−熱い」である。子供はその後，成長しながら関連づけを増やしていく中で，色や明るさ，形，動きに関するある特定の視覚的形態が「熱さ」を意味することを学ぶため，リンゴに触るのを怖がることはない。

となると，次の問題は，サブモダリティ内部やサブモダリティ間の相関関係──「赤い−熱い」など──は，知覚の基本的前提として作動するものであり，それがそのときの他の文脈的情報と一緒になって「ひとつの体験」を生み出すのか，それとも，さまざまな体験が文脈的情報として保存されていて，感覚的情報とのマッチングによってそれらが誘発されるのか，である。

こうした体験／知覚／相関関係／サブモダリティの形態は，大脳内にホログラム的に保存されていて，のちに発生する相関関係の材料としてやがて用いられることになる（ホログラム的保存を裏づける明快な論考は Pribram, 1971 参照）。したがって，相関する「炎−の−絵」と「炎」の体験がいったん保存されると，次に「炎」という言葉を聞いたとき，それが相関関係にある体験──すなわち，ある炎のイメージ──を引き起こすが**ゆえに**意味のある体験となる。

相関的な体験はたいていコンテクストに依存していて，それゆえに恣意的である（たとえば，さまざまな物事や出来事を「象徴する」言葉が割り当てられる）。しかし，中には，人びとの間に広く行きわたっていて一貫性があり，文脈的に（恣意的に）引き起こされる相関関係というよりも，ある体験の基本前提として機能するようなものもあるようだ。

たとえば，「赤」は，炎の赤であれリンゴや布地の赤であれ，たいていの人が「温かい」色だと考えている。コンテクスト依存の相関関係の例には，たとえば，◊という形がある。仮にこの形は「ろうそくの炎」だといわれたら，これは「熱さ」と関連づけられることになるが，「水滴」だといわれたら「冷たさ」と関連づけられることになる。つまり，初めて体験する環境事象に遭遇した場合，コンテクストに依存する相関関係は狭い範囲内に固定されているため，それから意味を作り出す手段としては，**前提となる**相関関係しか使えないということだ。したがって，MAD が有意であり，MDA が有意でないのは，こうしたアルファベットの配列が恣意的かつコンテクスト固有であって，感覚体験という点でパターン化されたものではないからである。

というわけで，これまで挙げた例は，**色**と**温度**のサブモダリティ間にはパターン化された関係があるが，**形**と**温度**の間にはパターン化された関係の兆候はまだないことを示している。この研究の目的は，サブモダリティが相互にどう作用し合っているか，また，そうした相互作用がどの程度体系的であるかについて，既に実験的にわかっていることを明確に言葉で描写していくことである。第Ⅴ章で論じたように，体験はサブモダリティ・レベルで発生するため，サブモダリティの相互作用の様子と程度を正確に理解することによって，研究者やセラピストは，人間の体験に関する理解を構築していくための体系的で確固たる基盤を手に入れることになる。

❖感覚間の相互作用と感覚内の相互作用

　サブモダリティどうしがさまざまな形で相互に影響し合うことを証明する実験は既に多々ある。昨今では，もはや大脳皮質の感覚野や運動野，連合野を控えめな機能領域だと考えることはできないということが研究によって強く示唆されている（Masterson and Berkley, 1974）。これらの領域は控えめどころか，広範囲にわたって相互につながっており，その結果，たとえば，聴覚野に刺激を与えると，それに対応する視覚や触運動覚の投射野でそれに応じた神経活動が発生する（Bach-y-Rita, 1972; Eccles, 1966; Pribram, 1971）。

　こうした研究はたぶん，感覚系が**間違いなく**相互に作用し合っているという事実に関してこれまで行なわれた無数の研究を，生理学的に説明してくれるだろう。たとえばマヌリングは，たいていの人はなんらかの視覚的なきっかけ，もしくは，触運動覚的なきっかけを使って，聴覚的体験を思い出すことを——知ってか知らずか——明らかにしている（Mainwaring, 1932）。

　また，これらの感覚モダリティ間の影響は相互的なものでもある。例を挙げよう。ジョーダンは自動運動に関する研究の中で，被験者は自分の目が光源の移動方向とは反対の方向に「引っ張られる」ように感じていることを報告している（Jordan, 1968）。これに対してデイヴィスは相補的に，身体の動きは，全身の動きも部分的な動きも，質的な影響を残像に及ぼすことを報告している（Davies, 1973）。モダリティ内部でも相互作用が発生していることは，顔面筋

および骨格筋の位置と使い方が全身の感覚にいかに影響を与えるかについて論じた重要な論文の中で，ゲルホーンが示している（Gellhorn, 1964）。

となると，次の問題は，モダリティの相互作用におけるこうしたパターンはどの程度まで，一般的な人間の特性となっているのか，また，どの程度まで個々の特性だとされているのか，である。

この点に関しては，まだほとんど研究が行なわれていない。ヘニオンが，視覚と嗅覚間に見られる相互作用の一貫性を支持するものを「いくらか」見つけたにすぎない（Henion, 1970）。サントス，ファロー，ヘインズは，自動運動を観察するときの個人的な知覚スタイルに関する単純ながらもエレガントな研究の中で，動きの観察パターンには個人間で大きな差異があるとはいえ，各被験者はそれぞれ，驚くほど一貫した動きのパターンを示したことを発見している（Santos, Farrow, and Haines, 1965）。（256頁の図参照）

本付録では，後刻，「知覚スタイル」に関する情報をさらに考察するつもりである。しかし，現段階でも，ごくわずかながら存在する実験的エヴィデンスとロジックからいえることがある。サブモダリティの相互作用のパターンの中には人間の知覚戦略——学習および遺伝による戦略——の特性となっているものがあること，また，別に個人の特性となっているものもあることを，それらが示しているという点である。この主張を支持するために，モダリティ内の相互作用とモダリティ間の相互作用に関する実験的エヴィデンスを，これからさらに見ていこうと思う。

❖ モダリティの相互作用

これまで数多くの研究者が，触覚に基づく固有感覚（触運動覚）と視覚とが互いにどう影響し合っているかをはっきりさせようとしてきた。こうした研究の大半で行なわれてきたのは，触運動覚と視覚に与えられた刺激を対応させるモダリティ内の能力とモダリティ間の能力との比較である。

コナリーとジョーンズは自分たちの実験の中で，線の長さに関する正確なマッチングは，視覚内で行なわれていること（すなわち，視覚への刺激→視覚による比較）を発見している（Connolly and Jones, 1970）。ほかにもふたりは，「視覚

自動運動 —— 一貫性とスタイル

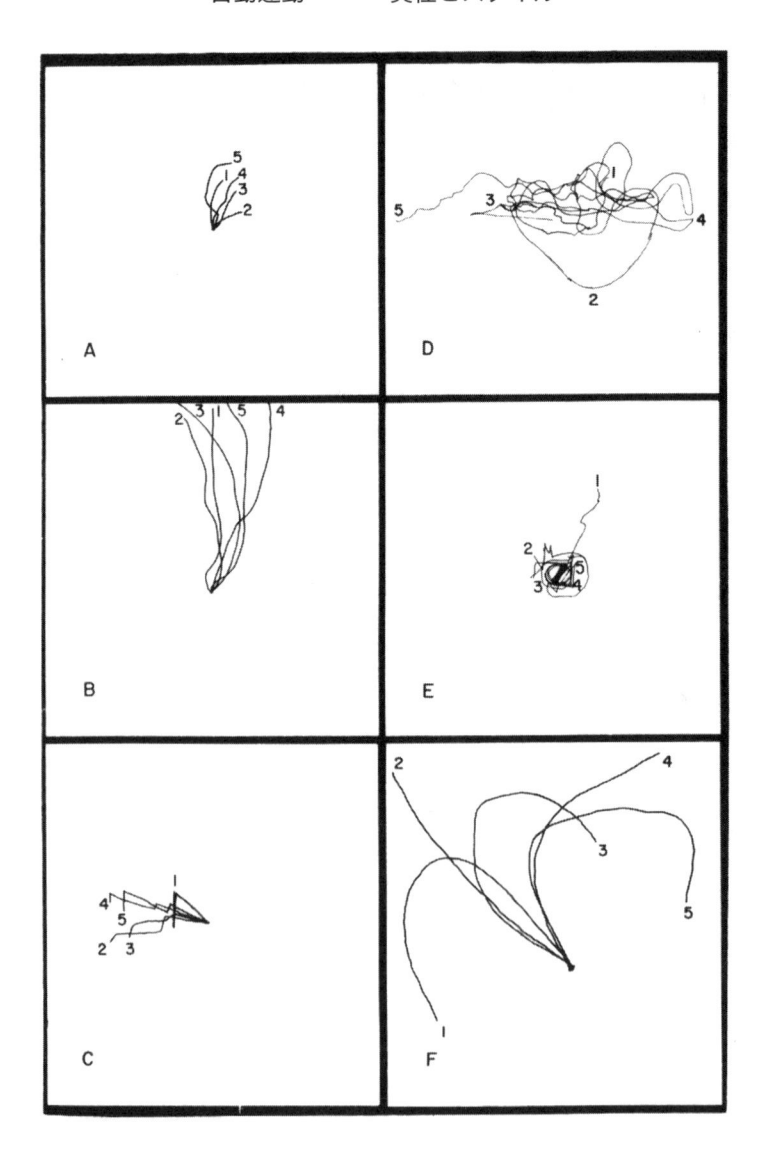

5つの自動運動を試験した結果，体験の類似と相違を顕著に示していると判断されるスタイルのサンプル（A，B，Cは類似例，D，E，Fは相違例）

→触運動覚」のケースがもっとも正確さに欠けていて，「触運動覚→触運動覚」と「触運動覚→視覚」のケースは正確さの点ではあまり変わらないことを発見している。

ところが，デイヴィッドソン，アボット，ガーシェンフェルドによる研究では，ほぼ反対の結果が出ている（Davidson, Abbott, Gershenfeld, 1974）。3人はその研究の中で，視覚や触運動覚による観察許容時間をさまざまに変えた結果，標準的な比較刺激を触知する時間を長くすると，「触運動覚→触運動覚」のマッチングは「視覚→視覚」のマッチングと同じくらい正確であることを明らかにしたのである。また，彼らの実験では，「視覚→触運動覚」のマッチングのほうが「触運動覚→視覚」の識別**よりも**正確だという結果が出ている（Appelle, 1971も参照）。

もうひとつ，クローサマーが行なった研究では，「触運動覚→触運動覚」のマッチング，「触運動覚→視覚」のマッチング，「視覚→触運動覚」のマッチングの正確さには**まったく**差異が**なかった**ことがわかっている（Krauthamer, 1959）。

いうまでもなく，共通点のないこうした研究から引き出せる結論は，問題のパラメータを考える時点でなんらかの重大な見落としがあったことがわかるということだけである。

上記研究のエラーの原因として考えられることのひとつは，ジョーンズが指摘している（Jones, 1973）。モダリティ間の比較を行なう場合は，積極的な触運動覚の探求――すなわち，被験者の自発的な動き――と消極的な触運動覚の探求との差異を考慮に入れなくてはならないことを証明したのである。彼の研究では，積極的な探求は刺激の過小評価というエラーにつながったのに対して，消極的探求は刺激の過大評価を招いた。

さらに，ミラーが行なった考察についても取り上げよう（Miller, 1972）。ミラーは，「視覚→触運動覚」のマッチングにおいて，双方が対立する場合，視覚のインプットが触運動覚のインプットに優先することを発見している。対立していない場合は，触運動覚は視覚に左右されない。この発見は，シフリンとグランサムが支持している（Schiffrin and Grantham, 1974）。視覚，聴覚，触運動覚のインプット・チャネルを**同時に**モニターしても，閾値刺激を探知する能

力は減少しないことを，ふたりは証明している。

　ミラーの実験では，実際には処理対象がふたつあるケースで，被験者が単一の対象を処理するのだろうと予想した場合も，視覚の優先を誘発している。視覚は触運動覚に対して，触運動覚が視覚に対してかけるバイアスよりかなり大きなバイアスをかけることをミラーは発見したが，さまざまな年齢の生まれつき目の見えない被験者と目の見える被験者とを比較した研究がこれを支持している。ワレンとピック・ジュニアもこれと同様の研究を行ない（Warren and Pick, Jr., 1970），触運動覚は聴覚に対して，聴覚が触運動覚に対するよりも大きな影響を与えることを証明している（Harris, 1965も参照）。

　（これまで述べた発見やこれから述べる発見を評価する際に留意しておくべきは，第Ⅳ章で論じたように，人間はその特徴として，自らの体験のほとんどを優位感覚のひとつを使って表現するという点である。「視覚に訴える表現」はわたしたちの文化の中にきわめて過剰に提示されているため，それらは被験者集団にも過剰に提示され，それゆえ，実験結果にもバイアスがかかるだろう。研究者たちは今日まで優位表象システムについて明確には理解していなかったわけで，ゆえに，人間の知覚に関する研究はすべて，その個人がいずれの感覚を優先しているかという観点から評価し直す必要がある。すなわち……）

　実験の結果は，各被験者特有の情報収集戦略によって生じている可能性がある。これまでこの可能性が研究の中で変数として考慮されたことは，事実上まったくない。たとえば，木製の積み木を刺激として使ったマクダネルとダフェットによるモダリティ間‐モダリティ内に関する研究では，課題に対する視覚の優位性も触運動覚の優位性も発見されていない（McDonnell and Duffett, 1972）。その研究で**実際に**観察できたのは，被験者の中には，判断するために視覚的情報を主に使って報告する者もいれば，触運動覚的情報を主に使って報告する者もいるということであった。この要点を明快に示す例としては，ピーターソン，ホルステン，スペヴァックが発表したものがある（Peterson, Holsten, and Spevak, 1975）。この研究の被験者はダッシュとドットの図柄を「想像する」（内的にイメージを描く）ことになっていた。しかし，2人はその結果報告の中で，ひとりの被験者のテスト結果だけは無視せざるをえなかったと書いている。どうやらその被験者は，なんらかの理由で内的なイメージを描

くことができなかったらしい。

　ばらつきの4つめの原因となりうるものを示しているのが，アブラヴァネルが行なった研究である（Abravanel, 1971）。この研究でも，モダリティ間‐モダリティ内における線のマッチング能力が調査されている。結果を分析してわかったのは，判断を**行なう**ために用いられたモダリティと，判断を**報告する**ために用いられたモダリティとが同一の場合に，エラーがもっとも頻繁に発生するということである。以下の図は，アブラヴァネルが行なったふたつの実験で最大のエラー数と最小のエラー数を出したケースを示している。

	報告に用いられたモダリティ			
	実験1		実験2	
	視覚		触運動覚	
エラー数が最小のケース	触運動覚	視覚	視覚	視覚
エラー数が最大のケース	視覚	視覚	触運動覚	触運動覚

　ここで考慮しなくてはならない最後の一点は，これらの実験で用いられた刺激が伝える**意味**は，たぶんモダリティごとに異なっているだろうということである。意味の獲得に関する冒頭の論考を思い出していただきたい。その被験者に用いられた刺激は，視覚に提示された場合，ある過去の体験に照らして有意であっても，判断のために触運動覚に提示された場合には，その体験と重なり合う**別**の過去の体験に照らして有意なのかもしれない。もしそうなら，上記の研究の被験者は，目と手で「同一の」刺激を調べていたわけではなかったのかもしれないのである。

　こうした違いを特定するには，モダリティどうしが**サブモダリティ・レベル**で相互にどう作用し合っているか，さまざまなサブモダリティがどう**体系的な**形で相互に影響を与え合っているかをまず特定しなくてはならない。これが行なわれて初めて，より複雑な体験――すなわち，数多くのサブモダリティに同時に存在する表象を含む体験――で何が起きているのかを理解する準備が真に整うのである。

❖モダリティの発達

　モダリティの相互作用に関する混乱状態は，発達の観点から問題を眺めても，少しも緩和されない。ブランクとクリッグは，4歳児にとって，「触運動覚→視覚」の学習は「視覚→視覚」の学習と同じくらい有効であることを発見している（Blank and Klig, 1970）。同様に，ミルンは，子供の学習における触運動覚から視覚への移行はその逆の移行より優れていることを発見している（Milne, 1969）。ルーデルとトイバーは，4～5歳児は「視覚→視覚」の識別をもっとも有効に行ない，「触運動覚→触運動覚」の識別にもっとも劣っていて，ふたつのモダリティ間の識別はその中間にあたると述べている（Rudel and Teuber, 1964）（Butter and Zung, 1970も参照）。最後はミラーの研究で，彼は，「視覚→触運動覚」による距離の判断が四歳児ではもっとも多くエラーを発生させ，6～8歳児では，「触運動覚→視覚」による判断がもっとも多くエラーを発生させることを明らかにしている（Miller, 1972）。
　これらの研究を総合すると，4～8歳児には，「視覚→視覚」のマッチングがもっとも有効性が高く，「触運動覚→触運動覚」のマッチングがおそらくもっとも有効性が低いだろうということになる。この研究結果は，成人を被験者とした場合の研究結果とかなりよく一致している。また，ブランク＆クリッグの研究とバター＆ツングの研究は，双方とも4歳児にとって「触運動覚→視覚」の識別がその逆より有効であるという点で一致している。だが，これは，成人に関する上記の研究結果のいくつかとは一致していない。
　しかし，もし，「視覚→触運動覚」のマッチングのほうが正確だとするデイヴィッドソンらの研究結果が正しいとしたら，6～8歳児に関するミラーの結果を好ましいとする立場は，6歳までに，視覚によるインプットを触運動覚によるアウトプットに関連づけしやすくする――その逆をインプットしアウトプットするのではない――ような逆転が生じていると指摘していることになる。
　発達ラインに沿っていて，たいへん興味深いものに，スペンサーの研究がある（Spencer, 1970）。彼は高齢者を被験者として，モダリティ内のマッチングとモダリティ間のマッチングの正確さを調べ，それが，若い成人のそれよりも，

子供（6歳）のそれに近いことを発見している。ミラーはこの発見に支えられて以下の結論を出した。すなわち，さまざまなモダリティによって情報を処理する能力は，行動や心理・生理に見られる多くの他の加齢現象と同様，その人の生涯を通して次第に変化していき，再び子供の機能レベルに戻っていく傾向があることがそれからわかるとしたのである。

❖サブモダリティ

ここからはいよいよ，サブモダリティどうしが互いにどのように影響を与え合っているのか，その具体的な様子をいくつか取り上げて，検討に入る。ここで引用している研究は，網羅的というよりは代表的なものであり，直接的あるいは間接的にサブモダリティどうしの関係を扱ったものである。このような研究を評価するときに生じる問題のひとつは，そうした研究の大部分が，サブモダリティ・レベルでの知覚機能を正しく明確に認識することなく進められたということである。

周波数

周波数ですぐに思い浮かぶふたつのサブモダリティは，視覚における「色」と聴覚における「音の高さ」である。モダリティ内についていえば，「色」は大きさの視覚的判断に影響を与えることが証明されている（Wallis, 1935）。ウォリスの研究では，木製の積み木が塗ってある色によって大きく見えたり小さく見えたりしている。被検者に最大に見える色から最小に見える色へと並べてもらうと，黄，白，赤，緑，青，黒という順になった。このような初期の発見は，それに続くベヴァンやデュークスの研究（Bevan and Dukes, 1953），佐藤（Sato, 1955）の研究によって裏づけられている。ウォリスは，自らの実験では特に試してはいないものの，明度もまた大きさの識別に影響を与えることを示す徴候を発見している。

色は物の重さの判断にも，これとよく似た，しかも，より大きな影響を与える（Payne, 1958; Payne, 1961）。黒や青や赤の物体は，同じ重さの緑や黄や白の物体よりも重いと判断される傾向がある。ペインも，明度（「反射率」）がこう

した識別の重要な要素だと考えている。同じ方面で，マッケインとカールは，物の色は距離の識別に影響を与え，たとえば，赤い物体は実際よりも近くに見え，青い物体は実際よりも遠くに見えることを発見している（McCain and Karr, 1970）。

　ビレンは自著の中で，色が呼び起こす幾何学的形状，その色に対応する幾何学的形状は，実際，色ごとに一定しているようだと示唆している（Birren, 1950）。たとえば，橙は長方形を，黄は四角垂もしくは逆三角形を，青は円を，赤は鋭角や正方形や立方体を想起させるだろうといっている。

　さらにはっきりしているのは，色と「ムード」もしくは「情動」との結びつきである。わたしたちの文化では色がしばしば一般的な情動状態／行動状態と相関関係にあることを，ビレンが引用したいくつかの研究が示している。たとえば，赤は落ち着きのなさや攻撃性を，黄は勤勉や嫉妬を，青や緑は静けさや安全を想起させるという。ルッシャーと彼の有名なカラー・テストは，色／情動の相関関係をもっとも詳細に分析したものだといっていい（Scott, 1969）。

　スペクトル周波数はこれまで必ず，温度の知覚と密接に結びつけられてきた。ポドルスキーの初期の研究では，室内を青く塗って間もないオフィスで働く者は，温度設定は変えていないのに，また，その後温度を上げても，「寒い」と文句をいうことがわかった（Podolsky, 1938）。しかし，部屋を黄色に塗り直したところ，こうした文句は出なくなり，温度を通常より低く設定しても，やはり文句が出ることはなかった。

　もう少し最近の研究では，種々の色がどの程度の温度と結びついているかは個人の好みの問題であること，そうした結びつきは遺伝的にというより文化的に決定されることが指摘されている。ベリーの研究では，被験者たちは異なる色の照明下での温度許容度にはまったく差異を示さなかったが，「暑い」「寒い」という言葉で色をランクづけすることに固執した（Berry, 1961）。モーガン，グッドソン，ジョーンズは，6歳，12歳，18歳の被験者群を調べた結果，18歳の被験者たちは色と温度を型どおりにマッチングさせたが，6歳と12歳の被験者群が行なったマッチングで唯一信頼に足るのは，「赤－暑い／熱い」だけであった（Morgan, Goodson, and Jones, 1975）。これらの調査の見解では，そうした結びつきは文化的に決定されたものである。

しかし，このような結びつきが学習されるものだとしても，その学習が生理学的に決定されるのではなく，文化的に決定されるという点については，まったく定かではない。血圧と脈拍数は共に，スペクトルの赤紫側の端に対する反応として最初は上昇する（のちに正常に戻る）が，青色光は逆の結果を引き起こす（Birren, 1950）。同様に，ポドルスキーも，赤色光に照らされると呼吸数が上昇する傾向にあることを示す証拠を引用している（Podolsky, 1938）。現在では，皮膚による色の識別に関する証拠もある（Nash, 1969）。すなわち，わたしたちの生理は，「色-温度」に関する共感覚パターンの基盤なのかもしれない。

　スペクトル周波数は甘味や酸味の知覚に影響することも明らかにされている（Vicente and Vicente, 1968）。同様に，ホルト-ハンセンは聴覚が知覚する周波数も味覚に影響を与えることを報告している（Holt-Hansen, 1968）。彼の研究の中で，被験者は異なるビールをそれぞれ特定の音の高さに結びつけている。こうしたマッチングはいずれの被験者の場合もほぼ同一であり，各被験者固有のルールではなく，全体を支配している共感覚のルールが存在することを示している。

　被験者が描写に使った言葉から，味と音調を結びつける際に別のモダリティが用いられていることも明らかである。たとえば，被験者の中には，その味を「苦味，こく，なめらかさ」という言葉で描写した者もいれば，「高くまっすぐ伸びたブナの林」の木陰にいるイメージを描いた者もいる。絶え間なく聞こえていた比較音の高さが，ビールに一致していた音の高さと異なるものになったとき，味を味わう能力，匂いを楽しむ能力が消え失せた者もいる（Holt-Hansen, pp.65-66）。

　音の高さも数多くの点で視覚に影響を与える。以下は，感覚モダリティ間に生じる影響の要約で，リャンとロンドンがレヴューに報告したものである（Ryan, 1940; London, 1954）。

1．聴覚への刺激が色の知覚に影響を与えるのは，色が「不安定で，かすんでいて，淡い」場合のみである。低音は色を，「より暗く，より温かく，『曖昧』にし，『汚く』する。高音では，色は通常，より明るく，より冷たく，

輪郭がくっきりして，より堅固に見えたり，より皮相的に見えたりする」。
2. 色調も影響を受ける。低音は赤や青，紫に向かって移行する傾向を生み，高音は黄や緑に向かう傾向を生む。逆の結果も発生する。
3. 聴覚が知覚する拍子も，視覚が受け取る揺らぎ周波数（フリッカー）に影響する。
4. 平均もしくは平均以上の音量は，周辺視野の感度を低げる傾向がある。過呼吸は，その間，ノイズ・レベルに変化がなくても，感度を回復させるだろう。
5. 超音波の周波数は，周辺感度を高めるかもしれない。
6. 聴覚への刺激が視覚のフリッカー周波数に与える影響は，そこで用いられている色に左右される。たとえば，緑色光のフリッカー融合頻度（CFF）は下がり，赤橙色光のフリッカー融合頻度は高まる。
7. 聴覚への刺激は，暗順応した目の青緑に対する感度を高め，赤橙に対する感度を下げる。
8. 大きな騒音は明度の識別を損なう。
9. 聴覚の感度は，白色光に当たると高まり，闇の中で下がる。また，緑の照明が当たっている部屋では高まり，赤い照明が当たっている部屋では下がる。

強度

刺激の**強度**に関する情報を伝える能力は，五感すべてに備わっている特徴である。強度は，視覚では「明度」として，聴覚では「音量」として，触運動覚では「圧力」として発生する。味覚と嗅覚における強度はたぶん，「濃度」がいちばんうまくそれを表わしているだろう。

視覚においては，周囲が暗いと，色の見かけの明度は高まり，同時に，その色の見かけの彩度（純度）は下がる（Pitt and Winter, 1974; Lie, 1969も参照）。こうした関係は，網膜の側方抑制に簡単に帰することができる。もう一点，たぶん神経的な処理に帰することができる発見がある。すなわち，中心平面の輝度が高まるにつれ，視野が狭まるということである（Zahn and Haines, 1971）。明るさが原因で生じる不快感は，明らかに明るさそのものを知覚したために生じるのではなく，「強度－痛み」のメカニズムによるものだが，このメカニズム

は体感に関する「強度-痛み」のメカニズムとは——似てはいるが——別のものである（Bourassa and Wirtschafter, 1966）。

　ある一色の明度を変化させても，その見かけの色調は変わらないが，異なる複数の色に同じ「量」の光を反射させると，**確実に**明度は異なって見える（Gregory, 1966）。網膜のもつこの特異な感受性が原因で，スペクトル中央に発生する色（緑と黄）は，両端に発生する色（紫，青→橙，赤）よりも明るく**見える**。

　聴覚には，逆の「強度-周波数」の関係が発生する。すなわち，スティーヴンズが示すとおり，強度が高まるにつれ，より高周波の音の高さは高まり，強度が下がると，より低周波の音の高さは下がるという現象が発生する（Stevens, 1936）。

　80デシベルほどの大きな音は胃の収縮を37パーセント減少させる。こうした収縮は「恐怖反応」時に発生するものによく似ている（Smith and Laird, 1930）（1970年にはミルナーが，検知閾値から「痛み」までの聴覚範囲を約120デシベルだと報告している。Milner, 1970）。170デシベルまでの非常に大きな音も，「むずむずする感じ」や「温かさ」，「痛み」，「くらくらする感じ」を発生させる可能性がある（Ades, et al., 1958）。もっと最近の研究では，ゲシャイダーが，強度のみをキューとして使い，皮膚が聴覚とほぼ同程度に音の位置を特定できることを発見している（Gescheider, 1970）。

　触運動覚の圧力がモダリティ間に及ぼす影響については，今までのところほとんど研究が行なわれていない。マクファーランドは，皮膚を押さえたときに温度の判断に多少の影響が出ること——圧力を高めると，温度に対する感度が下がるなど——を発見している（McFarland, 1971）が，結果は最終的なものではない。ヴェルハーゲンは，被験者を加圧室に入れた場合，圧力を高めると，色や明度レベルの識別能力が下がることを発見している（Velhagen, 1936）。

純度

　周波数および**強度**として分類したもの以外では，サブモダリティ間の対応は，論理的な相関関係や経験的な相関関係というより，個人の好みの問題になってくる。**純度**のカテゴリーに入るサブモダリティとして，わたしが選択したのは

以下のとおりである。

 視覚：「彩度」——色合いの純度が決める
 聴覚：「音色」——波形の純度が決める
 触運動覚：「肌理(きめ)」——皮膚に作用する変形パターンが決める
 嗅覚：「エッセンス」——においを特徴づける特性の純度が決める

 こうしたサブモダリティを評価するために行なわれた研究はほとんどない。モダリティ間のそれらの関係を解明する研究となれば、さらに少ない。この情報不足に加えて——あるいはこの情報不足ゆえに——上記のサブモダリティやその他のサブモダリティの識別を扱える語彙で、定義が適切な上に説明も尽くせるようなものは存在しない。
 本小論の主要目的のひとつは、知覚という領域への関心を再び掻き立て、その研究を再活性化させることだが、ここでいう知覚とは、**サブモダリティ・レベルの知覚**であって、単なる知覚ではない。したがって、ここで定義しているさまざまなサブモダリティの分類には、出発点の役目を務めてもらい、今後充分な点や不充分な点に気づいて再検討するときの原型になってもらおうと思っている。
 たとえば、**純度**のカテゴリーの問題で、今は横に避けて扱っていないのは、視覚による「肌理」の識別である。「肌理」は、視覚の正当なサブモダリティだろうか？　それとも、特定のサブモダリティの相関関係の結果生まれる知覚だとするほうが正確な説明になるのだろうか？　視覚による「肌理」の知覚は、「彩度」もしくは「明度」の変種によって充分に説明できるのだろうか？
 これはわたしたちが出発点とすべきレベルである。普通、家に住むために、どのように家が建てられるのかを知る必要はない——が、もしどのように屋根を支えていられるのかを知りたいと思ったら、ツーバイフォー工法を、その壁の内側に入って眺めなくてはならない。
 実験関係の文献で「彩度」に関して論考しているのは、これまでのところ唯一、彩度を調整して行なった色の識別実験報告のみである。彩度に関する数少ない実験的言及のひとつは、上記の**周波数**の項で既に引用している（低音や高

音は色調の性質である彩度に影響を与えうる)。また，**強度**の項では，周囲が暗いと彩度が下がる点についても触れている。「彩度」が知覚に及ぼす影響については，現在入手できるデータは皆無のようだ。しかし，視覚が捉える「肌理」については，ある研究が，不規則な「肌理」は規則的な（過剰な）肌理よりも，傾斜の印象を弱めることを実際に確認している（Newman, Whinham, and MacRae, 1973)。

「音色」もまた，研究対象としてはほぼ完全に無視されてきた。音色は聴覚による識別の本質的な要素であるという事実にもかかわらず，これが現状である。プロコフィエフの「ピーターとおおかみ」を聴いたことのある人なら，クラリネットが演奏する猫のテーマをもしフルートが演奏したら，それだけですっかり印象が変わってしまうことがわかるだろう。

　レイプは「肌理」を調査し，幾何学的図形の辺長の判断は，フェルトエッジの「肌理」によって影響を受けることを明らかにしている（Lape, 1960)。別の研究では，エクマンらが「なめらか」は「ざらざら」の逆であるとし，たいていの人はざらざらした物体よりなめらかな物体を好むとしている（Ekman, et al., 1965)。また，バイアスをかける残効が触運動覚と視覚双方に発生するため，目の粗い紙やすりをさわった／見たあとでは，中程度の粗さの紙やすりが実際より粗く感じられる／見えることも明らかにされている（Walker, 1967)。

　嗅覚や味覚の刺激の純度——嗅覚の場合は「エッセンス」——がどのような形で，どの程度，知覚に影響を与えるのかを調べる研究は，事実上まったく行なわれたことがない。しかし，「音色」同様，嗅覚の刺激としての「エッセンス」は，ことに特定の職業に従事する人びと——ワイン鑑定士や調香師，薔薇の育種家など——にとってはきわめて重要になるだろう。

寸法

　視覚では，刺激の**寸法**は「形状(シェイプ)」に反映される。刺激の「シェイプ」は，面を形成する境界と縁(へり)を形成する境界とで決まり，材質や色，肌理などとは無関係である。触運動覚における「形状(フォーム)」は，視覚における「シェイプ」のそれとまったく等価である（「等価」であって，「等しい」わけではない点に注目しよう）。嗅覚や味覚の**寸法**には，これに相当する類似語はないようである。聴覚にもや

はりなさそうだと考える人もいるだろう。しかし，聴覚には，**寸法**に相当するものがある。それは，「シェイプ」や「フォーム」と等価ではないながら，少なくとも，聴覚というモダリティの中でそれらに似た組織的機能を果たしている。

　視覚内では，物体の「シェイプ」が刺激に有意なコンテクストを提供することがよくある。色の配置，明暗の範囲は，「シェイプ」の特徴に変化して**初めて**意味のある情報を伝えるようになる。以下の例でも，明暗の範囲が有意なシェイプ／物体に変化して**初めて**，そこに表現されているものが有意になっている。

(Thurstone, 1950, p.7)

　同様に，触運動覚も，手元の感覚の意味を理解するために，物体の「フォーム」に頼っている。「シェイプ」や「フォーム」がこうしたサブモダリティのひとつひとつのためにしているのは，その範囲や発生を制限することによって，発現している他のサブモダリティを**組織化する**ことである。すなわち，ある「赤色」が6枚の正方形の面と12本の辺とで組織化されると，**赤い立方体**になるのである。

　聴覚で同じ機能を果たしているサブモダリティは，わたしが「パターニング」と呼んでいるものだ。聴覚における「パターニング」とは，音調や音量，音色を有意なコンテクストに組織化することである。聴覚的刺激が有意で操作可能なものになるためには，その構成要素（音調，音量，音色）は，それぞれが**いつ**，**どれだけ長く**発生するかについて**制限され**なくてはならない。したがって，そうした「パターニング」が聴覚的刺激に「シェイプ」や「フォーム」

を与えているといっていいのではないだろうか。

レヴェスは初期の研究で，視覚と触運動覚における寸法に関する情報は等価であり，よくある錯視を触運動覚的に体験できることを証明している(Revesz, 1934)。彼の実験では，被験者はミュラー・リアー錯視〔<—> と >—< など，同じ長さの主線が交わる斜線によって異なって見える現象〕のような錯覚を，適切に形成された隆起線に触れることによって体験している（Day and Avery, 1970も参照)。

クローサマーはさまざまなパターンについて，視覚的および触運動覚的に等価なものを利用し，これらふたつのモダリティがどのようにうまく情報を共有しているかを探っている（Krauthamer, 1968）。クローサマーは自分の研究で，視覚の検査対象を触運動覚の比較対象に照らして判定する場合も，その逆の場合と同様に有効であること，双方のケースにおいて，刺激を同時に提示するのではなく，順に提示した場合にマッチングが促進されることを発見している。しかし，各モダリティ内についていえば，視覚の場合は，刺激を同時に提示するほうが効果的であり，触運動覚の場合は，順に提示した場合も同時に提示した場合も，同様に効果的である。

視覚と触運動覚との重要な違いのひとつは，視覚による検査はサイズを過大評価する傾向にあり，触運動覚は過小評価する傾向にあるという点である(Churchill, 1959)。オウヴァーも，物体と物体との間の空間を評価する際に，このふたつのモダリティに同様の不一致があることを発見している（Over, 1966)。シンガーとデイは，ある物体をさわって感じた厚みと見て取った外見上の深さとの間に対立が発生する場合，視覚による知覚が触運動覚の深さの知覚を著しく偏向させることを証明している（Singer and Day, 1969）。

視覚が触運動覚の判断にバイアスをかけるこの現象は，「サイズ‐重さ」の錯覚でも明らかだ。この錯覚では，同じ重さで見た目のサイズが異なる物体をもち上げて，その相対的な「重さ」を評価するのだが，結果は一貫して，かさ高いほうが小さいほうより——重さは同じなのに——軽いと知覚される。ベルクマンはこれと逆方向で実験しても同じ結果が得られることを証明した(Bergman, 1970)。その実験では，被験者は目隠しをされてさまざまな重さの球体をもたされ，それらの相対的な体積を報告するよう求められている。その

結果，重い球体は軽いものより——同じ体積なのに——体積が大きいと判断されたのである（Stevens and Rubin, 1970も参照）。

この結果は，あまりに広く知れわたっているため，その錯覚を打ち消そうとするさまざまな暗示や錯覚に関する知識を与えても打ち消されることはないが，そうした暗示や知識は評価の範囲を狭めてはいる（Holmberg and Holmberg, 1969）。

音の提示期間は，視覚的な（光の）刺激が同期間提示された場合よりも長いと判定される——これを明確に証明した研究がいくつかある。（さらにいえば，明るい光のほうがほの暗い光よりも長く「灯っている」と判定されている。）音のほうが長く感じられるというこの感じ方は，刺激の継続時間や音調，音色，音量，周波数帯域幅とは無関係だった（Goldstone and Goldfarb, 1964; Goldfarb and Goldstone, 1964）。ゴールドストーンとゴールドファーブは，聴覚に提示されたものと視覚に提示されたものはそのように相互に作用し合っているため「……等価の聴覚的持続期間はもう一方の感覚に対して長いアンカーとして活動する」と述べている。

のちに行なわれた研究では，断続的なクリック音で区切った「空白時間」も，断続的な閃光で同じ長さに区切った空白時間よりも——比較用の空白時間が提供されない場合は——長いと判定されることが証明されている（Goldstone and Lhamon, 1972）。また，聴覚による時間的判定は視覚による時間の識別の前に行なわれ，前者が後者の後続学習を促進していることも発見されている。

2音から成るパターン——たとえば，HHLLHL $\overline{\text{HHLLHL}}$——を繰り返し聞かされた場合，聞き手はそのパターンを説明できるようになるずっと前に，その存在を識別することができる（Preusser, 1972; Royer and Garner, 1966）。聞き手は繰り返されている音を，もっとも単純なパターンにすぐ組織化し，その後，そのパターンの繰り返しとしてそれらの音の連続を聞きつづける。ワレンらは被験者に，4種類の音——高音／シューなどの歯擦音／低音／ブーンなどの羽音——から成る連続音（各音とも200ミリ秒の長さ）を繰り返し聞かせた結果，聞き手は各音の識別はできたが，偶然合った以外は，誰ひとり正しい順序を示すことができなかったことを明らかにしている（Warren, 1974; Warren, et al., 1969）。この結果は，各音を確認して名前をつけても，また，第二の音を「口

笛」に換えても，変わらなかった。同じく200ミリ秒ずつ聞かされた4つの数字のループは簡単に認識されている。

位置

　刺激によって伝えられる情報の本質的分類の5つめは，**位置**に関するものである。いずれの刺激も，外的に発生したものであれ内的に発生したものであれ，ある特定の場所に位置している。たとえそれが一時的な場所であり，なおかつ「あたり一面」であっても，ある場所に位置していることに変わりはない。五感すべてに，サブモダリティとしての「位置」がある。刺激発生の位置選定が感覚系の主要機能のひとつであることは否定しようがないからだ。

　視覚の場合，刺激は，同時に観察される他の刺激との相対的な位置を定めることによって，その場所が決まる。ここでいう同時に発生する一連の刺激というのは，実際に観察されることもあれば，内的イメージとして「観察される」こともある点に注目しよう。

　触運動覚の位置は，評価基準となる身体に依存している（視覚の評価基準が外界に依存するのと対照的である）。したがって，触運動覚を通して知覚される出来事は，その人の身体の境界，もしくはその内側で発生しているものとして受け止められる（ここで次の点に注目するのもおもしろいだろう。身体に付着している物体は，身体の境界を拡大しているように感じられるという点である。そのため，棒をもって何かをコツコツ叩けば，**棒の先端部で**そのコツコツやさわった表面を感じるのである）。

　聴覚では，音の高さや位相の違い，音量の変化が，「位置」に関する情報を提供する。嗅覚と味覚での位置選定はたぶん，濃度の勾配によって決定されるのだろう。

　視覚と触運動覚間の相互作用が活発になるのは，空間における個人的な位置と方向を知覚するときである。有名な「棒と枠」の実験によって，固有受容感覚〔関節の位置や位置変化を感じる感覚〕のフィードバックと視覚入力は方向情報の提供において互いに依存し合っているという事実がよく知られるようになった。左右および後方へ身体を傾けるとき，被験者は垂直方向に対して，穏やかな傾きの場合は過大に補正し，大きな傾きの場合は過小に補正する

(Ebenholtz, 1970)。グロバーグ，ダストマン，ベックは，固有受容感覚のフィードバックと前庭〔内耳の一部で平衡感覚を司る〕のフィードバックを区別し，たいていの人は身体が穏やかに傾いている場合には前庭の情報に依存し，大きく傾いている場合――もしくは目隠ししている場合――には固有受容情報に依存して，方向を判断していることを発見している（Groberg, Dustman, and Beck, 1969)。グロバーグらは，前庭の手がかりと固有受容感覚の手がかりとが一致しない場合――たとえば頭と身体が共に傾いていても，その角度が異なっている場合――には，不一致を解決するために視覚の手がかりに依存していることも指摘している。同様に，ディチガン，ディーナー，ブラントは，視覚的な刺激は垂直状態の知覚にはなんの影響も及ぼさないが，頭を傾けた場合には，方向の知覚に対する視覚の影響が増すことを発見している（Dichgan, Diener, and Brandt, 1974)。

　固有受容感覚と触運動覚は，視覚に多大な影響を与えることもある。たとえば，「逆さにしたT」（⊥）と「L」の錯視において，観察者が直立している場合，縦の線は同じ長さの横の線より長く見える。しかし，観察者が横になった場合には，逆の錯視が発生し，横の線のほうが相対的に長く見える（Day and Avery, 1970)。

　具体的には，目の動きが視覚の処理と深く結びついているように思われる。マックとバチャントは，無意識な目の動き／制御された目の動きと，残像の動きに関する被験者の報告との間に，確かな相関関係を見つけている（Mack and Bachant, 1969)（残像の質および継続時間は頭と身体の動きにも影響される。Davies, 1973 参照)。

　さらに重要なのはホールの発見で，回想中の目の動きは，刺激が提示されたときに発生した動きをしばしば追っていること，また，そうした目の動きが回想を助けていることを，彼は明らかにしている（Hall, 1972)。マヌリングはふとしたことで，聴覚的な体験の回想には通常，視覚と触運動覚の手がかりが関わっていることを証明した（Mainwaring, 1932)。グッドフェローは初期に行なわれた別の研究で，目の動きと目盛りつきの視野計を使うほうが，方向を指示させるよりも，音源の位置特定が正確になること（ただし左右の60°から70°の間は除く）を発見している（Goodfellow, 1933)。

ジョーンズ，ジョーンズとカバノフは，一連の実験の中で，目の動きは音の位置特定の正確さに影響を与えることを証明している（Jones, 1975; Jones and Kabanoff, 1975）。子供もおとなも，音源を見られる状況下では，目隠しされているときとは対照的に，音源の位置をうまく特定することができる（反応速度も速くなる）。観察者が見ることができる状況でも，視覚を使って音源を位置を特定するよう指示されたり，無関係の光源によってあらぬ方向に刺激を与えられたりすると，それに付随して位置特定の正確さは低下する（しかし，触覚への刺激によって注意をそらされる場合は低下しない）。

　実のところ，視覚と触運動覚，聴覚は，刺激の位置を正確に識別するために，それぞれの情報の広範な相関関係に依存していると思われる。これまでに挙げた研究以外にも，ピック，ワレン，ヘイは，方位を判断する際，視覚は固有受容感覚と聴覚の判断にバイアスをかけることができ，その固有受容感覚は聴覚と視覚の判断にバイアスをかけることができることを証明している（Pick, Warren, and Hay, 1969）（Fisher, 1968; Jordon, 1968; Warren and Pick, Jr., 1970も参照）。また，ミカエリアンは，聴覚のずれが体系的な手の協応のずれを発生させることを発見している（Mikaelian, 1969）（ただし，その影響は，ずれが視覚に生じるときと比べると目立たない）。

　触運動覚への刺激が聴覚の位置特定に影響を与えることもわかっている。カーラーとデイヴィッドソンは，頭を回転させることの「影響」と聴覚信号のずれについて——すなわち，音源は正中線から頭をひねった方向にずれることを——発見している（Karrer and Davidson, 1967）。聞き手の身体が左右いずれかに30°傾いている場合，正中線（音によって位置が決まる）は実際，傾きと逆側にずれる——60°傾いている場合，影響はさらに大きくなる（Comali and Altshuler, 1971）。このふたりの研究者は，音がイヤホンを通して左右の耳に異なって聞こえるよう提示された場合，身体の傾きは正中線の位置特定になんの影響も与えないこと（Comali and Altshuler, 1971），また，身体の傾きによる聴覚の正中線のずれは，5歳半から17歳までの間に徐々に大きくなっていくこと（Altshuler and Comali, 1970）を発見している。

　ヘルドとフリードマンは，身体の大きな動きは音の位置特定の正確さに影響することを明らかにしている（Held and Freedman, 1963）。ふたりの実験では，

1時間「ホワイトノイズ」〔騒音を消すためにそれにかぶせる音〕を聞きながら歩くことができた被験者，もしくは，その間頭を動かすことを許された被験者は，そののちに左右の耳に異なって聞こえるよう提示された「クリック音」の位置を特定する能力が大きく低下していた（半時間ほどすると正常な機能が回復した）。しかし，ホワイトノイズにさらされている間じっとしていたり，消極的に動いたりした被験者の場合は，位置特定の正確さの低下はまったく見られなかった（Freedman and Zacks, 1964も参照）。

繰り返しになるが，こうした研究が示しているのは，刺激の出所を正確に特定する能力が，互いの情報を常にリキャリブレーションしつづけるモダリティに依存しているということである。

音の位置特定の錯覚に関して，ドイチュは興味深い調査をいくつか行なっている（Deutsch, 1974）。彼の実験では，被験者の左右の耳に異なる音を流し，それらの音が休みなく左右の耳の間を揺れているように聞こえるよう設定されていた（左耳には400ヘルツの音，右耳には800ヘルツの音が流され，継続期間は250ミリ秒だった）。この条件下で，右利きの被験者のほとんどと左利きの被験者の一部は，右耳で高音**のみ**を聞いたのちに，左耳で低音**のみ**を聞くという切り替えを行なっている。右利きの被験者は，左右の耳の間で揺れるひとつの音のみを聞く傾向もあった。一方，左利きの被験者は「複雑」に錯聴する傾向があり，たとえば，一方の耳でふたつの音を交互に聞いている。

興味深い発見だったのは，ドイチュがパターンを逆にし——左耳に800ヘルツの音，右耳に400ヘルツの音を流し——ても，聞き手の大半が，高音は右耳から入ってくるものとして聞きつづけたことである。イヤホンの使用や音源である話し手は，その錯聴になんの影響も与えていなかった。ペドレーとハーパーも同様の錯聴を報告し，被験者は音源の垂直方向の位置から判断して，比較的高い音を視野内の高い場所に，比較的低い音を視野内の低い場所に位置づけしたことを明らかにしている（Pedley and Harper, 1959）。

モダリティ内に生じるこのような現象は，視覚や触運動覚にも発生する。たとえば，客観的にまっすぐ先へ先へと伸びているように見える光を発する縦線は，それが長方形の一辺だとわかると，そうは見えなくなる。長方形本体とは逆の方向にシフトしたように見えるのである（Bruell and Albee, 1956）。触運動

覚の例としては，ワプナー，ワーナー，コマリが，鼻と頬骨との間隔は，触れられたり暑かったり寒かったりすると，狭く感じられることを明らかにしている（Wapner, Werner, and Comalli, 1958）。

❖催眠と共感覚

　著者は共感覚パターンの特定に関する予備的実験をいくつか行なっている。これらの実験すべてにおいて，各被験者を浅いトランス状態から中程度のトランス状態に誘導するために催眠を使用した。そのようにしたのは，トランス状態で通常発生する注意力の集中と創造性の高まりが，目下の課題の助けになるだろうと思われたからだ。

　これらの予備的調査の目的は，共感覚パターンの決定に役立ちそうな方法を実験すること，予期される反応の範囲の目安を手に入れることであった。したがって，以下に述べる研究は，概念や手法の点ではまったく厳密なものではないが，将来のワークで有効に使ってもらえるような新たな見方を示すという目的には適ったものだと思っている。

　実験は，簡単にいえば，被験者の体験を操作して，ひとつのサブモダリティが別のサブモダリティに与える影響を，その被験者が見られるようにするという構成になっていた。被験者はトランス状態に入ると，特定のサブモダリティに注目するよう指示された（たとえば，「青い色の野原を見てください」など）。その用意ができたことを被験者が示すと，実験者は続いて，別のサブモダリティから成る体験を追加した（たとえば，針でチクッと刺す，強く押す，音を聞かせる，など）。それによって最初に注目したサブモダリティに何か変化が生じた場合，被験者はそれを報告するのである。12人の被験者は13歳以上15歳以下で，共感覚パターンについて正式な知識のある者はいなかった。

　このフォーマットを使った実験でもっとも簡単なのは，被験者になんらかの色もしくは形の野原を視覚化させ，次に，触運動覚および聴覚のサブモダリティを操作するというやり方だった（ここに報告するのは，すべての反応ではなく，「傾向」のみである）。

　なんらかの色もしくは幾何学的図形の「野原」を視覚化した被験者の片方の

腕を強く押すと，その反応として，野原が縮んだとか，一方の端が部分的に消えたなどといった報告をする者が何人かいた。強い圧迫はほかにも，低周波の色を明るくしたり（黒→焦げ茶色，橙→黄，赤→黄），高周波の色を黒ずませたり（淡黄→「黒ずむ」，青→「黒ずむ」）もしている。これとは対照的に，腕を「軽く押す」と，一部の被験者は，野原もしくはそのフォームが広がったり霞んだりしたと報告している。また，たいていの色が軽い圧迫に対して，「うっとうしく」，「どんよりとして」，「色褪せた」ようになると答えている。

　冷たい金属を頬に当てると色が褪せたと報告する者，温かい金属を頬に当てると色が「濃く」なったと報告する者もいた。腕に針をチクッと刺したときには，色がさえなくなったり黒ずんだりしたという者や，イメージが消えてしまったという者もいた。

　音叉の音 (A-440) も，心的イメージに結びつけて利用した。音源が移動すると，イメージは音の出所と一致する方角で「軽く」なり，かつ，反対方向に動いたようだと報告する者もいれば，単に反対方向に動いただけのようだと報告する者もいた。音源が自分に近づいてくるように聞こえる場合は，強く圧迫した場合と同様，イメージした野原が縮んでいったという者もいた。音が静止して動かない場合にも数多くのパターンが発生したが，ふたりの被験者は，音が自分のイメージに「波立つような質感」を与えたと報告した。

　国際標準ピッチ A-440 は，色については概して，青や黒を明るくし，赤や黄を黒ずませ，白には影響を及ぼすことはなかった。また，低い音が高くなるのを聞いていると，イメージの色が「明るく」見えるようになったというケースもあれば，色自体がスペクトルの周波数を変えた――たいてい周波数を高めた――というケースもあった。

　触運動覚と聴覚のサブモダリティを組み合わせた場合には，変化の報告はほとんどなかった。報告された反応はふたつで，強い圧迫を加えたあと軽い圧迫を加えると，A-440 の音が「柔らかく」なったというものと，針で刺したときに音が大きくなったというものだった。

　共感覚パターンを定義する方法としてもうひとつ試したのは，深いトランス状態に入った被験者から一時的に種々のサブモダリティを「取り除く」というものである（この戦略の詳細は，Haley (1967) 内の Erickson 参照）。ある特定

のサブモダリティの知覚を取り除くと，それによって生じたその他のサブモダリティへの影響について，被験者を検査できるようになる。以下は，ひとつのサブモダリティを取り除くことができた被験者から報告のあった共感覚の変化の例である。

取り除いた知覚	結果として生じたパターン
色	視野狭窄，深さとバランスの知覚欠如
色	深さの知覚欠如，黄色光が拍動する感じ，のちに色の強烈さが増した感じ
色	身体感覚の欠如，聴覚の鋭敏化，内的対話の欠如
明るさ	深さの知覚欠如，色の鈍化，黄色光が「火」のように見える（暑くなり汗ばむ）
鮮明な色の**追加**	聴覚の減退
音の高さ	音量の変化を識別できない
音の高さ	音量と明るさの変化を識別できない
聴覚	視覚イメージと明るさの変化の増加
固有受容感覚	バランス能力の減退，味もしくは痛みの知覚欠如
下半身への軽いタッチ	変化なし
嗅覚	触運動覚の知覚欠如
嗅覚	視覚的に肌理に気づくようになる
嗅覚	のちに嗅覚が鋭くなった感じ
嗅覚と味覚	他者の声が低くなるのを聞くと波が見えた，声が高まると光が明るくなるように感じた

　色を取り除いた3件のうち，2件で深さの知覚も損なわれていること，また，触運動覚も2件で影響を受けていることに注目しよう。同様に，音の高さの識別が取り除かれた両ケースで，音量の知覚も損なわれている。明るさを識別できなくなった場合にも深さの知覚は損なわれ，さらに色も鮮明でなくなってい

る。しかしながら，ひとつのモダリティが損なわれることで，実際に別のモダリティが**強化される**ことがあれば（たとえば，聴覚が取り除かれた場合），ひとつのモダリティが強化されると，別のモダリティが損なわれることもある（たとえば，鮮明な色を追加した場合）。

　不充分ではあるが，これらの予備的実験で明らかになったことは，ふたつの事柄を指摘している。ひとつは，サブモダリティは確実に，さまざまな形で互いに影響を与え合い，互いに関わり合っているということである（どのような形で関わり合っているかは，まだこれから特定しなくてはならない）。そして，今ひとつは，催眠が人間の創造性と結びつくことによって提供する手段は，たぶんゆくゆくは特徴的な共感覚パターンを特定するだろうということである。

　実験結果と今日までの研究は，共感覚パターンが多種多様であろうこと，そして，その多く，あるいは，大半は各個人に特有のものかもしれないことを示している。しかし，広く適用できるパターンがあることも，また，新たな枠組みを用意して取り組めば，今後それらを探索できるようになることも，明らかである。

❖要約

　この付録の目的は，サブモダリティ・レベルの知覚に関する研究への関心を刺激することである。研究者たちはこれまでたいてい**表象システムやサブモダリティ，共感覚パターン**の影響を明確には認識しないで研究を行なってきている。

　感覚入力（表象システム）に対する選択的注意と感覚出力（共感覚パターン）に伴う体験の変異は，個人間の体験を区別するのに貢献するもっとも重要な二大プロセスである。表象システムが感覚情報の注目領域を決定するのに対して，共感覚パターンはそれに続く知覚に**意味**を提供する。「有意性」は，さまざまな知覚体験の相関関係の中で発生する結果である。

　そうした相関関係はパターン化――すなわち体験として一般化――され，恣意的もしくは生得的に決定されるのかもしれない（言語 vs 直接体験）。生得的なパターンは，環境に存在する関連性や遺伝的に決定された関連性から生じた

ものである。これらのパターンの中には，各個人の体験が固有に生み出したものもあれば，人間の知覚機能を一般的に説明するものもある。

　こうしたパターンの定義づけはきわめて重要である。というのも，①それらはあらゆる体験を構築する構成要素であり，②それらのさまざまな相互作用は知覚に関するいかなる分析の変数にも影響を与えるからである。サブモダリティの相互作用は体験の創出時に本質的かつ決定的な役割を果たしている。実験者たちがこれを認識するようになるにつれ，将来の研究はたぶん，真に典型的かつ生成的な形で人間の知覚を特徴づけられるようになっていくだろう。

文献目録

以下のリストには，付録で引用した研究のほかにも，感覚系に関するさまざまな研究が収められている。

内容全体に関する参考文献

Bach-y-Rita, P. 1972. *Brain Mechanisms in Sensory Substitution.* New York: Academic Press.

Bandler, R., and Grinder, J. 1975. *Patterns of the Hypnotic Techniques of Milton H. Erickson, M.D., Vol. 1.* Cupertino, California: Meta Publications. ［リチャード・バンドラー，ジョン・グリンダー『ミルトン・エリクソンの催眠テクニックⅠ——言語パターン篇』浅田仁子訳（春秋社，2012）］

Bekesy, G. von. 1957. The ears. *Scientific American.*

Brooks, C.R. 1968. Spatial and verbal components of the art of recall. *Canadian Journal of Psychology.* 22(5): 349-368.

Burley, T. 1973. An investigation of the roles of imagery kinesthetic cues, and attention in tactile nonverbal communication. *Dissertation Abstracts International.* 33(8b) 3930.

Butters, N., and Brody, B. A. 1969. The role of the left parietal lobe in the mediation of intra- and cross-modal associations. *Cortex.* 4(4): 328-343.

Child, I., and Wendt, G. 1938. The temporal course of the influence of visual stimulation upon the auditory threshold. *Journal of Experimental Psychology.* 23(2): 109-127.

Cleaves, W. T., Intramodal and intermodal pattern recognition of multidimensional stimuli. *Dissertation Abstracts International.* 1971. 32(5-B): 3024-3025.

Colavita, F. B. 1974. Human sensory dominance. *Perception and Psychophysics.* 16(2): 409.

Connolly, K., and Jones, B. 1970. A developmental study of afferent-reafferent integration. *British Journal of Psychology.* 61(2): 259-266.

Conrad, R. 1964. Acoustic confusions in immediate memory. *British Journal of Psychology.* 55(1): 75 84.

Duncan-Johnson, C., and Coles, M. 1974. Heart rate and disjunctive reaction time: The effects of discrimination requirements. *Journal of Experimental Psychology.* 103(6): 1160

Eccles, J. (ed.) . 1966. *Brain and Conscious Experience.* New York. Springer-Verlag.

Gellhorn, E. 1964. Motion and emotion: The role of proprioception in the physiology and pathology of the emotions. *Psychological Review.* 71(6): 457-472.

Gibson, J. 1966. *The Senses Considered as Perceptual Systems.* Boston: Houghton-Mifflin Co.

Gilbert, G. M. 1941. Intersensory facilitation and inhibition. *The Journal of General Psychology.* 24: 381-407.

Gregory, R. L. 1966. *Eye and Brain.* New York: World Univ. Press.

Grinder, J., and Bandler, R. 1976. *The Structure of Magic, Vol. 2.* Palo Alto, California: Science and Behavior Books. ［リチャード・バンドラー，ジョン・グリンダー『魔術の

構造』(亀田ブックサービス, 2000)]
Haagen-Smith, A. 1952. Smell and taste. *Scientific American*. 186(3): 2832.
Hall, D. C. 1972. The effect of eye movement on the recall of information with visual imagery. *Dissertation Abstracts International*. 33(1-B): 461-462.
Henion, K. E. 1970. Cross-modal congruity: Visual and olfactory. *Journal of Social Psychology*. 80(1): 15-23.
Hess, G. H., and Polt, (article untitled) . *Science*. 140: 1190. 1964.
Hess, G. H., and Polt, J. M. 1966. Changes in pupil size as a measure of taste difference. *Perceptual and Motor Skills*. 23(2): 451-455.
Hillyard, S. A.; Hink, R. F.; Schwent, V. L.; and Picton, T. W. 1973. Electrical signs of selective attention in the human brain. *Science*. 182: 177-179.
Jones, B. 1973. When are vision and kinaesthesis comparable— *British Journal of Psychology*. 64(4): 587-591.
Kahneman, D., and Beatty, I. 1966. Pupil diameter and load on memory. *Science*. 154: 1583.
Kubovy, M.; Cutting, J. E.; and McGuire, P. M. 1974. Hearing with the third ear. *Science*. 186: 272-274.
Lackner, J. and Garrett, M. 1972. Resolving ambiguity: Effects of biasing context in the unattended ear. *Cognition*. 1(4): 359-372.
London, I. D. 1954. Research on sensory interaction in the Soviet Union. *Psychological Bulletin*. 51: 531-568.
Mainwaring, J. 1932. Kinaesthetic factors in the recall of musical experiences. *British Journal of Psychology*. 23: 284-307.
Marks, L. 1975. On colored hearing synesthesia: Crossmodal translations of sensory dimensions. *Psychological Bulletin*. 82(3).
Marks, L. 1975. Synesthesia: the lucky people with mixed up senses. *Psychology Today*. (June): 48-52.
Masterton, R. B., and Berkley, M. A. 1974. Brain function: changing ideas on the role of sensory, motor, and association cortex in behavior. *Annual Review of Psychology*. 25: 277-312.
McDonnell, P. M., and Duffett, J. 1972. Vision and touch: a reconsideration of conflict between the two senses. *Canadian Journal of Psychology*. 26(2): 171-180.
Metelli, F. 1974. The perception of transparency. *Scientific American*. 230(4): 90-98.
Miller, G. A. 1956. The magical number seven, plus or minus two: Some limits on our capacity for processing information. *Psychological Review*. 63: 81-97.
Milner, P. 1970. *Physiological Psychology*. New York: Holt, Rinehart & Winston.
Nafe, J. P. 1924. An experimental study of the affective qualities. *American Journal of Psychology*. 35: 507-544.
O'Connor, N., and Hermelin, B. 1972. Seeing and hearing and space and time. *Perception and Psychophysics*. 11(1a): 46-48.
Perky, C. W. 1910. An experimental study of imagination. *American Journal of Psychology*. 21: 422-452.
Pribram, K. 1971. *Languages of the Brain*. Englewood Cliffs, NJ: Prentice-Hall. [K ・ H ・ プ

リブラム『脳の言語——実験上のパラドックスと神経心理学の原理』岩原信九郎, 酒井誠訳（誠信書房, 1978)]
Riggs, L., and Karwoski, T. 1934. Synesthesia. *British Journal of Psychology.* 25: 29-41.
Rollins, H. A., Schuman, D. L., Evans, M., and Knopf, K. 1975. Human learning and memory. *Journal of Experimental Psychology.* 104(2): 173-181.
Ryan, T. A. 1940. Interrelations of sensory systems in perception. *Psychological Bulletin.* 37: 659-698.
Santos, J., Farrow, B., and Haines, J. 1965. Consistency and style of autokinetic movement. *Perceptual and Motor Skills.* 21: 583-586.
Schiffrin, R. M. and Grantham, D. W. 1974. Can attention be allocated to sensory modalities — *Perception and Psychophysics.* 15(3): 460-474.
Scott, Ian. 1969. *The Luscher Color Test.* New York: Random House.
Shipley, T. and Jones, R. W. 1969. Initial observations on sensory interactions and the theory of dyslexia. *Journal of Communication Disorders.* 2(4): 295-311.
Thurstone, L. L. 1950. Some primary abilities in visual thinking. *Psychometric Laboratory, University of Chicago.* No. 59 (August 1950).
Warren, D., and Pick, Jr., H. 1970. Intermodality relations in localizations in blind and sighted people. *Perception and Psychophysics.* 8(6): 430: 432.
Warren, R. M. 1970. Perceptual restoration of missing speech sounds. *Science.* 167: 392.
Wicker, F. W. 1968. Mapping the intersensory regions of perceptual space. *Journal of Psychology.* 81(2): 178-188.
Young, P. T. 1927. Studies in affective psychology. *American Journal of Psychology.* 38(2): 157-193.

モダリティの発達関連の参考文献
Blank, M., and Klig, S. 1970. Dimensional learning across sensory modalities in nursery school children. *Journal of Experimental Psychology.* 9(2): 166-173.
Garterette, E. C., and Jones, M. 1967. Visual and auditory information processing in children and in adults. *Science.* 156: 986-988.
Milne, A. M. 1969. A developmental study of touch and vision: form learning and cross-modal transfer. *Dissertation Abstracts.* 29(7b): 2656.
Roberts, T. 1975. Skills of analysis and synthesis in early stages of reacting. *British Journal of Educational Psychology.* 45(1): 3-9.
Rudel, R. G., and Teuber, H. L. 1964. Cross-modal transfer of shape discrimination by children. *Neuropsychologia.* 2: 1-8.
Spencer, C. D. 1970. Life span changes in intersensory and intrasensory integrative functioning. *Dissertation Abstracts International* 30(9b): 4402.

周波数関連の参考文献
Beck, J., and Shaw, W. A. 1962. Magnitude estimation of pitch. *Journal of the Acoustical Society of America.* 34: 92-98.

Berry, P. 1961. Effect of colored illumination upon perceived temperature. *Journal of Applied Psychology*. 45(4): 248-250.

Bevan, W., and Dukes, W. 1953. Color as a variable in the judgement of size. *American Journal of Psychology*. 66: 283-288.

Birren, F. 1950. *Color Psychology and Color Therapy*. New York: McGraw-Hill.

Chamberlain, P. T. 1974. Pitch and relation in recognition of music-like structures. *Perceptual and Motor Skills*. 34(2): 419-428.

Holt-Hansen, K. 1968. Taste and pitch. *Perceptual and Motor Skills*. 27: 59-68.

Karwoski, T., and Odbert, H. 1938. Color-music. *Psychological Monographs*. 50(2): 60-274.

Lie, Ivar. 1969. Psychophysical invariants of achromatic colour vision: 1) the multi-dimensionality of achromatic colour experience. *Scandanavian Journal of Psychology*. 10(3): 167-175.

Loewenstein, A., and Donald, G. 1941. A color stereoscopic phenomenon. *Arch. Ophthal*. 26: 551-564.

McCain, C. and, Karr, A. 1970. Color and subjective distance. *U. S. Army Human Engineering Lab., Tech. Memorandum No. 20*.

Morgan, G.; Goodson, F.; and, Jones, T. 1974. Age differences in the associations between felt temperatures and color choices. *American Journal of Psychology*. 88(1): 125-130.

Nash, C. B. 1969. Cutaneous perception of color. *Journal of the American Society for Psychological Research*. 63(1): 83-87.

Payne, M. 1958. Apparent weight as a function of color. *American Journal of Psychology*. 71: 724-730.

Payne, M. 1961. Apparent weight as a function of hue. *American Journal of Psychology*. 74: 104-105.

Plack, J., and Shick, J. 1974. The effects of color on human behavior. *Association for the Study of Perception*. 9(1): 4-16.

Podolsky, E. 1938. *The Doctor Prescribes Colors*. New York: National Library Press.

Sato, T. 1955. The effect of color on the perception of size. *Tohoku Psychologica Folia*. 14: 115-129.

Thurlow, W. 1943. Studies in auditory theory. *Journal of Experimental Psychology*. 32: 17-36.

Velhagen, K. 1936. Chromatic asthenopia by hypoxemia, a latent disturbance of the color sense. *Arch. Augenheilk*. 109: 605-621.

Vicente, J. V., and Vincente, M. L. 1968. Do colors influence taste — *Revista Interamericana de psiocologia*. 23: 143-157.

Wallis, C. P., and Audley, R. J. 1964. Response instructions and the speed of relative judgement: II pitch discrimination. *British Journal of Psychology*. 55(2): 121-132.

Wallis, W. A. 1935. The influence of color on apparent size. *Journal of General Psychology* 13: 193-199.

強度関連の参考文献

Ades, H.; Graybiel, A.; Morrill, S.; Tolhurst, G.; and Niven, J. 1958. Non-auditory effects of high-intensity sound stimulation on deaf human subjects. *Journal of Aviation Medicine.* 29: 454-467.

Audley, R. J., and Wallis, C. P. 1964. Response instructions and the speed of relative judgements. I. some experiments in brightness discrimination. *British Journal of Psychology.* 55(1): 59-73.

Bond, B., and Stevens, S. S. 1969. Cross-modality matching of brightness to loudness by 5-year-olds. *Perception and Psychophysics.* 6(61): 337-339.

Ekman, G.; Berglund, B.; and Berglund, U. 1966. Loudness as a function of the duration of auditory stimulation. *Scandanavian Journal of Psychology.* 7(3): 201-208.

Halverson, H. 1924. Tonal volume as a function of intensity. *American Journal of Psychology.* 35: 360-367.

Kingsbury, B. A. 1927. A direct comparison of the loudness of pure tones. *Physiological Review.* 29: 588-600.

Marks, L. 1974. On associations of light and sound: the mediation of brightness, pitch and loudness. *American Journal of Psychology.* 87(1-2): 173-188.

McFarland, R. 1971. Enhancement of thermal estimates by concommitant pressure stimulation. *Journal of Experimental Psychology.* 88(1): 20-25.

Morgan, C. T.; Garner, W.; and Galambo, R. 1951. Pitch and intensity. *Journal of the Acoustical Society of America.* 23: 658-663.

Rich, G. J. 1916. A preliminary study of tonal volume. *Journal of Experimental Psychology.* 1: 13-22.

Smith, E. L., and Laird, D. A. 1930. The loudness of auditory stimuli which affect stomach contractions in healthy human beings. *Journal of the Acoustical Society of America.* 2: 94-93.

Smith, K., and Hardy, A. 1961. Effects of context on the subjective equation of auditory and visual intensities. *Science.* 134: 1623-1624.

Stevens, J., and Marks, L. 1965. Cross-modality matching of brightness and loudness. *Proceedings of the National Academy of Sciences.* 54(2): 407-411.

Stevens, S. S. 1934. Tonal density. *Journal of Experimental Psychology.* 17: 585-592.

Stevens, S. S. 1934. The volume and intensity of tones. *American Jouranl of Psychology.* 46: 397-408.

Stevens, S. S. 1936. The relation of pitch to intensity. *Journal of Accoustical Society of America.* 6: 150-159.

Stevens, S. S., and Poulton, E. C. 1956. The estimation of loudness by unpracticed observers. *Journal of Experimental Psychology.* 51(1): 71-78.

Terrace, H. S., and Stevens, S. S. 1962. The quantification of tonal volume. *American Journal of Psychology.* 75(4): 596-604.

Zahn, J. R., and Haines, R. F. 1971. The influence of central search task luminance upon peripheral visual detection time. *Psychological Science.* 24(6): 271-273.

純度関連の参考文献

Ekman, G.; Hosman, J.; and Lindstrom, B. 1965. Roughness, smoothness, and preference:

a study of quantitative relations in individual subjects. *Journal of Experimental Psychology.* 70(1): 18-26.
Hunton, V., and Sumner, F. 1948. The affective tone of tactual impressions. *The Journal of Psychology.* 26: 235-242.
Newman, C. V.; Whinhan, E. A., and MacRae, A. W. 1973. The influence of texture on judgements of slant and relative distance in a picture with suggested depth. *Perception and Psychophysics.* 14(2): 280-284.
Panek, D., and Stevens, S. S. 1966. Saturation of red: a prothetic continuum. *Perception and Psychophysics.* 1(2): 59-66.
Pitt, I. T., and Winter, L. M. 1974. Effect of surround on perceived saturation. *Journal of the Optical Society of America* 64(10): 1328-1331.
Walker, J. T. 1967. Textural after-effects: tactual and visual. *Dissertation Abstracts.* 28(6b): 2649.

フォーム関連の参考文献
Abravanel, E. 1971. The synthesis of length within and between perceptual systems. *Perception and Psychophysics.* 9(4): 327-328.
Appelle, S. 1971. Visual and haptic angle perception in the matching task. *American Journal of Psychology.* 84(4): 487-499.
Bergman, L. 1970. On Usnadze's volume illusion. *Psychologische Forschung.* 33(4): 310-324.
Butter, E. J., and Zung, B. J. 1970. A developmental investigation of the effect of sensory modality on form recognition in children. *Developmental Psychology.* 3(2): 276.
Churchill, A. V. 1959. A comparison of tactual and visual interpolation. *Canadian Journal of Psychology.* 13(1): 23-27.
Clegg, J. M. 1971. Verbal transformations on the repeated listening to some English consonants. *British Journal of Psychology.* 62(3): 303-309.
Coltheart, M. 1969. The influence of haptic size information upon visual judgements of absolute distance. *Perception and Psychophysics.* 5(3): 143-144.
Davidson, P.; Abbott, S.; and Gershenfeld, J. 1974. Influence of exploration time on haptic and visual matching of complex shapes. *Perception and Psychophysics.* 15(3): 539-543.
Day, R., and Avery, G. 1970. Absence of the horizontal and vertical illusion in haptic space. *Journal of Experimental Psychology.* 83(1): 172-173.
Deutsch, D. 1974. An auditory illusion. *Nature.* 251: 307-309.
Dowling, W. 1971. Recognition of inversions of melodies and melodic contours. *Perception and Psychophysics.* 9(3b): 348-349.
Dowling, W. 1972. Recognition of melodic transformations. *Perception and Psychophysics.* 12(5): 417-421.
Holmberg, L., and Holmberg, I. 1969. The psychophysics of the size-weight illusion: IV and the relation to secondary suggestibility. *Psychological Research Bulletin.* 9(4): 7.
Karwoski, T., Odbert, H., and Osgood, C. 1942. Studies in synesthesic thinking II. The role of form in visual responses to music. *Journal of General Psychology.* 26: 199-122.

Koseleff, P. 1958. Studies in the perception of heaviness. *Acta Psychologica.* 14(2): 109-130.
Krauthamer, G. 1959. Form perception across sensory modalities. *American Psychologist.* 14: 396.
Krauthamer, G. 1968. Form perception across sensory modalities. *Neuropsychologia.* 6: 105-113.
Lape, I. 1960. Measuring function of the hand. *Dokl. Akad. Pedag. Nauk RSFSR.* 5: 53-56.
Lass, N.; West, L.; and Taft, D. 1973. A non-verbal analogue to the verbal transformation effect. *Canadian Journal of Psychology.* 27(3): 272-279.
Miller, E. 1972. Interaction of vision and touch in conflict and non-conflict form perception tasks. *Journal of Experimental Psychology.* 96(1): 114-123.
Moul, E. 1930. An experimental study of visual and auditory thickness. *American Journal of Psychology.* 42: 544-560.
Obusek, C. J. 1972. An experimental investigation of some hypotheses concerning the verbal transformation effect *Dissertation Abstracts International* 32(7b): 4257.
Over, R. 1966. Relationships between visual, haptic, and tactile judgements of some illusion figures. *Australian Psychologist.* 1(1): 92.
Peterson, L.; Holsten, J.; and Spevak, P. 1975. Spatial coding of auditory signals. *Memory and Cognition.* 3(3): 243-246.
Pollack, R. 1964. The effects of fixation upon the apparent magnitude of bounded horizontal extent. *American Journal of Psychology.* 77(2): 177-192.
Preusser, D. 1972. The effect of structure and rate on the recognition and description of auditory temporal pattern. *Perception and Psychophysics.* 11(3): 233-240.
Revesz, G. 1934. System der optischen und haptischen raumtauschung. *Z. Psychol.* 131: 296-375.
Royer, F., and Garner, W. 1966. Response uncertainty and perceptual difficulty of auditory temporal patterns. *Perception and Psychophysics.* 1(2): 41-47.
Singer, G., and Day, R. 1969. Visual capture of haptically judged depth. *Perception and Psychophysics.* 5(5): 315-316.
Stevens, J. C., and Rubin, L. 1970. Psychophysical scales of apparent heaviness and the size-weight illusion. *Perception and Psychophysics.* 8(1): 225-230.
Wapner, S., Werner, H., and Comalli, Jr. P. 1958. Effect of enhancement of head boundary on head size and shape. *Perceptual and Motor Skills.* 8: 319-325.
Warren, R. 1974. Auditory pattern recognition by untrained listeners. *Perception and Psychophysics.* 15(3): 495.
Warren, R.; Obusek, C.; and Farmer, R. 1969. Auditory sequence: confusion of pattern other than speech and music. *Science.*

位置関連の参考文献
Altshuler, M., and Comalli, P. 1970. Auditory localization and body tilt *Journal of Auditory Research.* 10: 197-200.
Bekesy, G. von. 1938. The origin of the perception of distance in hearing. *Akust. Z.* 3: 21-31.

Bekesy, G. von. 1949. The moon illusion and similar auditory phenomena. *American Journal of Psychology.* 62: 540-552.

Bourdon, B. 1925. Some experiments on auditory space perception. *Annee Psychol.* 26: 72-78.

Bruell, J. H., and Albee, G. W. 1956. A new illusion of apparent movement and the concept of retinal local signs. *Journal of Psychology.* 41: 55-59.

Butter, R. 1973. The relative influence of pitch and timbre on the apparent location of sound in the median sagittal plane. *Perception and Psychophysics.* 14(2): 255-258.

Coleman, P. 1963. An analysis of hues with auditory depth perception in free space. *Psychological Bulletin.* 60(3): 302-315.

Comalli, P. Jr., and Altshuler, M. 1971a. Effect of body tilt on auditory localizations. *Perceptual and Motor Skills.* 32(3): 723-726.

Comalli, P. Jr., and Altshuler, M. 1971b. Effect of body tilt on auditory lateralization. *Perceptual and Motor Skills.* 32(3): 767-772.

Davies, P. 1973. Effects of movements on the appearance and duration of a prolonged visual after-image. *Perception* 2(2): 155-160.

Dichgan, J.; Diener, H.; and Brandt, Th. 1974. Optokinetic-Graviceptibe interaction in different head positions. *Acta Oto-Laryngologica.* 78(5) -6: 391-398.

Ebenholtz, S. 1970. Perception of the verticle with body tilt in the median plane. *Journal of Experimental Psychology.* 83(1) -1: 1-6.

Fisher, G. 1966. Autokinesis in vision, auditon, and tactile-kinaesthesis. *Perceptual and Motor Skills.* 22: 470.

Fisher, G. 1968. Agreement between the spatial senses. *Perceptual and Motor Skills.* 26: 849-850.

Freedman, S., and Zacks, J. 1964. Effects of active and passive movement upon auditory function during prolonged atypical stimulation. *Perception and Motor Skills.* 18-361-366.

Geissler, L. 1915. Sound localization under determined expectation. *American Journal of Psychology.* 76: 268-285.

Gescheider, G. 1965. Cutaneous sound localization. *Journal of Experimental Psychology.* 70(6): 617-625.

Gescheider, G. 1970. Some comparisons between touch and hearing. *IEEE Transactions on Man-Machine Systems.* MMS-11(1): 28-35.

Goodfellow, L. 1933. An empirical comparison of the various techniques used in the study of the localization of sound. *Journal of Experimental Psychology.* 16: 598-610.

Groberg, D.; Dustman, R.; and Beck, E. 1969. The effect of body and head tilt in the perception of vertical. *Neuropsychologia.* 7: 89-100.

Harris, G., and Sommer, H. 1968. Human equilibrium during acoustic stimulation by discreet frequencies. *USAF AMRL Technical Report* #68-7: 1-11.

Harris, C. 1965. Perceptual adaptation to inverted, reversed, and displaced vision. *Psychological Review.* 72(6): 419-444.

Held, R., and Freedman, S. 1963. Plasticity in human sensory motor control. *Science.* 142: 3591.

Jones, B. 1975. Visual facilitation of auditory localization in school children. *Perception and Psychophysics.* 17(3): 217.
Jones, B., and Kabanoff, B. 1975. Eye movements in auditory space perception. *Perception and Psychophysics.* 17(3): 241.
Karrer, G., and Davidson, R. 1967. Auditory direction and head rotation. *Perceptual and Motor Skills.* 24(3-1): 961-962.
Mack, A., and Bachant, J. 1969. Perceived movement of the after-image during eye movement. *Perception and Psychophysics.* 6(6-A): 379-384.
Mikaelian, H. 1969. Adaptation to rearranged ear-hand coordination. *Perceptual and Motor Skills.* 28(1): 147-150.
Mikkonen, V., and Kolehmainen, K. 1968. On the nonvision cues controlling throwing movements. *Scandanavian Journal of Psychology.* 9(3): 169-176.
Millar, S. 1972. The development of visual and kinesthetic judgements of distance. *British Journal of Psychology.* 63(2): 271-282.
Pedley, P., and Harper, R. 1959, Pitch and the vertical localization of sound. *American Journal of Psychology.* 72: 447-449.
Pick, H. Jr.; Warren, D.; and Hay, J. 1969. Sensory conflict in judgements of spatial direction. *Perception and Psychophysics.* 6(4): 203-205.
Silver, R. 1969. Tilt after-effects in touch. *Dissertation Abstracts International.* 30(4-b): 1931.
Sommer, H., and Harris, C. 1970. Comparative effects of auditory and extra-auditory acoustic stimulation on human equilibrium and motor performance. *USAF AMRL Technical Report.* 70-26: 16.

時間関連の参考文献

Bell, C., and Provius, K. 1963. Relations between physiological responses to environmental heat and time judgements. *Journal of Experimental Psychology.* 66(6): 572-579.
Danziger, K. 1965. Effect of variable stimulus intensity on estimates of duration. *Perceptual and Motor Skills.* 20: 505-508.
Ehrensing, R., and Lhamon, W. 1966. Comparison of tactile and auditory time judgements. *Perceptual and Motor Skills.* 23(3-1): 929-930.
Goldfarb, J., and Goldstone, S. 1964. Properties of sound and the auditory-visual difference in time judgement. *Perceptual and Motor Skills.* 19: 606.
Goldstone, S., and Goldfarb, J. 1964. Auditory and visual time judgement. *Journal of General Psychology.* 70: 369-387.
Goldstone, S., and Lhamon, W. 1972. Auditory-visual differences in human temporal judgement. *Perceptual and Motor Skills.* 34(2): 623-633.
Gridley, P. 1932. The discrimination of short intervals of time by fingertip and by ear. *American Journal of Psychology.* 44: 18-43.

著者
デイヴィッド・ゴードン（David Gordon）
NLP（神経言語プログラミング）の共同開発者。カリフォルニア大学サンタクルーズ校卒業（心理学専攻）。サンフランシスコ州立大学大学院修士課程修了（夫婦療法・家族療法）。現在は，人間コミュニケーションのコンサルタントとして活躍している。著書に『*Phoenix: Therapeutic Patterns of Milton H. Erickson*』『*The Emprint Method:A Guide to Producing Competence*』『*Know How: Guided Programs for Inventing Your Own Best Futures*』などがある。

訳者
浅田仁子（Kimiko Asada）
翻訳家。お茶の水女子大学文教育学部文学科英文学英語学専攻卒業。社団法人日本海運集会所勤務，BABEL UNIVERSITY 講師を経て，英日・仏日の翻訳家に。訳書に『ミルトン・エリクソンの催眠テクニックⅠ，Ⅱ』『NLP ヒーローズ・ジャーニー』『こころを変える NLP』『NLP ハンドブック』『RESOLVE 自分を変える最新心理テクニック』『タッピング入門』（以上，春秋社），『パクス・ガイアへの道』（日本教文社）などがある。

解説者
松尾 浩（Hiroshi Matsuo）
NLP University 公認マスター・トレーナー＆コーチ。有限会社トライテューン・テクノロジーズ代表。日本ヒューレット・パッカード株式会社，特定非営利活動法人高度 IT 人材アカデミーを経て現職。大手から中小企業までを対象にしたビジネス・コンサルティング，人財育成に従事している。著書に『Windows NT 4.0 ユーザ管理入門』，訳書に『コンピュータビジネス成功へのステップ』『Xt/Motif による X クライントの設計』などがある。

NLP メタファーの技法
ぎほう

2014年3月20日　初版第1刷発行

著　者　デイヴィッド・ゴードン
訳　者　浅田仁子
発行人　池澤徹也
発行所　株式会社実務教育出版
　　　　〒163-8671　東京都新宿区新宿1-1-12
　　　　電話　03-3355-1812（編集）
　　　　電話　03-3355-1951（販売）
　　　　振替　00160-0-78270
装　幀　重原隆
印　刷　シナノ印刷株式会社
製　本　東京美術紙工協業組合

© Kimiko Asada 2014　Printed in Japan
ISBN978-4-7889-0812-3　C0011
定価はカバーに表示してあります。乱丁・落丁本は本社にておとりかえいたします。